KB042250

E-Trade Risk Managment

전자무역 리스크관리

이봉수 · 정재환

박영사

서문

현재의 글로벌화는 디지털 기술에 의해 주도되고 있다. 그래서 값싼 노동력을 이용하여 글로벌한 공급망을 전제로 하는 무역은 점차 둔화되고 있는 상태이다. 새로운 디지털 기술에 의해 중소기업에서부터 다국적기업에 이르기까지 이전보다 더 많은 수요자와 공급자들이 세계무역을 활성화시키고 있다. 다시 말해 글로벌화는 디지털의 보급에 따라 다른 단계에 진입했다고 볼 수 있다. 이 새로운 시대는 혁신과 생산성을 높여 글로벌한 정보에 자유롭게 접근하여 전 세계의 소비자와 공급자를 연결하고 있다.

현재 세계적인 가치사슬(value chain)은 각국 간의 부품의 교역량을 증가시켜 성숙기에 접어들었다. 따라서 세계적 규모의 효율성 향상은 이미 실현되었다고 볼 수 있다. 예를 들어 중국에서 베트남, 방글라데시에 이르기까지 임금의 차이와 생산요소의 가격에 따라 생산위치는 국가 간으로 계속 변화할 것이지만 이러한 교대는 무역패턴만을 변화시킬 뿐이며, 전체적인 무역규모를 증가시키지는 않을 것이다.

그러나 현재의 세계적 규모의 디지털 흐름은 전통적인 무역을 능가하고 있다. 이메일 및 비디오 스트리밍에서부터 파일공유 및 사물인터넷에 이르기까지 디지털 흐름이 발생하는데, 이에 따른 데이터 이동은 기존의 물리적인 이동을 의미하는 무역을 능가하고 있는 것이다. 시스코시스템에 따르면 국가 간 대역폭(帶域幅)의 양은 2005년에서 2016년 사이에 90배 증가한 것으로 나타났다. 특히 최근의 디지털 흐름은 선진국을 중심으로 연결되지만 신흥경제국들도 빠르게 따라잡고 있다.

데이터 이동의 급격한 증가는 그 자체로 큰 흐름을 구성하고 있다. 따라서 글로벌 무역의 모든 거래가 현재 디지털 기술에 의존하고 있는 것이다. 맥킨지는 출하량에 대한 추적 센서를 설치하여 운송 중인 제품의 손실을 30%나 감소시킬 수 있는 것으로 보았다. 또한 소매점을 통하지 않고 전 세계 소비자에게 다가갈 수 있다. Accenture와 Alibaba의 연구기관인 AliResearch는 2020년까지 전자상거래가 10억 명에 달하고 연간 판매액이 1조 달러에 달할 것이라고 전망했다.

이와 같이 전자무역의 발전으로 전 세계의 연결성은 현저히 향상되어 세계 경제에서 새로운 비즈니스 모델이 창출되고, 생산성이 향상되고 있다. 전자무역의 규모를 정확하게 측정할 수는 없지만, 인터넷을 통한 아이디어와 정보교환의 측면에서 보면 세계의 인터넷 이용자 수는 꾸준히 증가하고 있으며, 특히 개발도상국에서 비약적으로 증가하고 있다.

노벨상 수상자인 스펜스 교수는 미국의 Foreign Affairs지의 기고문에서 "디지털 기술 혁명이 비즈니스 환경을 급격히 변화시키기 시작했으며 자본과 노동력은 더 이상 성공의 비결이 되지 못한다"라고 했다. 이들 요소들은 변화가 심한 디지털 경제에서 슬림한 스타트업들을 상대로 더 이상 경쟁하기 어렵다는 것이다.

이러한 디지털화에 따라 전자무역이 활성화되면서 무역거래가 편리해지고 신속해졌으나 부작용도 많아져 인터넷을 통한 메일계정 해킹, 은행문서위조 등의 사이버 사기사건이 확산되고 있다. 개방적이고 세계적으로 상호연결된 기술적인 플랫폼에서 사이버공격으로 인한 리스크는 점점 더 증가하고 위압적으로 전개되고 있는 것이다. 특히 해커들은 인터넷 방화벽을 관통하여 사기행위를 하거나 신원을 도용하여 경제적 이익을 추구하고 있다. 이들은 또 경쟁사들의 지적재산을 훔치거나 상대기업의 비즈니스시스템을 공격하여 자기들에게 유리하게 활용하고 있는 것이다.

국내에서만도 사이버경찰청에 따르면 인터넷 사기건수가 2014년에 56,667건에서 2018년에는 112,000건으로 증가하였고, 그중에서 해킹은 같은 기간에 1,648건에서 2,178건으로 증가하였다.

국내 은행계좌를 이용하는 보이스 피싱은 피해사실을 인지한 순간 은행에 '지급거래정지' 신청을 하면 피해금을 돌려받을 가능성이 있다. 또 사기 범죄자가 입금한 돈을 인출하지 않았다면 '타행환 반환 청구 소송'을 통해 돌려받을 수 있는 길도 있다. 그러나 전문가들은 원칙적으로 스피어 피싱으로 인해 발생한 피해는 대부분 해당기업의 책임이고 은행에 책임을 묻기 어려운 사안이라 한다. 해당기업이 송금하기에 앞서 거래처나 고객의 계좌를 확인할 의무가 있기 때문이다.

이와 같이 디지털화가 진전됨에 따라 개인, 기업 및 공공기관은 정보시스템에 더욱 의존하고 있다. 그럴수록 사이버공격에는 더욱 취약해진다. 위의 사례와 같이 전자메일은 네트워크상에서 외부로부터도 해커나 바이러스가 침입할 수 있는 리스크가 있는 것이다. 나아가 무역회사뿐만 아니라 대부분의 기업과 조직들이 사이버공격의 위협에 직면해 있다.

이 책에서는 전자무역실무상에서의 리스크관리, 나아가 사이버리스크관리를 위한 수단과 방법을 제시하고자 한다.

한편 전자무역과 관련한 리스크뿐만 아니라 이 책은 일반적인 무역실무와 관련한 리스크관리 수단과 방법도 상당부분 포함되어 있다. 무엇보다도 과거의 서류가 EDI시스템으로 대체되면서부터 모든 무역업무가 전자적인 시스템으로 발전하였기 때문이다. 일반적으로도 무역회사의 업무는 일반기업에 비해 상당히 까다롭고 복잡하다. L/C니 B/L 등의 무역서류뿐만 아니라 취급하는 품목도 영문으로 되어 있고, 바이어도 외국인들이 대부분이기 때문이다. 무역서류에 익숙해지면 해외바이어나 거래업체와 상담에서 까다로운 신경전을 벌여야 하는 경우도 많다. 바이어로부터 팩스나 이메일이 오면 신경을 곤두세워서 해석해야 하고, 또 전화통화는 했지만 무슨 내용인지 알 수 없을 때가 많다. 선적일이 다가오는데도 제조업체에서 상품이 완성되지 않았을 때나, 물품을 확인한 수입상이 클레임을 제기하는 등의 리스크가 나타나는 경우가 많다. 그러나 수출입업무가 까다롭게 보이지만 단순하게 보면 수출상이 수입상과 매매계약을 맺고 계약조건에 따라 물품을 선적하면 되는 일이다. 다시 말해 수출상이 계약에 따라 몇 가지 중요한 포인트를 파악하여 적절하게 대응하며 확인해 나가는 단순한 과정이라 할 수 있다.

그러다가 예상하지 못했던 사고가 발생하는 경우에 어떻게 대처할 것인가. 그래서 이 책은 일반적인 무역실무와 관련한 리스크관리와 전자적으로 처리되는 무역실무에서 발생되는 리스크에 대처하기 위하여 해외시장조사, 거래선선정, 전자무역계약과 그 이행, 전자무역결제 및 무역분쟁처리 등의 문제에 대해 실무적으로 설명한 내용으로 구성되었다.

대부분의 무역리스크는 법무(法務)와 관련한 문제로 귀착된다. 따라서 국제적인 법무적인 면으로 접근하여 그에 따른 대비책을 수립해 놓는 것이 필수적이라 할 수 있다.

이러한 무역리스크를 관리하는 방법은 2가지로 나눌 수 있다. 첫째는 문제가 발생한 후에 손실을 최소화하기 위하여 조치를 취하는 것이다. 이 경우에는 변호사나 전문가들에 의뢰하는 경비가 거액이 소요될 뿐만 아니라 여러 가지 어려운 일이 따른다. 둘째는 무역활동에서 일어날 수 있는 리스크를 사전에 예측하고 검토하여 이를 회피하거나 경감시킬 수 있는 조치를 취하는 것이다. 이 경우에는 주로 법무적인 방어적 측면에서 분쟁을 방지하거나, 분쟁발생 후에 채권확보를 위하여 적절한 조치를 취하는 등의 리스크가 발생할 만한 개연성(蓋然性)을 차단하거나 제한하는 것을 말한다.

이 책에서는 후자의 리스크관리를 중심으로 설명하고 있으며, 다음과 같은 면에서 독자들에게 도움을 줄 수 있을 것이다.

- 무역거래의 흐름과 무역서류작성 및 무역거래상의 리스크 종류와 형태
- 거래선 선정과 관련한 전자무역 마케팅 리스크관리
- 전자무역계약 체결 및 그 이행상의 체크 포인트
- 수출상의 물품조달과 운송관련한 리스크관리
- 무역결제에서의 사이버리스크관리
- 무역분쟁과 해결책

이 책이 나오기까지는 많은 분들의 신세를 졌다. (주)삼아코리아의 김봉희 사장, KEB 하나은행의 대치중앙지점 김범식 지점장, 김연익 화곡역 지점장으로부터는 신용장을 비롯한 무역서류에 관한 내용을, KOTRA 뉴델리무역관 장명철 과장, STX 항공사업팀 임용택 팀장으로부터는 해외마케팅 및 수출기업의 현실과 문제점에 관한 많은 도움을 받았다. 신용보증기금에 재직하였던 권태흥 전무로부터는 수출기업의 해외시장조사 및 거래선의 신용조사에 관한 내용을, (주)코오롱 전산실에 재직하였던 최상헌 실장으로부터는 전자무역의 리스크관리에 관하

여 중요한 조언을 들었다. 결정적으로는 어려운 출판 현실에도 흔쾌히 이 책을 세상에 내놓게 해 준 박영사 임직원 분들 특히 장규식 과장과 깔끔하게 편집을 해 준 황정원 씨께도 감사드린다.

2020년 2월

이봉수, 정재환

목차

제 1 장

전자무역과 무역리스크관리 기초

1절
전자무역

전자무역의 개념은 '거래선 발굴, 상담, 계약, 원자재 조달, 운송, 통관, 대금결제 등 제반 무역업무를 인터넷 등 최신 정보통신기술을 활용하여 시간과 공간의 제약 없이 처리하는 새로운 무역거래형태'라 할 수 있다.

전자무역은 21세기 글로벌 무역경쟁에서 생존하고 발전하기 위한 범국가적인 필수 과제로 인식되고 있다. 무역 프로세스를 신속하게 처리할 수 있고, 그에 따른 비용을 절감할 수 있기 때문이다. 특히 하주(荷主), 운송업자, 선박회사, 해상 및 항공터미널, 금융, 보험, 항만, 통관, 검역, 검사, 인허가와 관련한 관계기관 및 협회의 업무를 연결하는 일을 일괄적으로 처리하기 위하여 설치된 무역게이트웨이 및 플랫폼을 이용한다. 전자무역의 구체적인 장점은 다음과 같다.

- 무역 프로세스에서 각종 인허가(認許可), 항만, 통관 등의 업무를 하나의 창구(single window)로 일관하여 처리할 수 있다.
- 국제적으로도 개방된 e-비즈니스 표준을 수립한다.
- 기술적으로도 신속하고 안전한 거래를 보장한다.
- 적은 비용으로 무역활동을 할 수 있다.

전자무역은 수출을 활성화하는 데 중요한 역할을 하기 때문에 수출기업들도 전자무역기법을 적극적으로 도입하고 있다. 국가적으로도 미국, 일본, 독일 등의 선진국뿐만 아니라 홍콩, 싱가포르 등에서도 전자무역을 e-비즈니스의 핵심적인 정부정책으로 추진하고 있다. 전자무역이 지향하는 시스템은 다음과 같다.

- 인터넷상의 단일창구(single window)를 통하여 시장조사 및 수출아이템 선정에서부터 대금결제와 사후 처리과정에 이르는 모든 수출입 관련 업무를 시공을 초월하여 효과적이고 경제적인 방법으로 수행할 수 있는 통합적인 시스템
- 위의 모델을 통해 무역업무를 기업 내부업무와 연계하여 처리할 수 있는 시스템을 개발하여 낮은 비용으로 보다 빠른 무역업무를 처리하는 시스템

이러한 환경에서 글로벌 마케팅을 담당하는 영업맨들은 끊임없이 새로운 기술과 다른 새로운 마케팅기법에 의한 도전에 직면해 있다. 다음의 e－비즈니스에 적용되는 기술과 새로운 형태의 마케팅기법에 맞추어 나아가야 할 것이다.

- 글로벌 SCM(Global Supply Chain Management)
- 전자조달(電子調達; e－procurement)
- 전자납품(e－fulfillment)
- 제품개발 및 디자인
- 글로벌 브랜딩
- 글로벌 인재확보(global talent pools)
- 교육(e－learning and e－training)

전자무역의 활성화를 위해서는 무역 프로세스를 전자화해야 한다. 특히 각종 무역서류를 인터넷으로도 전송하고, 무역업무를 처리하는 과정을 전자화하는 시스템을 구축하고, 물류 및 통관의 자동화, 전자결제시스템 등의 제반 무역 프로세스를 전자화하는 데 반드시 필요한 시스템 인프라를 구축할 필요가 있다.

다음으로 교역 대상 국가 간 전자무역 네트워크를 구축하여 글로벌 전자무역을 실현하도록 한다. 이러한 무역 프로세스의 혁신을 위해 필요한 전제조건인 법적, 국내의 법과 제도를 외국의 법제도와 상충되지 않도록 표준화하여 정비하는 것이 중요하다. 일반적으로 인터넷을 이용하여 무역관련 기관 및 협회의 홈페이지에 접속하면 다음과 같은 일을 할 수 있다.

- 전 세계의 기업·상품정보를 수집하고 분석할 수 있다.
- 본국뿐만 아니라 외국의 세관·정부기관의 무역관련 법규와 제도 및 수속 및 절차에 관한 정보를 입수할 수 있다.
- 해외 경제·금융 정보나 환율동향을 분석할 수 있다.
- 국내외 공급업체, 경쟁업체 동향을 분석하여 적절하게 대응할 수 있다.
- 국내외 운송업체의 정보를 검색하여 차질 없이 운송할 수 있다.
- 각종 품목의 수출입에 관련한 사항을 조회할 수 있다.
- 각종 물품에 대한 수출입허가를 신청하거나 승인받을 수 있다.
- 관계기관의 자료실의 데이터베이스를 이용하여 여러 가지 규칙이나 제도를 알 수 있다.

1. 무역에서 e-비즈니스의 활용조건

무역에서 e-비즈니스를 성공적으로 활용하기 위해서는 e-비즈니스를 성공적으로 구사할 잠재력을 가지고 있는가에 대해 다음과 같은 점을 평가해야 한다.

기업조직

- 기업의 조직상에서 고객과 네트워크상의 파트너십을 공유하는가
- 회사의 홈페이지가 있는가
- 목표로 삼고 있는 고객이 누구인가
- 인터넷을 활용하고 있는가

전략적 배경

- e-비즈니스 전략이 어느 부문에 필요한가
- 기업의 목적에 따라 어떤 e-비즈니스 전략이 필요한가
- 기업이익 증대가 목적인가
- 마켓 셰어 또는 고객서비스강화 및 홍보 등의 목적인가

온라인 자원으로 접근하기 위한 것인가

- 온라인에 의한 잠재적인 새로운 고객을 확보하고 있는가
- 이를 가능하게 하는 기술을 보유하고 있는가
- 경쟁력 있는 트렌드를 추적할 만한 온라인 자원을 사용하고 있는가

전자조달(online procurement)

- 신용카드에 의한 대금결제시스템 및 고객서비스를 위한 온라인서비스를 지원하는 각종 시스템을 구비하고 있는가
- 온라인을 이용한 각종 장비 및 자원을 준비할 수 있는가

웹사이트

- 제공되는 웹사이트에는 어떤 정보가 있는가
- 어떻게 사용할 것인가
- 고객들은 어떻게 이용하는가
- 어떻게 사이트를 유지할 것인가

온라인에 의한 고객 간 상호작용(online interactivity)

- 고객과 기업 간의 상호작용은 어떻게 이루어지는가
- 새로운 고객을 어떻게 확보할 것인가
- 인터넷을 이용하여 목표시장에 어떻게 접근할 것인가
- 고객피드백은 어떻게 정리하여 구사할 것인가

기능상의 준비(operational preparedness)

- 기업의 핵심프로세스와 생산 및 디자인 등의 내부의 지도가 있는가
- 이들 기능과 과정이 전자적인 포맷에서 서류화될 수 있는가
- 기업내부의 시스템을 연결한 인트라넷을 가지고 있는가

기능의 통합

- 기업의 내부기능이 고객서비스를 통합할 수 있는가
- 고객의 욕구에 의해 생산 프로세스를 확장, 변경할 수 있는가
- 고객화된 원스톱 고객서비스를 24시간, 365일 제공할 수 있는가

경계확장

- 고객의 욕구파악에 도움되는 외부의 파트너들을 접촉하고 있는가
- 선진국이나 개도국 등의 고객들과 접촉할 수 있는가
- 파트너들과 공유하는 온라인시스템 도구와 자원을 사용하는가

2. e-비즈니스에 의한 해외거래선과의 교섭

- e－메일을 이용하여 해외바이어와의 상담이 가능하다.
- 견적서(Pro forma Invoice), 수출입계약서, 선적하고 운송이 진행되는 상황을 즉시에 이메일로 송수신할 수 있다.
- 가격교섭이나 재고상황 및 예상 납품일자 등을 정확하게 알 수 있다.
- 과거에는 바이어가 원하는 샘플을 DHL 등의 해외특송회사를 이용하여 주고받는 데 평균 일주일 이상씩 걸렸다. 그러나 인터넷 메일로는 즉시에 주고받을 수 있다. 특히 인터넷상으로 컬러 및 동영상 전송기술이 발달하여 샘플을 보는 것과 거의 같은 수준으로 바이어가 알 수 있다. 대신에 수출상이 할 일은 더욱 까다로워졌다고 볼 수 있다. 이미 작업에 들어가 생산되고 있는 상태의 제품을 수입상 측에서 변경하도록 요구하는 경우를 예로 들 수 있다.
- 거래비용을 획기적으로 절감할 수 있다. 판매자와 구매자 간의 상담이나 상품에 대한 정보획득 등이 비정형화된 정보의 경우에는 전자우편을 통하여 전달되며 정형화된 정보의 경우에는 EDI를 통하여 전달된다. 또한 인터넷폰서비스를 통하여 국제통신비용을 획기적으로 절감하는 등 거래비용을 총체적으로 절감할 수 있다.

- 기타 선하증권이나 항공화물운송장 등의 운송서류, 해상보험증권, 선적서류, 환어음도 인터넷을 이용하여 수출입업자, 은행, 보험회사, 통관업자, 운송회사 등의 관계기관 간에 송수신될 수 있다.
- 전자신청으로 허가·승인 등의 수속이 가능하다. ① 관계당국·협회에 전자신청양식으로 수출입수속이 가능하다(원산지증명서, 섬유수출조합의 수출허가). ② 수출입관련 행정정보·공고 등의 조회가 가능하다(지식경제부의 수출입기별공고, 관세청, KOTRA, 수출입은행, 수출보험공사). ③ 관계기관의 통계, 자료를 이용할 수 있다(무역협회, 대한상공회의소, KOTRA 산업자원부, 정보통신부 등 무역관련 기관). ④ 수출입통관수속(세관, 선박회사, 관세사)
- 해외송금(remittance), 신용장개설, 네고, 외환, 신용장조건변경 등을 인터넷으로 할 수 있다. 각종 무역서류 L/C 개설이나 Draft(환어음)발행, 외환예약, L/C 조건변경수속, 수입서류, L/C 도착안내(arrival notice) 및 도착 등을 인터넷으로 확인할 수 있다.

3. 전자무역을 위한 웹사이트 구축

수출상은 목표시장에 적합한, 이른바 지역화(localization)된 웹사이트를 구축해야 한다. 지역화를 위한 웹사이트는 목표시장의 언어로 나타내는 것이 중요하다. 그러지 못할 경우에는 영어로 나타내든가, 적어도 중요한 부분만이라도 해당지역의 언어로 나타내는 것이 중요하다. 구체적으로 제품과 서비스에 따라 다음과 같은 점을 감안하여 웹사이트를 구축해야 한다.

- 제품, 서비스에 따른 잠재적 고객들을 확보할 수 있는 정보제공
- 온라인 카탈로그와 안전한 대금결제시스템 완비
- 고객들에게 주문기록과 송장(Invoice)을 제공한다.
- 제품과 서비스를 위한 마케팅 도구 제공

브랜드, 통화, 대금지불방법 등의 문제도 있다. 우선 브랜드는 목표시장의 관습과 법률, 전통 그리고 언어 등을 반영하여야 한다. 목표시장의 통화가치를 파악하여 운송을 비롯한 제비용, 세금 등을 미리 산정할 수 있도록 한다.

4. e-비즈니스에 의한 전자무역 가이드

전통적인 수출활동에서 잠재적인 수출고객들이 신뢰할 수 있고 안정적으로 고객을 확보하기 위해서는 다음과 같은 점을 고려한 가이드라인을 세워야 한다.

- 취급해야 하는 것이 무엇인지 확인한다. 회사주소는 정확하게 명시하고, 사기행위가 많이 이루어지는 나라는 피한다.
- 잠재고객이 있는 나라들도 중요하다. 어떤 형태의 커뮤니케이션 인프라에 의하여 제품이 판매되는가, 대금결제시스템은 안전한가, 정치적인 리스크는 없는가.
- 시장조사는 e－비즈니스에 이르는 가장 중요한 요소이다. 시장조사는 전통적인 수출과 e－비즈니스를 통한 수출시스템에서 모두 동일하다.
- 신용조사는 어디에서나 중요하다. 신용카드의 사기행위가 많이 이루어지는 국가나 지역은 특히 주의해야 한다.

2절
e-비즈니스의 이해

1. 인터넷의 발전

인터넷이 수행하는 역할은 산업혁명에서 철도나 증기선의 역할과 마찬가지로 정치, 경제, 사회를 급속하게 변화시키고 있다. 인터넷은 심리적으로 거리라는 개념을 없애버릴 수 있었던 것이다. 더욱이 국내시장 또는 특정 지역에서만 생산·판매 활동을 하는 기업이라도 글로벌경쟁력을 갖추어야 한다는 점을 여실히 보여주었다.

인터넷은 고객의 '구매방법'뿐만 아니라 '구매상품' 자체를 바꾸고 있다. 이에 따라 소비자행동, 저축성향, 산업구조까지 바꾸고 있다.

> 피터 드러커는 "제조만 하는 기업은 더 이상 생존하기 어렵다. 앞으로는 유통에 기반을 둔 지식기업(knowledge company based on distribution)이 되어야 한다"라고 했다(Peter F. Drucker, Managing in the Next Society).

IT를 활용한 e－비즈니스는 기업이 생산과 영업 및 마케팅활동, 기업 간 정보공유, 의사결정 등의 다양한 기업활동을 포괄하는 개념이라 할 수 있다. 특히 한국은 인터넷 이용환경과 지속적인 정보통신 환경을 개선시켜서 양적으로도 세계최고 수준의 e－비즈니스 여건을 갖추었다. 인터넷의 장점에 따라 전자상거래는 앞으로 더욱 활성화될 것이다. 특히 전 세계를 대상으로 한 무역거래비용도 낮아지게 된다. 이러한 흐름에 따라 과거에 특정 소수계층이 독점하였던 정보가 인터넷으로 더욱 신속하고 쉽게 확산되고 있다.

2. e-비즈니스의 정의

e-비즈니스는 인터넷을 이용하여 제품과 서비스를 판매하고, 고객서비스를 제공하며, 비즈니스 파트너와 협조하는 활동을 의미한다. 일반적으로 기업과 기업 간의 B2B(business to business)거래와 기업과 고객 간의 B2C(business to customer)거래로 구분할 수 있다.

매매(trading view)

상거래를 중심으로 하는 매매활동에 기반을 둔 정의로 볼 수 있다. 다시 말해 인터넷에 기반을 두고 상품과 서비스를 매매하는 것을 의미한다. 예를 들어 컴퓨터를 이용한 전자적인 네트워크를 통하여 물품과 서비스를 검색하고 구입하는 것을 말한다.

정보교환(information exchange)

e-비즈니스는 물품과 서비스교환뿐만 아니라 정보교환까지 가능하다. 정보자체가 매매가능한 상품이 되는 것이다.

상거래활동(activity view)

e-비즈니스는 상거래활동만이 아니라 판매 전후의 효과와 경영의사결정 및 이에 따른 비즈니스 비즈니스관계도 유지하고 조성해 준다. e-비즈니스는 지식경영(knowledge-management)을 위한 기술과 그 진행과정이라 할 수 있는 e-지식(e-knowledge)에 기반을 두고 정의를 내려야 한다. 다시 말해 e-비즈니스는 지식경영을 지향하는 관점에서 파악하는 것이 유용하다고 본다. 이는 지식기반의 경제환경이 전자적인 시스템들을 이해하고 경영하기 위한 기초를 제공하기 때문이다.

3. e-비즈니스의 애플리케이션과 효용

e-비즈니스를 이용하면 매출이 증가하고 고객관계가 밀접하게 되며, 시장조사와 물품조달을 직접할 수 있는 등의 장점이 있다. 이 중에서 수출상에게는 다음과 같은 이점을 가져다준다.

- 제품과 서비스정보를 새롭게 하여 신속, 정확한 정보를 입수한다.
- 온라인에 의한 해외마케팅과 광고
- 24시간 365일 가능한 생산과 서비스 시스템
- 효과적인 주문과 주문프로세스
- 통계(demographics)를 이용한 시장특성, 경쟁 등의 정보에 쉽게 접근
- 생산과 서비스의 전자적 처리에 의한 정확성
- 해외시장으로 쉽게 접근하여 더 많은 수출기회를 얻을 수 있다.

e-비즈니스를 활용하여 거래당사자들의 커뮤니케이션은 향상되고, 무역기능의 각 연결과정을 더욱 쉽고 정확하게 처리할 수 있다. e-비즈니스를 활용한 무역시스템이라 하더라도 일반적인 무역업무인 선적, 운송, 세관통과 등의 업무는 전통적인 방식대로 진행된다.

4. 보안 및 기술 문제

이미 웹사이트가 구축되어 있다면 자체 하드웨어를 설치하고 또 이를 유지하고 개발하는 스텝들을 활용해야 한다. 웹사이트의 보안은 특히 중요하기 때문에 다음의 보안메커니즘을 따라야 한다.

- SSL(Secure Sockets Layer) 기술
- 소프트웨어와 하드웨어의 방화벽(firewall)
- 물리적인 사이트의 안전
- 안전한 대금결제시스템
- 데이터의 안전보장

• 엄격한 증명서 발급
• 당사자들 간의 온라인 거래를 위한 원본의 디지털증명서 발급
• 원본 e-메일을 증명할 수 있는 개인화된 증명서
• 건전거래를 보장하기 위한 각종 제도, 감시조직 및 시스템 운영
• 구매만족도, 신용도, 옥션토크 등 운영하는 등의 피드백시스템
• 기술장애 가능성에 대비한 완벽한 기술지원시스템

웹사이트를 구축하고 유지할 여력이 없는 중소기업은 호스팅회사에 아웃소싱하는 것이 좋다. 그러한 경우에 하드웨어와 소프트웨어 및 안전시스템을 위한 장치들은 고객관계, 외환서비스, 신용보호장치 등과 같은 점을 포함하여 설치되어야 할 것이다.

3절
무역EDI의 발전

1. EDI의 개념과 거래형태 변화

물품이 국경을 통과하는 시점에 관세나 수출입규제를 위하여 통관수속을 하게 된다. 여기에는 일반적으로 하나의 거래당 수십 가지의 서류에다가 수백 가지의 항목이 정확하게 기재되어야만이 원활하게 이루어진다. 특히 서류상의 오자나 탈자 등에 의해 지급이 거절될 수도 있기 때문에 고도의 엄밀성이 요구된다. 무역관련 부서에서는 데이터 입력, 승인 등의 업무 외에 세법이나 상법에 의해 일정기간 의무적으로 보관해야 하는 의무도 있다.

2002년도에 국제무역개발회의(UNCTAD; United Nations Conference on Trade and Development)에서 조사한 바로는 무역거래액의 약 7%에서 10%가 무역문서 작성 및 관리업무에 드는 비용으로 나타났다. 그러나 인터넷이 발달된 현재에는 회사 내 컴퓨터의 통신회선을 사용하여 상대편 컴퓨터에 데이터를 보내 주문하는 것이 폭넓게 행해지고 있다. 이러한 형태로 상거래를 실시하는 것을 EDI(Electronic Data Interchange; 전자데이터교환)라 한다.

EDI를 이용한 전자무역은 새로운 무역 패러다임으로 자리 잡고 있다. 과거 증기선이 출현하거나, 컨테이너선이 출현하고부터 국제무역이 괄목한 발전을 한 것과 마찬가지로 현재 인터넷을 이용한 전자무역시스템이 구축됨에 따라 혁신적으로 무역이 활성화될 것으로 보인다.

2. 무역EDI의 발전과정

1980년대에 컨테이너 선박의 스피드가 향상되어 선하증권(船荷證券)을 비롯한 중요한 무역서류가 물품보다 늦게 도착하는 사태가 발생되었다. 이에 따라 EDI의 필요성이 인식되어 법제도를 정비하고 인터넷기술을 개선시킨 결과 1990년대 초부터 실용화되기 시작했다.

무역EDI는 국제 간의 상거래에서 물류와 결제에서 이루어지는 업무를 전자화하여, 이를 무역관련 업계 및 단체들과 횡적으로 연결하여 신속하고 정확하게 처리하는 전자인프라이다. 당초에는 무역서류를 작성하여, 이를 신속하게 전달하기 위한 목적으로 개발되었다. 기업에서는 나아가 국제적인 부품조달 및 배송(配送)뿐만 아니라 A/S까지 이용하여 그 용도를 확장시키게 되었다.

이제는 무역서류의 전자화에 의한 합리화가 아니라, 글로벌한 SCM(Supply Chain Management)을 구축하는 것이 기업들의 주요 과제가 되었다. SCM은 글로벌한 생산 및 유통망에 EDI를 활용하여 신속하고 원활한 무역활동을 하는 커다란 효과를 기대할 수 있게 되었다.

이러한 편리하고 새로운 무역거래형태가 나타나면서부터 세계의 무역량은 급증하였으나, 각각의 거래금액이나 거래량은 감소하고 있는 추세에 있다. 이는 통신과 운송수단이 발달하여 신속하고 정확하게 물품이 운송되기 시작하였고, 그에 따라 소비자의 기호가 다양화되고 제품의 수명주기도 단축되어 '다품종소량생산'(多品種少量生産)의 흐름이 확대되고 있기 때문이라 할 수 있다.

이러한 방식을 응용하여 한국의 기업들도 중국에 위탁가공무역을 통한 비즈니스 모델을 개발하여 독자적인 SCM모델을 구축하였다. 특히 무역업무에 종이서류를 대신하는 EDI가 개발됨에 따라 무역서류를 처리하는 오퍼레이션 코스트는 많이 감소하였다.

3. EDI의 전제조건

EDI는 기업이 필요한 정보를 컴퓨터와 통신을 이용하여 정확하고 신속하게 교환하는 장점이 있다. 그러나 기업 간 네트워크에서의 거래가 각기 독자적인 방식에 의해 진행되면 혼란스러운 문제가 발생된다. 그렇기 때문에 기업 간에는 각각 자료교환에 따른 합의가 이루어져야 한다. 기업 간에 합의된 각종 규약에 의한 표준화가 시행되어야 하는 것이다. 이에 따른 전제조건은 다음과 같다.

- EDI를 이용한 거래에는 웹상에서 표현되는 기술적인 언어나 공개키를 사용한 암호방식 및 이를 적절하게 이용한 전자서명기술이 적용되어야 한다. 통신의 안전성을 확보할 수 있기 때문이다.
- 무역에는 여러 가지 업종의 기업이 각각의 전자데이터를 이용하여 무역문서를 교환하므로 개별적인 무역업무를 표준화하는 작업도 필요하다. 데이터항목이나 서류형식, 메시지를 전달하는 프로토콜 등을 표준화시키려는 노력이 관련업계에서 활발하게 이루어지고 있다. 이와 함께 이들 간의 상호운용성(interoperability)이 확보되어야 무역거래가 전자화될 수 있다.
- 호환성을 확보하기 위하여 전자서명에 이용되는 '인증서'(certificate)의 설정항목의 내용을 결정하는 것도 필요하다. 우선 EDI의 이용자 간의 거래규칙을 설정하는 것이 필요하다. 전자거래는 사용하기는 편리하지만 이를 운용하는 기술적, 법적 및 관습적인 측면은 일반거래보다 복잡하고 까다롭다. 그러나 EDI를 이용하는 관계당사자들은 이를 정확하게 따라야 한다.

4. 디지털 방식의 전송시스템

전자정보처리 및 통신기술이 진보되어 현재는 대부분의 무역업무가 종래의 서면거래(書面去來)에서 디지털로 전환된 정보로 전송되어 거래된다. 다음과 같이 거래청약에서 대금결제까지 인터넷으로 처리되어 효율적이고 코스트도 삭감할 수 있다.

[표 1] 디지털 방식의 전송시스템

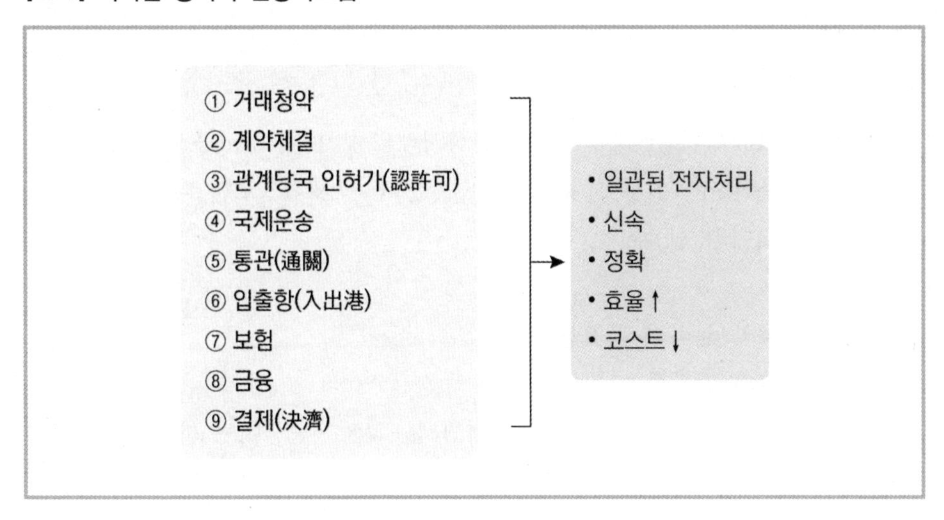

운송물류 면에서도 새로운 해상·항공운송시스템은 다음과 같은 장점을 가진다.

- 통관수속을 신속하게 처리하여 화물도착에서 인수하기까지 시간단축
- 관세자동납부－은행관세납부 전용구좌 이용
- 한번 입력한 정보는 컴퓨터파일로 저장되어 관계업자나 당국들이 서로 이용할 수 있다.

이러한 작업이 법적으로도 뒷받침되어 왔다. 그러나 무역의 전제조건은 산업 간의 경계를 넘고(cross－industry) 또 국경을 넘는(cross－border) 거래이다. 그렇기 때문에 각국의 전자상거래에 관한 기술적, 법적 기반이 아직 정비되어 있지 않아서 전자화에 따른 기술적, 법적 장치마련이 쉽지 않다.

5. 무역정보 네트워크의 전자화

1) 무역 네트워크 전자화의 개념

무역 네트워크의 전자화란 국제전자상거래의 법이론, 정보통신기술, 업무시스템 개발을 추진하기 위한 사항이라 할 수 있다. 구체적으로는 다음 사항을 적용하기 위한 것이라 할 수 있다.

- 상거래상의 권리의 전자등록
- 선하증권의 전자화
- 전자메시지 송수신(送受信)·전자서명(電子署名)·인증(引證)에 관한 국제규칙과 기초이론(국제과세·지적소유권·독점금지법·각종 경제관련 법과 규정)

2) 무역업계의 네트워크

계약성립 → 물품인도 → 대금결제에 이르는 과정에서 거쳐야 하는 관계당국 및 회사와 각종 관련업자들은 대체로 다음과 같다. 이들에 의해 계약이 이행되고 있지만 ① 화물의 이동형태, ② 대금결제과정, ③ 작업종류별로 사용하고 있는 서류의 크기, 레이아웃, 기재사항, 작성자, 업종, 장소가 각각 다르다.

- 해상·항공운송회사
- 관세사(통관업자)
- 인허가(認許可) 관계당국
- 창고업자
- 항만·항공관리당국
- 손해보험회사
- 은행

3) 통관 및 항만의 정보처리시스템

수출상은 해당물품의 수출신고서를 작성하여 세관에 신고한 후 이를 허가받은 뒤에 선박과 비행기 등의 운송수단에 적재하여야 한다. 현재는 EDI 및 인터넷을 통하여 간단하고 신속하게 통관할 수 있다. 특히 물품에 따라 통관수속을 신속하게 처리할 수 있거나, 관세 등을 자동이체하여 납부할 수 있으며, 한번 입력한 정보는 전자파일로 저장되어 관련업자들이 이용가능하다. 통관 및 항만의 EDI 네트워크는 다음과 같은 시스템으로 운용된다.

- 선적정보 관련한 수출상과 운송업자 간의 네트워크
- 수출입화물의 통관을 위한 정보처리시스템
- 운송 및 운송주선업자·선박회사를 연결하는 항만의 물류정보시스템
- 선하증권을 발행하기 위한 수출상과 선박회사 간의 네트워크

선박회사의 네트워크를 통하여서도 선박의 입항과 출항정보를 파악할 수 있다. 수입컨테이너도 입항 전에 예비심사제를 활용하여 화물의 도착을 확인함과 동시에 보세운송의 허가를 취득하여 수입물품을 신속하게 운송할 수 있게 되었다.

[표 2] 통관 및 항만 EDI 네트워크

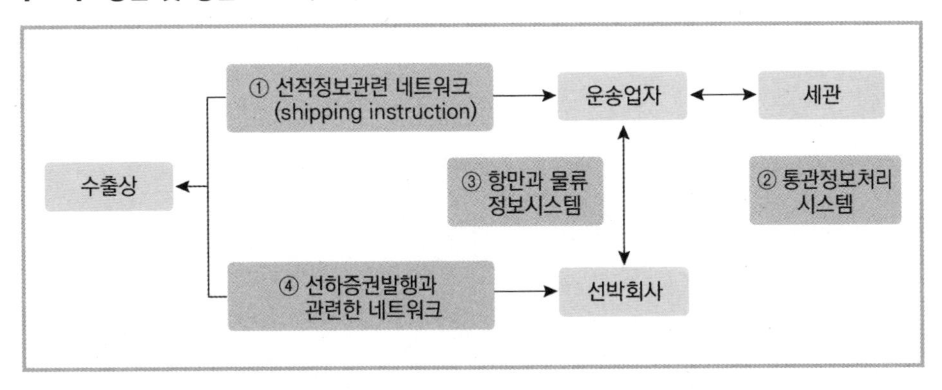

항만에서의 선박의 입출항과 관련한 정보도 다수의 전문업자들에 의해 교환되고 있다. 항만관리청 및 터미널관리용역회사, 계류시설관리회사, 도크사업자, 급수/폐기물처리업자 등이 EDI를 이용하여 편리하게 업무를 처리할 수 있다.

4) 대금결제시스템

무역대금결제정보는 SWIFT(The Society for Worldwide International Financial Telecommunications; 국제은행 간 금융통신협회)에 의해 이루어진다. SWIFT는 은행 간 국제통신메시지의 스위칭·센터로서의 기능을 한다. 이 기구의 본질은 자금결제는 어디까지나 은행을 통하여 거래통화국의 금융시장 결제시스템에서 실행된다.

5) 무역문서포맷의 표준화

무역서류를 전자화하기 위해서는 여러 가지 관련기관 및 업체들 간에 공통으로 이용하는 서류포맷을 표준화하는 것이 필요하다. 서류기반의 무역시스템에서 전자무역문서로 거래하기 위한 문서의 서식을 통일시키는 것이다. 구체적으로는 이미 기재된 항목의 데이터포맷의 표준화와 무역문서의 메시지(電文)를 표준화하여야 한다. 더욱이 인터넷에서는 각각의 기업이 여러 가지 컴퓨터로 접속하고 있기 때문에 상호운용성(interoperation)을 확보해야 할 필요가 있다.

4절

무역리스크관리의 기초

1. 무역리스크의 의미

리스크란 단어는 '뱃심 좋게 도전하다'(to dare)라는 의미를 지닌 이탈리아어 'risicare'에서 유래한 것이다. 일찍이 사람들은 리스크가 있으면 기회도 있다는 사실을 깨닫기 시작했다. 기회를 포착하고 행동했던 사람들은 무역과 상업을 활성화시켰고, 그렇게 만들어진 재화를 가지고 새로운 모험을 시도하였다. 콜럼버스도 역시 인도로 가는 새로운 무역항로를 찾고 있었다. 부자가 된다는 꿈은 강력한 동기로 작용했으며, 일종의 도박을 감행하지 않고는 부자가 될 수 없었다.

무역은 불확실성에 따른 리스크를 수반하는 사업이다. 장거리 운송에 따른 상품의 운반, 판매 및 대금회수 과정에서의 금융비용도 기본적으로 고려해야 할 사항이고, 소비자의 욕구, 가격수준, 상품 도착시점의 유행 등도 미리 계산에 넣어야 할 사항이다.

무역이 도박의 원리에 의해 부(富)를 창조하는 형태로 변형되어 활성화됨에 따라 자본주의체제도 발전하였다. 이와 같이 자본주의를 실천하는 오늘의 기업경영자는 우선 탁월한 예측가가 되어야 한다. 구매·생산·마케팅·가격·결정·조직 등은 모두 그 다음인 것이다.

헬무트 판케 전 BMW 회장도 "기업경영에서는 기획(planning)과 분석(analyze), 리스크관리가 핵심이며, 이를 바탕으로 미래를 예측하는 전략을 짜는 것이 가장 중요하다. 기업은 항상 미래 지향적이어야 한다"라고 말했다.

2. 무역리스크의 분류

1) 수출상의 리스크와 수입상의 리스크

수출리스크는 어떠한 개념인가 또는 어떻게 분류하는가에 따라 각기 다르게 설명할 수 있다. 특히 리스크를 명확하게 한정시키기가 어려운 문제가 있다. 수출계약, 품질관리, 운송 및 납기와 관련한 리스크는 수출상이 자체적으로 충분히 관리할 수 있는 리스크에 속한다고 볼 수 있다. 그 외의 리스크는 수출상이 통제하기가 어려운 리스크에 속하지만 이러한 리스크도 국제적인 상황이나 환경에 따른 변화를 파악하고 이를 잘 관리한다면 감소시킬 수 있을 것이다.

[표 3] 수출상과 수입상의 리스크

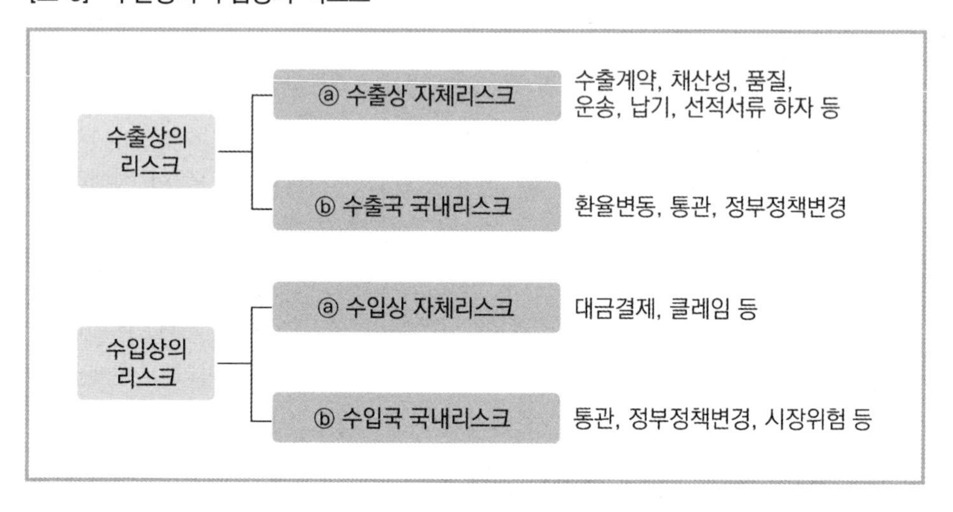

우선 수출계약과정의 계약내용에서부터 리스크가 발생할 수 있다. 계약이 체결된 이후에는 계약에 적합한 약정품을 조달해야 하는 리스크가 따르며, 이를 수입상에게 운송하기까지의 과정에도 많은 리스크가 수반된다.

이에 비해 수입상 측의 리스크는 계약을 체결한 이후에 수출상이 도산하거나, 정치경제 환경변화로 인해 수입품의 통관이 금지되거나, 환거래정지 또는 정치적인 리스크 등으로 인해 계약이 이행되지 못할 리스크를 뜻한다. 이러한 때에 수출상은 통제불능한 리스크라도 수입상의 신용정보나 수입국 측의 정치경제환경 동향에 따른 정보를 입수하고 또 분석하여 가능한 대비를 함으로써 리스크를 감소시킬 수 있다.

리스크관리의 본질은 결과를 통제할 수 있는 범위는 최대한으로 늘리고, 결과를 통제할 수 없는 범위는 최소화시키는 데에 있다(Peter L. Bernstein).

2) 외부(外部)리스크와 내부(內部)리스크

기업은 수출환경이라는 리스크에 둘러싸여 있으며, 이를 수출기업의 외부리스크와 내부리스크로 구분할 수 있다. 외부리스크는 수출기업을 둘러싼 정치적, 경제적, 사회적인 사정이나 조건이며, 내부리스크는 수출환경에 적응하기 위한 전략에 결함이 있거나 부적절한 수출관리에 의한 기업내부의 사정이나 조건에 의하여 발생하는 것으로 볼 수 있다. 따라서 수출리스크는 '수출기업의 외부환경, 아니면 내부환경에 의한 것인가'로 분류할 수 있다. 이와 같이 수출기업은 리스크사정, 다시 말해 리스크사고의 발생확률 및 강도를 증대시키는 내부와 외부의 환경리스크에 둘러싸여 있다고 볼 수 있다.

외부리스크는 기업을 둘러싼 정치적·경제적·사회적인 사정, 조건, 상황에 기초한 영향력이 원인으로서 외재적(外在的) 사고(accident)가 발생할 가능성을 포함하고 있다. 내부리스크는 수출기업을 유지하기 위한 전략이나 관리결여, 부적절한 경영내부사정, 조건, 상황에 따른 사고(accident)가 발생할 가능성이 있는 리스크이다. 수출기업의 외부리스크과 내부리스크는 서로 연결된 상관관계를 가진다. 또한 이러한 리스크들은 수출환경의 가변적인 리스크에 영향을 받아 여러 가지 리스크 가능성에 직면하여 손해를 발생시키게 되는 것이다.

리스크의 원천(源泉)이 어디에 있는가에 따라 분류할 수도 있다. 수출기업의 외부리스크는 수출환경에 기초한, 외습적인 사고발생의 가능성에 따른 리스크이다. 내부리스크는 일정의 경영환경하에서 인적, 자본, 물적인 요인을 조화시켜 기업의 환경적합성을 유지하기 위한 전략이나 관리가 부실하기 때문에 발생되는 내재적 사고발생의 가능성을 가지고 있다.

현재의 세계경제 환경변화에 따른 무역리스크는 비상(非常)리스크와 사업리스크로 분류할 수 있다. 사업(事業)리스크도 외부적 요인에 기인한 내용, 내부적 요인에 기인한 내용으로 분류할 수 있다. 외부적 요인에 기인한 사업리스크는 외국정부의 제도·정책의 급격한 변화에 의하여 불가항력적으로 발생되는 리스크이다. 예를 들어 무역정책의 변경, 외자규제의 강화, 현지경제의 불안정, 시장에서의 경쟁조건악화, 노사관계악화 등을 의미한다. 내부적 요인에 기인한 사업리스크는 기업자체에서 통제가능한 리스크로서 해외에 진출하기 위한 투자계획의 결함, 합병파트너와의 분쟁, CEO선정의 실패, 본사의 경영악화 등을 들 수 있다.

3) 글로벌화에 따른 무역리스크 증가

세계경제의 불확실성 증대

각국 경제는 글로벌화에 따른 개방된 시스템으로 시장경제에 깊이 조직되어 있다. 이에 따라 시장과 경쟁이 글로벌화하고 각국 경제의 내부에서 생산되고 유통되는 상품이나 서비스에도 글로벌한 경쟁이 세계시장에 영향을 주고 있다. 과거의 2국 간의 무역이 아니라 전 세계를 대상으로 수출활동을 해야 하기 때문에 그에 따른 불확실성은 더욱 증가하고 있다.

국제표준

세계시장에서 유명기업이 채택하고 있는 경영방식이나 기법은 국제표준으로서 각국의 기업에 침투되고 있다. 국제시장에 출시되어 실지로 증명이 된 서비스, 비즈니스, 모델 등이 세계의 기업에서 이용되고 있는 것이다. 국제회계기준이나 국제표준환경기준 등과 같은 기준이나 규칙도 많은 나라에 채택되어 국제적인 표준으로서 기업에 침투하고 있다.

국경없는 경제

글로벌화에 따라 다국적기업들은 생산설비나 판매거점을 세계 각국에 이전함으로써 국경을 초월한 기업활동을 하고 있다. 이러한 단일의 세계시장 형성은 종전과 같은 국제적인 상품무역만이 아니라 생산요소의 국제적인 이동도 자유롭게 만들었다는 점이다. 세계경제가 글로벌화되어 가고 있는 추세에 따라 재화와 서비스, 금융과 노동력 이동까지도 자유롭게 이루어지는 '국경없는 경제'(borderless economy)를 만들려는 움직임이 매우 고조되고 있다는 사실이 그것이다.

자본과 노동력 이동

다국적기업의 글로벌한 활동과 제휴가 확대되어 노동력도 전 세계적으로 충원되고 있으며, 고임금국에서 저임금국으로 기술과 자본이 이전하여 기업의 국적이 다국적화하여 본사라는 개념이 희박해졌다. 기업의 핵심제품이나 서비스를 중심으로 최적생산지, 최적부품조달지, 최적판매시장, 최적자본조달시장 등을 구하기 위하여 글로벌화가 전개되며, 그 결과 시간과 공간의 제약뿐만이 아니라 세계적 규모로 입지를 선택하여 노동력의 국제적인 이동에 따른 제약도 약화되었다. 따라서 종전의 단순한 국내생산 및 수출의 형태에서 국제적인 노동이동과 기술·자본 이동에 따른 요인을 감안하여 생산 및 수출 활동을 전개해야 할 시점이기 때문에 파악해야 할 정보가 더욱 많아졌다.

금융의 불안정성

금융의 글로벌화가 진전됨에 따라 경제의 투기화, 일명 카지노경제화가 급속하게 진행되었다. 따라서 거액의 부동자금이 움직여서 글로벌한 금융활동과 실체경제와의 잉여는 거대하고 항상적으로 세계경제의 연동성과 불안정성이 강하게 되었다. 이는 환율변동에 따른 불확실성을 증대시키게 되었다.

기업의 경영활동

기업경영에 관한한 국가의 개입을 의식하지 않고 자유로이 세계 각국에서 활동하고 있다. 물론 글로벌화를 의식하지 않는 사람들도 있다. 그러나 글로벌화에 침투하는 것은 국제적인 활동의 유무에 관련 있는 기업에 영향을 주어 기업경영에서 무시할 수 없는 중요한 요소를 가지고 있다.

4) 글로벌화에 따른 수출리스크 요인

세계경제의 미래에 대한 불확실성이 증가함에 따라 수출기업들도 대응에 어려움을 겪고 있다. 더욱이 기업을 둘러싼 이해관계집단의 요구사항이 다양해지고 압박의 수위도 높아지고 있다. 이러한 환경에 따른 치열한 생존경쟁으로 기업 간 부침이 심화되었다. 경쟁력 격차가 기업실적의 양극화를 초래함으로써 업계 최고수준의 기업이 글로벌한 환경변화에 대한 둔감하거나 전략선택의 실수로 인해 쇠락하는 사례가 빈번하게 나타나게 되었다. 따라서 현재의 성공이

앞날을 보장할 수 없는 불확실성의 시대라 할 수 있을 것이다.

글로벌 시장경제의 확장과 심화에 의해 국내외의 모든 조건이나 정치경제 주체 간의 상호구조는 극히 다양한 양상을 보여준다. 이러한 글로벌화는 각국 경제의 시장화·자유화를 따르는 고유의 개발전략이나 제도 등과 대립하여 그 불안정성과 통화위기 등의 문제점을 유발시키고 있다. 이와 같이 글로벌화에 의해 세계경제는 지리적·시간적 제약에서 벗어나 형태의 리스크요인을 발생시키고 있다.

글로벌화에 따른 리스크는 일종의 조짐이나 징조를 수반하기 때문에 글로벌화에 따른 정보를 정확하게 수집·분석하여 관리할 수 있다. 특히 이에 따른 결과는 부정적인 결과만 가져오는 것이 아니라 긍정적인 결과도 가져오기 때문에 글로벌화에 따른 리스크를 적절히 관리하여 기업의 성장과 발전도 기대할 수 있다.

이러한 성격에 따라 글로벌화의 리스크는 동태적 리스크라 할 수 있다. 동태적 리스크는 사회·경제적 환경이 특정한 원인에 의하여 변화됨에 따라 동시다발적으로 발생하기 때문에 그 결과는 같은 환경에 관련되어 있는 모든 집단이 동시에 영향을 받게 된다. 이러한 리스크는 기술발전, 유행이나 소비 측면에서 발생되는 리스크이며 소비자 욕구변화, 생산방식의 변화나 신기술발명 등에 따른 생산 측면에서 발생되는 리스크도 포함된다.

글로벌화에 따른 리스크요인은 각 산업이나 업무에 각기 다른 영향을 주는 것이어서 이를 정확하게 파악하기는 곤란하다. 글로벌화에 따른 기업활동 과정에서 수반되는 리스크로 인해 기업들은 많은 어려움을 겪었지만, 반면에 다음과 같은 상당한 경험과 지식을 축적할 수 있게 되었다.

- 국가리스크에의 대처
- 각국의 독점금지법에 대응
- 각국의 기업법제의 이해
- 국민감정에 대응
- 통상마찰문제에 대처
- 각국의 지적소유권에 대한 차이의 이해
- 각국의 고용관행의 이해
- 각국의 소송제도의 이해

기업수준에서의 글로벌화 과정에서는 외부지향만을 의식하는 국제화만이 아니라 국외에서 국내형의 국제화 요소를 의식하여 이를 국내경영에 도입시키고 있는 특색이다.

국제화의 시대에는 국내에서 국외형의 기업활동이 중심이 되지만, '글로벌화' 시대의 수출에 있어서는 국외에서 국내형의 항목도 동시에 활발히 움직여서 상호작용함으로써 변화를 발생하게 한다.

[표 4] 글로벌경제하에서의 무역리스크

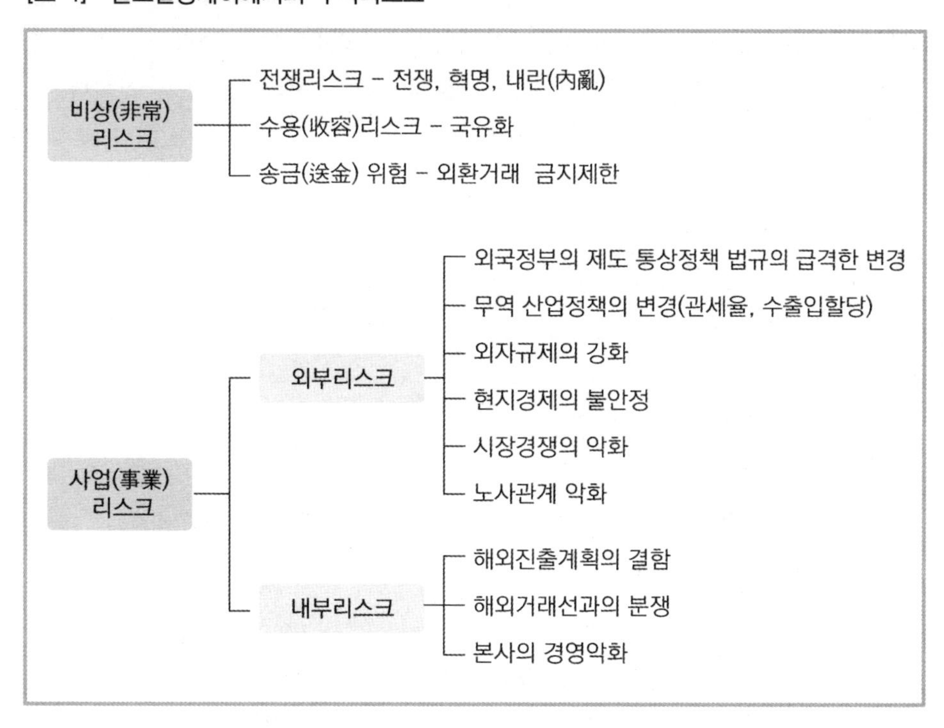

글로벌화에 따른 수출기업의 운영에는 표와 같이 리스크일람을 작성하여 각각의 리스크를 크기와 빈도에 따라 평가하는 것이 효과적이라 할 수 있다. 그러나 매일의 수출환경은 변화하고 있고, 또 많은 불확실성에 대치하고 있다. 그러므로 긍정적인 면과 부정적인 면을 종합적으로 검토하여야 효과적이라 할 수 있다.

세계적인 경향으로서 수출리스크 항목을 분류하여, 평가하고, 공개하거나, 시장상황변화 등에 의하여 평가하는 추세에 있음도 확실하다. 이러한 범용적인 기준을 수출기업의 리스크관리에서 적절하게 활용하는 것이 일반적이라 할 수 있다.

글로벌화에 대한 반발과 이에 따른 부작용이 심해지고 있는 이유를 들자면 우선 글로벌화가 더욱 확산되는 추세에 있고, 또 미국의 패권강화에 따른 부작용이 커지고 있기 때문이다. 구체적으로 보면 글로벌화에 따른 경쟁이 심화되고 구조조정대상이 되는 분야가 확대됨에 따른 실업이나 부작용이나 반발이 심해지고 있는 것이다. 빈부격차가 확대되고 사회보장제도가 약화되는 데 따른 경제사회적 불안정성도 심화되고 있는 추세이다. 이와 같이 글로벌화에 따른 각국 경제의 개방도가 높아지고, 비효율적인 부문의 구조개혁이 가속화하여 세계 전체적으로는 효율성이 높아지고 있으나 각종 부작용도 심화되고 있는 것이다. 특히 글로벌한 경쟁규칙을 설정하고 합의하는 데 따른 어려움이 있고, 글로벌한 금융에 따른 리스크도 확대되고 있다.

[표 5] 글로벌화에 따른 리스크요인

	글로벌화에 따른 변화	리스크 요인	
		부정적 요인	긍정적 요인
기 업 형 태	외국자본과의 제휴	• 제휴에 따른 코스트증가 • 제휴계약의 내용에 따른 분쟁증가	• 상승효과에 의한 수익증가
주 주 및 경영자	외국인주주 진입 및 경영자 참가	• 안정적 주주비율 저하 • 단기 목표 중시하고 장기적 관점은 경시	• 경영감독기능강화 • 기존의 부정적인 경영관습쇄신 • 기업의 효율성 제고
조 직· 인 사	외국인노동자 고용·관리	• 국내노동자와의 마찰 및 차별문제	• 국내노동자의 자극과 실적향상
생 산	국제환경기준도입	• 국제기준 대응에 따른 코스트상승 • 환경기준위반으로 기업이미지 하락	• 환경대책완비를 통한 기업이미지 제고
	외국기업소프트나 반도체기술을 기반의 컴퓨터시스템 도입	• 기존 시스템 변경에 따른 코스트증가	• 업무효율상승 • 소규모경영의 글로벌비즈니스 가능

서비스	글로벌한 시장 및 비즈니스모델도입	• 국내시장 적응실패 • 외국시장이나 상품리스크 이해부족에 따른 손실	• 비즈니스효율성 제고 • 외국시장기회를 이용한 이익 실현
판 매	외국기업 대리점이나 프랜차이즈계약	• 프랜차이즈료의 지불 • 계약내용상의 하자 및 분쟁 발생	• 국외로부터의 신규영업노하우 획득
개 발	해외지적소유권 준수	• 지적소유권에 따른 분쟁	• 외국기업보유의 지적소유권구입에 따른 국내시장확보
재 무	국제회계기준도입	• 연결결산으로 자회사 적자 표면화 • 시가회계에 의한 손실표면화	• 재무상태의 투명성향상 • 외국인투자가의 신인도 향상
정 보	인터넷 등의 국제통신망	• 발신정보실수로 인한 분쟁 및 소송	• 인터넷이용한 코스트삭감 • 전 세계를 대상으로 한 상거래 가능
법 무	국외에서의 소송	• 소송비용이나 벌금에 의한 손실가능성	• 해외소송에 따른 법률노하우 축적, 전략법무태세구축

제 2 장

무역거래의 흐름과 서류작성

1절
무역거래의 흐름과 절차

오늘날에도 가장 전형적인 국제거래는 물품매매를 중심으로 하는 무역거래이다. 무역거래에는 물품종류와 운송방법, 대금결제방법 등에 따라 여러 가지 형식이 있다. 그리고 국제적인 물품매매에 따른 은행, 운송, 보험 등의 거래가 동시에 이루어진다.

일반적으로 무역거래에서 수출상은 물품을 수출해 놓고도 대금을 지급받지 못할 리스크가 가장 크고, 수입상은 대금을 송금했으나 물품을 인수받지 못할 리스크가 가장 크다. 수출상은 계약한 물품을 수입상에게 운송하였지만 대금을 지급받지 못할 가능성이 있는 반면에, 수입상은 대금을 수출상에게 송금하였지만 물품을 아예 인수하지 못하거나, 인수하였다 하더라도 계약에서 정해진 물품이 아닌, 하자가 있거나 수량이 부족한 물품 등을 인수할 리스크가 있다는 것이다.

이러한 불확실성의 리스크를 국제적으로 믿을 만한 기관인 은행이 신용장을 발행하여 수출상에게는 대금을 지급할 것을 보장하고, 수입상에게는 계약에 적합한 물품을 인수받을 수 있게 해 준다. 신용장(Letter of Credit; L/C)은 수입상의 거래은행이 수출상에게 발행하는 것으로 주로 특정 금액(수출대금)을 수출상에게 지불할 의무가 있다는 내용의 서류이다. 다시 말해 신용장은 은행의 신용으로 거래당사자들이 가장 우려하는 점을 각각 보증하는 것이라 할 수 있다. 무역거래의 기본적인 흐름을 설명하기 전에 신용장과 선하증권(船荷證券; B/L)을 간단하게 이해하는 것이 필요하다.

그림에서와 같이 신용장은 수입상의 요청에 의해 수입상과 환거래계약을 맺은 은행이 발행하여 수출상에게 전달한다. 쉽게 말하자면 신용장은 수입상의 거래은행이 수출상에게 수출대금을 확실하게 받을 수 있게 해 주겠다는 것을 의미한다. 단 수출상은 신용장조건에 따라 물품을 선적하고 서류를 갖추어 거래은행에 제출해야만 대금을 회수할 수 있다. 바꾸어 말하면 수출상이 대금을 결제받기 위해 제출한 서류가 신용장조건에 조금이라도 차이가 있다면 수출대금을 지급받을 수 없다는 것을 뜻하기도 한다.

구체적으로 신용장을 인수한 수출상은 수출대금을 어떻게 인수하는가. 수출상은 계약한 물품을 조달하여 신용장조건에 맞게 상품을 선적하고, 운송회사가 발행한 선하증권을 발급받는다. 그리고 대금을 청구하는 어음과 함께 신용장에 명기된 대금결제에 필요한 서류(네고서류)를 갖추어 자신의 거래은행(네고은행)에 제출하여 물품대금을 지급받는 것이다.

물론 대금을 수출상에게 지급한 네고은행은 수출상이 제출한 네고서류를 신용장을 발행한 수입상 측의 은행에 송부하여 대금을 회수한다. 이후 신용장발행은행은 수입상으로부터 수입물품대금과 선하증권을 비롯한 선적서류(네고서류)를 교환한다. 선적서류를 인수한 수입상은 도착한 선박에 선하증권을 제출하고 물품을 인수함으로써 마무리되는 것이다.

수출상은 이 신용장을 인수하면 수입상으로부터 대금을 받지 못할 리스크를 피할 수 있다. 또한 물품을 선적하자마자 대금을 회수할 수 있어서 자금흐름이 경직될 리스크를 피할 수 있으며, 물품도 저렴하게 조달할 수 있는 장점이 있다. 신용장은 매매당사자 모두에게 이익을 주며, 특히 수출상의 이익이 더욱 크기 때문에 수출상이 수익자(beneficiary)가 된다. 무역거래의 기본적인 흐름(trade flow)을 그림과 같이 간단하게 설명하고자 한다.

[그림 1] 신용장(Letter of Credit)의 기능

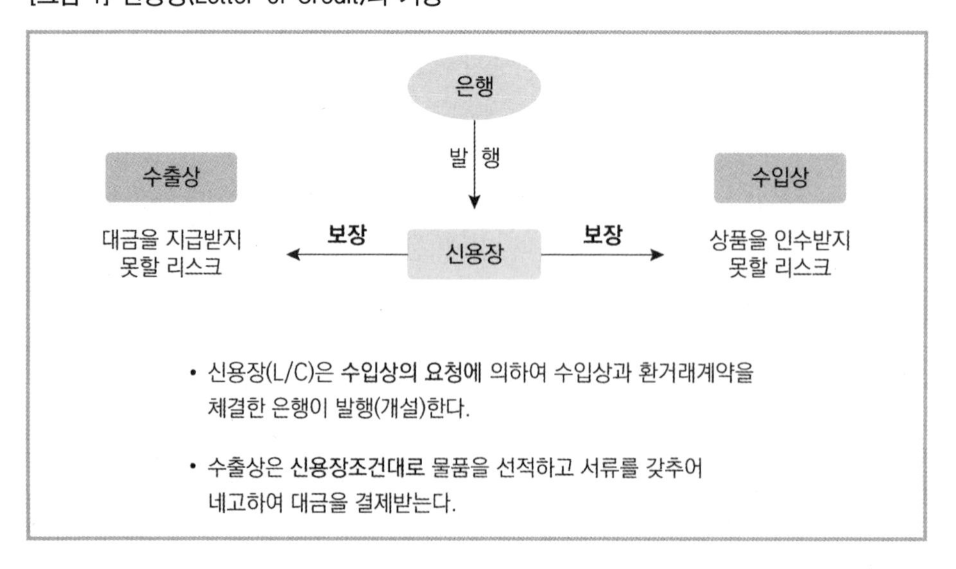

[그림 2] 무역거래의 기본 흐름

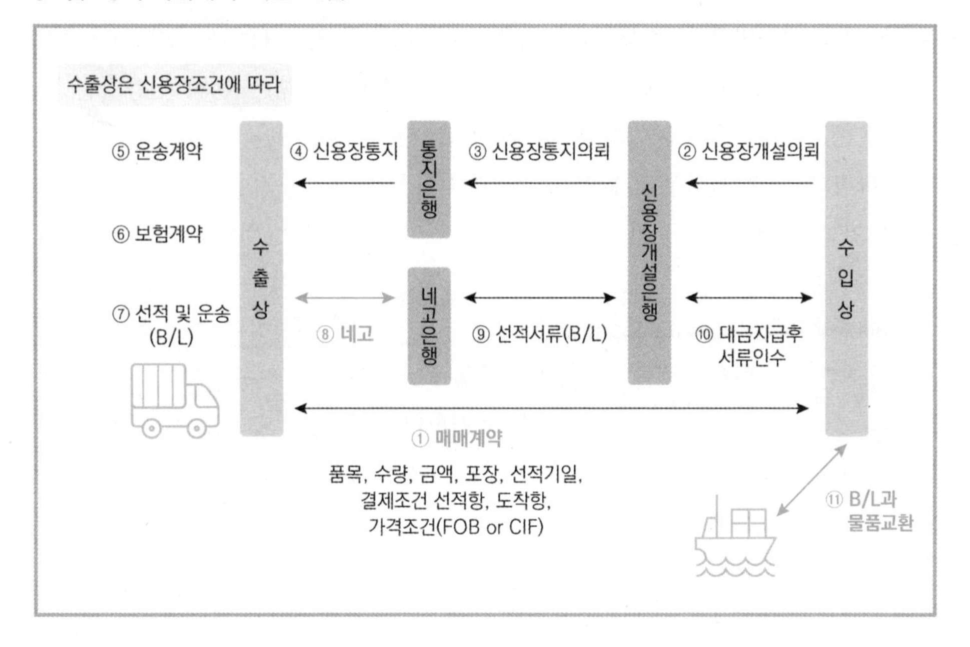

① **매매계약(Sales Contract):** 수출상(shipper; Seller)과 수입상(Consignee; Buyer)은 기본적인 거래조건을 결정하고 매매계약을 체결한다.

② **신용장개설의뢰(Credit Application):** 매매계약조건에서 '대금은 신용장조건으로 결제하겠다'라는 내용으로 계약을 했다면 수입상은 환거래계약을 체결한 자신의 거래은행에 '취소불능화환신용장개설신청서'(Application for Irrevocable Documentary Credit)를 제출하여 신용장을 개설해 줄 것을 의뢰한다. 이 신용장은 수입상의 거래은행이 수출상에게 수출대금을 지급할 것을 보증하는 서류이다. 그렇기 때문에, 만일에 수입상이 신용장이 발행된 후 수출상이 운송한 물품을 인수하려 하지 않거나, 수입대금을 지불하지 않을 경우에는 신용장발행은행이 수출상에게 대금을 지급하는 의무가 따르게 된다. 그래서 수입상의 거래은행은 신용장을 발행하기 전에 신용장금액에 상당하는 수입상의 신용을 확인하거나 담보를 설정하는 등의 환거래계약을 체결하고 신용장을 발행한다.

③ **신용장통지의뢰:** 수입상거래은행(Issuing Bank)은 신용장을 발행하여 수출상이 있는 지역의 은행(Corresponding Bank)에 신용장을 수출상에게 통지하도록 의뢰한다.

④ **신용장통지**(Credit Notification): 신용장발행은행으로부터 신용장을 통지해 줄 것을 의뢰받은 수출상 지역의 은행은 은행 간 전신케이블(SWIFT)로 수신된 신용장을 수출상에게 통지한다. 여기서 신용장통지은행은 흔히 신용장을 발행한 은행으로 오해하기 쉬운데, 통지은행은 단지 '신용장을 발행한 은행의 요청에 따라 아무런 책임부담 없이 취소불능화환신용장을 통지한다'라는 신용장에 기재되어 있는 사항과 같이 오로지 신용장을 통지해 주는 역할만 하고 있다.

⑤ **운송계약**(Shipping Contract): 신용장을 입수한 수출상은 매매계약조건과 신용장조건이 일치하는가를 확인한다. 이후 신용장조건의 최종선적일자 및 선적조건에 맞추어 운송회사와 운송계약을 체결한다. 신용장조건과 조금이라도 일치하지 않는다면, 대금을 지급받지 못할 수도 있기 때문에 항상 유의해야 한다.

⑥ **보험계약**(Insurance Contract): CIF 조건의 경우에 수출상은 보험회사와 보험계약을 체결하고 '해상보험증권'을 수령한다. 보험계약도 신용장조건에 그 내용이 확정되어 있으므로 수출상은 이에 따라 보험회사와 계약을 체결해야 한다. 특히 보험계약일자와 보험조건 등을 정확히 확인하여야 한다. FOB조건 등에서는 수입상이 보험료를 부담하기 때문에 수출상이 계약을 체결할 필요가 없지만 수출상이 계약을 대신 체결해 주는 관행이 있다.

⑦ **선적 및 운송**(Dispatch Goods): 수출상은 신용장조건에 따라 상품을 선적하고 선박회사(운송인; Carrier)로부터 '선하증권'(Bill of Lading)을 수령한다.

⑧ **네고**(Negotiation; Shipping Document ↔ Payment): 수출상은 수입상 거래은행 및 수입상을 지급인으로 하는 환어음을 발행하여 신용장과 신용장조건에 합치되는 선적서류(인보이스, 선하증권, 보험증권 등)를 첨부하여 자신의 거래은행(네고은행)에 '선적서류매입(추심)의뢰서'를 제출하여 매매대금을 회수한다. 이 중에서 선하증권은 물권적 효력 및 채권적 효력이 인정되어 있는, 법적으로도 유통가능한 증권이다. 그래서 수출상은 물품을 선적했다는 증거인 선하증권을 네고서류에 포함시켜 거래은행에 제출하고 수출대금을 지급받을 수 있는 것이다. 네고서류는 신용장조건에 정확하게 일치하여야 한다. 또한 수입상은 도착

지에서 선하증권을 운송회사에 제출해야만 물품을 인수할 수 있다(⑧, ⑨, ⑩은 선적서류와 대금을 교환하는 단계이기 때문에 "↔"으로 쌍방향으로 표시되어 있다.

⑨ **선적서류송부(Shipping Document)**: 수출상에게 수출대금을 지급한 수출상거래은행(네고은행)은 신용장을 발행한 수입상 측의 거래은행에 선적서류를 송부하고 수출상에게 지불했던 수출대금을 회수한다. 선하증권은 화물을 대표하는 권리증권이기 때문에 네고은행과 신용장발행은행은 담보적인 성격으로서 선하증권을 인수하고 수출상에게 대금을 지급하거나 지급할 것을 보장해 주는 성격의 증권이다.

⑩ **대금지불(Payment)**: 신용장을 발행한 수입상의 거래은행은 수입상에게 선적서류가 도착했음을 통지하면 수입상은 수입물품대금을 은행에 지불하고 선적서류와 교환한다. 이로써 수입상은 선적서류를 인수하여 운송회사로부터 물품을 인수할 준비를 한다.

⑪ **물품인수(Release Goods)**: 수입상은 운송회사에 선하증권(B/L)을 제출하고 물품을 인수한다.

일반적으로 무역회사의 실무에는 여러 가지 거래가 동시다발적으로 진행되는 경우가 대부분이다. 위의 그림은 회사에서 현재 진행되고 있는 무역거래의 현황을 파악하는 데 효과적이다. 예를 들어 미국 바이어로부터 청바지 1,000벌에 관한 신용장(L/C)이 도착했다는 통지를 받았다면, 담당자는 ④의 단계에 있으며, ⑤, ⑥, ⑦의 과정을 진행시키면 된다. 즉 신용장을 입수한 뒤에 신용장조건에 따라 상품을 조달하여 선적할 준비를 하는 동시에 운송계약과 보험계약 등을 체결해야 한다. 또 중동으로 수출할 섬유원단을 선적하고 선하증권을 발급받았다면 ⑦의 단계에 해당되며, 수출상은 곧바로 신용장상에서 네고에 필요한 서류를 챙겨서 바로 대금결제를 위한 준비에 들어가야 하는 것이다.

2절
무역서류작성

1. 무역서류작성의 목적

수출상이나 수입상 등의 당사자들은 운송 중에 있는 물품의 소유권이나 리스크가 이동하는 시점을 무역서류를 통해 확인하고 증명할 수 있다. 예를 들어 F.O.B. 가격조건의 계약이라면 수출물품이 선박에 적재되는 순간에 수출상에서 수입상으로 소유권과 리스크가 이전된다. 무역서류는 특히 수출상이 수출대금을 회수하는 데 가장 중요한 역할을 한다.

1) 수출상(Exporter)

수출물품을 선적하고 세관을 통과하는 등의 거래가 진행되는 과정을 무역서류를 보고 알 수 있다. 수입상과의 매매계약조건에 따라 수출물품을 조달하고 이를 운송하는 과정에서 관계당사자와 관련기관의 지시나 정보내용을 파악하고, 그에 적합한 서류를 작성하여 수입상에게 송부하거나 네고은행에 제출하여 수출대금을 지급받을 수 있다.

2) 수입상(Importer)

수입하려는 물품이 매매계약조건대로 조달되고, 선적되었는가를 알 수 있고, 세관까지 무사하게 통과하여 정확하게 인수할 수 있을 것인가를 서류상의 기록을 보고 파악할 수 있다.

3) 선박회사 및 운송주선업자(Shipping Company or Freight Forwarder)

물품이 운송되는 과정에 대한 기록으로서, 물품을 어떻게 선적하고, 어디로 운송하며, 누구에게 화물을 인도하여야 하는가에 대한 지시사항을 파악하고 그에 맞게 운송하는 데 필요하다.

4) 은행

수출상과 수입상 간에 대금결제를 위해 필요한 서류를 작성하고 확인하며, 당사자 간에 분쟁이 발생할 경우에 그에 따른 내용을 파악할 수 있다.

5) 보험회사

선적하거나 운송 중의 물품에 어떠한 리스크가 있을 것인가를 평가하여, 물품이 사라지거나, 훼손되었을 경우의 클레임 등에 관한 사항을 조사하여 보험료를 산정한다.

6) 수출국 및 수입국의 관계기관

물품 수출입에 대한 통계와 센서스 정보를 제공받고, 건강 및 안전과 관련한 수출입국의 규정을 조사하여 수출입관세와 각종 수수료를 산정한다.

2. 무역서류의 4가지 카테고리

무역서류는 수출입이 이루어지는 과정에서 회계, 운송, 대금결제, 허가, 검사 등에 필요한 서류이다. 특히 선하증권은 관계당사자들이 많아서 여러 장을 카피하고 원본은 오리지널로 표시한다.

1) 상거래 서류(Commercial Document, Transaction Document)

상거래 서류는 수출상과 수입상이 특정 물품을 매매하기 위하여 당사자 간의 합의에 의해 발생된다. 매매당사자뿐만 아니라 물품의 특성에 따라 여러 가지 형식이 있다. 매매계약이 체결되기까지 일반적으로 발생되는 서류는 대체로 다음과 같다.

- 견적의뢰(Request for Quotation, Letter of Inquiry)
- 견적(Quotation)
- 견적송장(Pro Forma Invoice)
- 거래조건(Terms and Conditions of Sale)
- 주문서(Purchase Order)
- 주문확인(Order Acceptance and Confirmation)
- 매매계약(Sales Contracts)
- 송장(Commercial Invoice)

2) 네고서류(대금결제서류; Banking Document)

대금결제에 참가하는 은행들이 요구하는 서류이다. 내용과 형식은 각 당사자인 수출상과 수입상에 따라 각기 다르다.

3) 운송·보험서류(Transportation and Insurance Document)

선박회사, 항공회사, 바지선(Barge Operator), 운송주선업자(Freight Forward, Logistics Company), 보험회사들이 목적지까지 물품을 운송하기 위하여 작성하는 서류이다. 가장 중요한 서류는 선하증권이다.

4) 각종 수출입 절차관련 서류(Formalities Document)

수출국 또는 수입국 정부 및 기관이 공식적으로 요구하는 서류이다.

- 수출입 라이선스(Export/Import License)
- 선하증권(Bill of Lading)
- 상업송장(Commercial Invoice)
- 원산지증명서(Certificate of Origin)
- 수출입신고서(Export/Import Declaration)
- 검사증명서(Inspection Certificate)
- 해상보험증권(Insurance Certificate)

이외에도 천연자원, 전략물자, 방사선물질, 보건위생 등의 특정 조건에 따라 필요한 서류가 있다.

3. 수출거래의 일반적인 흐름(flow)

수출상과 수입상 간의 상거래 과정에서 발행되는 서류는 서신, 국제전화, 팩스 그리고 이메일 메시지 등을 통해 전달되며, 대체로 다음과 같은 순서로 진행된다.

A. 수입상은 원하는 물품 또는 관심을 가지고 있는 비즈니스에 대한 견적 의뢰서(Request for Quotation, Letter of Inquiry)를 수출상에게 보내 견적을 의뢰한다.

B. 수출상은 제품, 수량, 스펙(Specification), 가격, 기타 거래조건 등을 포함한 내용의 견적서를 수입상에게 보낸다. 이 중에서 RFQ 견적서(Request for Quotation)는 수출물품이 수출상의 제품공급라인에 있는 경우에 보내는 견적서이며, RFP 견적서(Request for Proposal)는 수출물품이 수출상의 제품공급라인에 있지 않고 명세서(Specification)만 있어서 각각의 주문에 따라 제조해야 하는 상태의 물품인 경우에 보내는 견적서이다.

C. 수출상과 수입상은 견적사항의 내용에 대해 상담을 진행하여 거래를 확정(confirm)시키면 대체로 다음과 같은 과정이 진행된다.

① 수입상은 승낙서(Letter of Acceptance) 또는 사인이 된 주문서(Order Form)를 작성하여 수출상에게 보낸다.
② 수출상과 수입상은 매매계약서(Contracts for the Sale of Goods)를 각각 작성하여 사인을 한다.
③ 수출상은 수입상이 개설의뢰하여 수입상거래은행이 개설한 신용장을 통지은행을 통하여 입수한다.
④ 수출상은 제조업체에 발주를 의뢰한다(자체공장이 없는 경우).
⑤ 해상운송을 위한 보험 또는 수출보험에 부보한다(CIF가격조건의 경우).
⑥ 수출상은 세관에 수출신고를 하고 수출허가를 받는다.
⑦ 수출상은 본선에 물품을 선적하고 선하증권(B/L) 또는 운송장(Air Way Bill)을 발급받는다.

⑧ 수출상은 환어음 및 선적서류를 네고은행에 매입의뢰하고 수출대금을 회수한다.
⑨ 수출상은 수출물품을 제조한 업체에 물품대금을 지급한다.

4. 수입거래의 일반적인 흐름(flow)

수입거래는 대체로 다음과 같은 순서로 진행된다.

① 수입상은 수출상에게 견적을 의뢰한다.
② 수출상은 견적서를 수입상에게 보낸다.
③ 수출상과 수입상은 견적사항에 대한 내용에 대해 협상한다.
④ 수입상은 승낙서(Letter of Acceptance)나 사인이 된 주문서(Order Form)를 수출상에게 보낸다.
⑤ 수입상은 수출상과 수입계약을 한다.
⑥ 수입상은 자신과 환거래계약을 체결한 은행에 신용장개설을 의뢰한다.
⑦ 국내법과 규정에 따른 수입허가 및 승인 등의 절차를 취득한다.
⑧ 해상운송을 위한 보험에 부보한다(F.O.B., C.F.R., F.C.A. 등의 계약조건의 경우).
⑨ 신용장개설은행에 수입상품 대금을 지불하고 선하증권 등을 비롯한 선적서류를 인수한다.
⑩ 선박회사에 선하증권(Sea Waybill 또는 Air Way Bill)을 제시하고 물품을 인수하는 동시에 보세장치장에 보관한다.
⑪ 세관에 수입신고 및 수입허가를 취득한다.
⑫ 최종수요자에게 물품을 납품하고 대금을 지급받는다.

3절
무역서류작성의 사례

한국의 '삼아코리아'에서 인도의 뭄바이에 있는 수입상(Mumbai Importing Co.)으로 전자부품을 수출하는 과정을 간단한 예를 들어 설명하여 보자.

- 수출상: Sam−A Korea Co.
- 수입상: Mumbai Importing Co.
- 신용장발행은행: Import Bank of India
- 신용장통지은행: Korea Exchange Bank
- 선박회사: Han Transport Co.

1. Request for Quotation(견적의뢰)

Mumbai Importing Co. Ltd. A 888 Nagar Agarwadi
Mankhurd Mumbai 300 033 Fax 22 00000

Request for Quotation(offer sheet)

No : MIC-PO-20080220
Date : Feb. 20. 2018

Dear Sirs
Please send me your quotation for Remote Control 15,000 PCs
Model number SAK-3453

Please quote F.O.B. Busan

Payment will be Letter of Credit

Director
Import Department
M.A.Tre
Authorized Signature

수출상은 수입상에게 보낸 매매계약상의 견적내용(quotation)을 정확하게 따라야 한다. 특히 가격조건은 물품을 선적한 상태에서의 가격을 수입상이 지불해야 하는 조건으로 작성하여야 하고, 수출상의 이익이나 커미션이 포함되어야 한다. 인도의 수입상이 리모콘 모델 SAK−3453 15,000개의 견적을 한국의 삼아코리아에 의뢰한 견적의뢰서이다. 구체적으로 F.O.B.가격조건으로 운임 및 보험료는 수입상이 지불하며, 신용장조건으로 대금을 지불하겠다는 내용이다. 견적내용은 다음과 같다.

"We hereby order as per your pro forma invoice number SAK−20180228 (Feb. 28. 2018)"(우리는 귀사의 견적송장 넘버 SAK−20180228; 2018년 2월 28일 자에 의하여),

"We hereby order 15,000pcs Model No. SAK−20050228, F.O.B. Busan" (모델 넘버 SAK−20180228; 2018년 2월 28일 자에 의하여),

"SAK−20180228 F.O.B. Busan to be shipped by ocean no later than April 10, 2018, with payment Irrevocable Letter of Credit"(신용장방식의 대금결제조건이며 2018년 4월 10일까지 부산에서 F.O.B.조건으로 선적되어야 한다).

수입상이 더욱 구체적이고 정형적인 서류인 견적송장(Pro forma Invoice)을 요구하거나 표준매매계약서(Standard Terms and Conditions of Sale)를 첨부하는 경우도 있다. 여기에는 " 모든 선적은 'F.O.B. New York'으로 할 것" 등의 구체적인 정보가 있다. 이는 견적서에는 나타나지 않는 내용이므로 유의해야 한다.

2. Pro forma Invoice(견적송장)

SAM-A KOREA CO., LTD 9FL SAMIL Plaza BLDG, 837-26
YEOKSAM-DONG, KANGNAM-KU, SEOUl KOREA TEL(82-2)
3453-0000, e-mail: jj11888@freechal.com, FAX NO: (82-2)3453-0000

PRO FORMA INVOICE

No: SAK-20160228

Date: Feb. 28. 2018

SAM-A KOREA Quotation

This quotation is valid for 30days from the date hereon: March. 30. 2018

Shipper: **SAM-A KOREA**

Consignee: **Mumbai Importing**

Description (물품명세)	Quantity (수량)	Unit Price (단가)	**Amount (총금액)**
Remote Control model No. SAK-3453.	15,000pcs	@US$1.25	**US$18,750.-**

* THE PRICE QUOTED ABOVE IS WITHOUT ENGAGEMENT AND SUBJECT TO OUR FINAL CONFIRMATION

We are pleased to offer you the following goods on the terms and conditions described hereunder

Payment by the 90-day Irrevocable Letter of Credit from a first-class international bank

Shipment to be made within 60 days after receipt of the Letter of Credit.

FOR&ON BEHALF OF

SAM-A KOREACO. LTD.

B.H.Kim

Authorized Signature

견적송장(Pro forma Invoice)은 무역거래에서 정확한 견적(quotation)을 표시한 서류이다. 구체적이고 상세한 내용의 견적서는 수입상들에게 신뢰감을 줄 수 있고, 수출상 측으로도 견적내용에 따른 매매와 지불조건 등을 확정하여 물품의 수급변동에 적절한 준비를 할 수 있다. 이 견적송장의 내용은 다음과 같다.

• 선적인(수출상)은 SAM－A KOREA이며 이 견적의 유효기간은 발행 후 30일 이내, 2018년 3월 30일까지, 수하인(受荷人)으로 주로 수입상이 된다.

• "THE PRICE QUOTED ABOVE IS WITHOUT ENGAGEMENT AND SUBJECT TO OUR FINAL CONFIRMATION"(이 가격조건은 우리 회사가 제시하는 최종가격임).

• 국제적인 특급은행에서 발행된 90일 조건의 취소불능신용장에 의해 지불할 것.

• 신용장 인수 후 60일 이내 선적할 것임.

3. Purchase Order(주문서)

수입상이 견적(quotation) 및 Pro forma Invoice(견적송장)의 내용에 만족한다면 주문단계(purchase order)로 나아가게 된다.

Mumbai Importing Co. Ltd.
A 888 Nagar Agarwadi
Mankhurd Mumbai 300 033
Fax 22-000-0000

PURCHASE ORDER

No: MIC-PO-20180302
Date: March. 2. 2018

We purchase from you the following goods on the terms and conditions set forth below and on the reverse side hereof:

Description (물품명세)	Quantity (수량)	Unit Price (단가)	**Amount (총금액)**
Remote Control model number SAK-3453.	15,000pcs	@US$1.25	**US$18,750.-**

Cable/Telexes/Faxes exchanged:
Yours of Date: Feb. 28. 2018(Pro forma Invoice No: SAK-20180228)
Ours of Feb. 20. 2018(Request for Quotation No: MIC-PO-20180220

Director Import Department
M.A. Tre
Authorized Signature

수출상과 매매계약내용에 대해 합의한 수입상은 주문서를 구체적인 내용으로 수출상에게 주문서를 보낸다. 아래는 리모콘 15,000개를 1개당 1.25 US달러로 주문하려는 내용이다.

4. 신용장(Letter of Credit)

<table>
<tr><td colspan="2">

① Irrevocable Letter of Credit

ORIGINAL

② KOREA EXPORT BANK
Head Office : 000-ka Ulchi-ro, Chung-ku, Seoul, 100-000, Korea TEL : 02-000-0000
CPO BOX 0000, Cable : KOEX BANK, TLX NO : 0000-00 SWIFT : KOEXKRSE
Advice Br. : 역삼동 Advice Date : 2018. 04. 22

</td></tr>
<tr><td>

③ Beneficiary : SAM-A KOREA CO., LTD
9th FL SAM-A BLDG NO 999-27,YEOK SAM -DONG, KANGNAM-KU

④ Amount : USD18,750.00

⑤ Expiry Date : 2018. 05. 30

</td><td>

⑥ Advice of Irrevocable Documentary Credit No : ANDHER0807010

⑦ DATE OF ISSUE 21 APR 2018

⑧ Applicant : Mumbai Importing Co. Ltd.
⑨ Issing Bank : IMPORT BANK OF INDIA, ANDHERI EAST BRANCH MUMBAI INDIA

</td></tr>
<tr><td colspan="2">

⑩ Gentlemen
At the request of the above named issuing bank, and without any engagement or responsibility on our part, we are pleased to the attached irrevocable Letter of Credit No. ANDHER0807010

⑪ DOCUMENT REQUIRED
AS PER PRO FORMA INVOICE NO SAKP 084140 DOCUMENT REQUIRED
1. SIGNED COMMERCIAL INVOICE IN QUADRUPLICATE(상업송장 4부)
2. CERTIFICATE OF ORIGIN(원산지증명서)
3. FULL SET OF CLEAN 'SHIPPED ON BOARD' BILL OF LADING(발급된 선적선하증권 전체)
4. PACKING LIST IN DUPLICATE(포장명세서 2부)
----

⑫ This advice to be continued on page 2/2

</td></tr>
</table>

이 신용장은 인도의 수입상이 수출상인 한국의 삼아코리아를 수익자(Beneficiary)로 하여 거래은행에 발행을 의뢰한 내용이다. 신용장을 발행(개설)한 은행은 인도의 IMPORT BANK OF INDIA이며, 한국의 KOREA EXPORT BANK에 신용장을 수출상에게 통지하도록 요청하였다.

여기에서 총금액인 어마운트(amount)는 18,750 US달러이며, 대금을 지급받을 수 있는 만기일인 익스파이어리(Expiry Date)는 2018년 5월 30일이라는 점이다. 더욱 중요한 점은 2018년 5월 15일까지 수출상은 수입상에게 보낼 물품을 선적해야 한다는 점이다. 수출상은 선하증권이나 네고서류에 이러한 사실을 정확히 기록해야 이 네고은행에서 대금을 지급받을 수 있다.

① Irrevocable Letter of Credit(**취소불능신용장**)은 일단 발행되면 수입상이나 수입상거래은행은 수출상의 동의가 없으면 취소할 수 없는 신용장이란 뜻이다. 수출상은 취소불능이어야만 안심하고 물품을 조달하여 선적할 수 있기 때문이다.

② Korea Export Bank는 통지은행이다. 신용장의 윗부분에 나와 있기 때문에 흔히 신용장을 발행한 은행으로 오해하기 쉽다. 그래서 ⑩에는 “At the request of the above named issuing bank, and without any engagement or responsibility on our part, we are pleased to the attached Irrevocable Letter of Credit”(위의 개설은행의 요청에 따라 우리 은행은 아무런 책임부담 없이 취소불능화환신용장을 통지한다)”라는 조건을 삽입하여 관계당사자와는 관련 없이 단지 신용장을 통지해 주는 역할만 하고 있다.

③ Beneficiary: 이 신용장으로 혜택을 많이 받는 측은 수출상이다. 수출상은 수입상에게 물품이 도착하기 전에 선적서류를 갖추어 거래하여 네고함으로써 대금을 결제받을 수 있기 때문이다. 이 신용장에서는 수출상인 삼아코리아가 수익자, 즉 베네피셔리가 된다.

④ Amount: 이 신용장의 총금액은 US달러 18,750이다. 달러에도 싱가포르달러, 홍콩달러 등이 있기 때문에 반드시 US달러라는 표시가 있어야 한다.

⑤ Expiry Date: 2018년 5월 30일이 이 신용장의 만기일이다. 만일 5월 30일이 지나면 수출상은 이 신용장으로 네고, 즉 대금을 결제받을 수 없다. 그래서

반드시 이 기간 내에 서류를 갖추어 네고를 해야 한다.

⑥ **신용장 번호**는 'ANDHER0807010'이며 네고서류인 선하증권(Bill of Lading) 및 송장(Commercial Invoice) 및 패킹리스트(Packing List) 등의 서류에 신용장번호를 정확하게 기입해야 한다. 번호가 조금이라도 틀리면 대금을 지급받지 못할 리스크가 크기 때문이다.

⑦ 'DATE OF ISSUE'는 신용장을 발행한 날로써 4월 21일이 된다.

⑧ 'Applicant'는 개설의뢰인이란 뜻으로 이 신용장을 자신의 거래은행에 개설(발행)할 것을 의뢰한 측을 뜻하며 주로 수입상이 된다.

⑨ **신용장을 개설(발행)한 은행**으로 인도 뭄바이은행이다. 뭄바이은행은 신용장을 개설하여 수출상소재지인 한국의 신용장통지은행을 경유하여 수출상에게 신용장이 개설되었음을 통지해야 한다. 이는 수입상을 대신하여 신용장을 발행한 은행이 수출상에게 대금을 지불할 것을 확약하는 것이다. 다시 말해 수입상의 신용을 은행측이 대신해 주는 것이다.

⑩ ②참조.

⑪ 수출상이 대금을 결제 받는 데 필요한 서류명세이다. 어떤 의미인가 하면 견적송장인 'PER PRO FORMA INVOICE NO SAKP 184140'에 따라 필요한 서류는 다음과 같다는 점을 명시하고 있다.

- SIGNED COMMERCIAL INVOICE IN QUADRUPLICATE(상업송장 4부)
- CERTIFICATE OF ORIGIN(원산지증명서)
- FULL SET OF CLEAN 'SHIPPED ON BOARD' BILL OF LADING(발급된 선적선하증권 전체)
- PACKING LIST IN DUPLICATE(포장명세서 2부)

수출상은 위의 서류와 함께 수입상이 지급해야 하는 수입대금에 해당하는 환어음을 발행하여 거래은행에 제출하여 네고(negotiation)한다. 네고는 협상이라는 의미를 뜻한다. 여기서는 수출상이 제출한 네고서류를 은행의 외환계담당자가 신용장조건과 네고서류를 맞추어 보고 정확하게 일치한다면 수출대금을 지급하는 것을 의미한다. 따라서 은행 측은 수출상이 물품을 선적하는 것을 확인하지 않고 오로지 서류상으로만 확인하여 대금을 결제해 주게 된다. 그래서 이를 악용한 범죄가 발생할 수 있다. 실제로 수출상이 수출물품을 선적하지 않고 선적한 것처럼 꾸민 뒤 선하증권을 발급받거나, 아니면 선하증권을 위조하여 거래은행에 네고한 뒤에 도주하거나 잠수하게 되면, 네고은행은 그 금액만큼의 손실이 발생된다. 그래서 네고은행은 미리 수출상으로부터 신용장금액이나 그 이상에 해당하는 금액의 담보를 설정한 환거래계약을 체결하고 수출상의 네고에 응하게 된다.

⑫ 일반적으로 신용장은 그 내용이 다른 서류보다 약간 많기 때문에 2페이지로 되어 있어서 다음 페이지로 넘어간다는 뜻이다.

KOREA EXPORT BANK

Head Office: 000-ka Ulchi-ro, Chung-ku, Seoul, 100-000, Korea TEL: 02-000-0000

ORIGINAL

CPO BOX 0000, Cable: KOEX BANK, TLX NO: 0000-00 SWIFT: KOEXKRSE

⑬ F.O.B. Busan

⑭ DRAFT AT SIGHT

⑮ PARTIAL SHIPMENT PROHIBITED

⑯ TRANSSHIPMENT PERMITTED

⑰ FOR TRANSPORTATION TO MUMBAI INDIA

⑱ LATEST DATE OF SHIPMENT 15 MAY 2018

⑲ DESCRIPTION OF GOODS: PARTS FOR REMOTE CONTROL

⑳ THIS CREDIT IS SUBJECT TO THE UNIFORM CUSTOMS AND PRACTICE FOR DOCUMENTARY CREDIT(1993 REVISION), ICC PUBLICATION NO. 500

YOURS FAITHFULLY

Morgan

Authorized Signature

⑬ F.O.B. Busan은 가격조건으로서 수출상이 부산항에서 선박에 물품을 선적하면 곧바로 수출상의 리스크부담과 소유권이 수입상에게 이전됨을 뜻하는 가격조건이다. 다시 말해 수출상은 물품을 선적만 하며, 나머지 운임과 보험료는 수입상이 부담하는 조건이다. FOB는 CIF, CFR(C&F) 등의 조건과 함께 가장 많이 쓰이는 무역조건이다. 이에 따른 규정은 ICC의 INCOTERMS에 잘 나타나 있다.

⑭ DRAFT AT SIGHT는 네고와 동시에 대금을 결제받을 수 있는 조건이다. 이에 비해 USANCE 조건은 외상조건으로 30일이나 60일 뒤에 수입상이 대금을 결제해 주겠다는 조건이다. 수출상은 그동안의 이자를 제하고 거래은행으로부터 대금을 지급받을 수 있다. 이 경우 정부는 수출금융을 은행에 지원하여 이자율을 낮게 책정함으로써 수출을 진흥시키기 위한 정책을 실시하기도 했다.

⑮ PARTIAL SHIPMENT PROHIBITED는 분할선적을 금지하는 조건이다. 그러나 물품에 따라서, 예를 들면 제조일이 장기간일 때에는 우선 제조된 물품을 선적하라는 뜻에서 'PARTIAL SHIPMENT PERMITTED'라는 표현을 쓴다.

⑯ TRANSSHIPMENT PERMITTED는 아프리카나 남미 등의 나라로 직행하는 선박은 잘 없기 때문에 태국이나 홍콩 등에서 환적(換積)하여 간다. 일반적으로 모든 신용장에는 환적이 허용되는 것으로 표기된다.

⑰ FOR TRANSPORTATION TO MUMBAI INDIA는 인도 뭄바이항구까지 운송한다는 뜻으로 뭄바이가 화물의 최종도착지이다.

⑱ LATEST DATE OF SHIPMENT는 최종선적일로서 2018년 5월 15일까지 선적되어야 한다. 이는 선하증권상에 5월 15일까지 선적되었다는 점이 표기되어 있어야 하며, 그 이후에 선적된 것으로 나타나 있으면 대금을 결제받을 수 없다.

⑲ DESCRIPTION OF GOODS: PARTS FOR REMOTE CONTROL은 물품명세로서 리모콘부품을 뜻한다.

⑳ THIS CREDIT IS SUBJECT TO THE UNIFORM CUSTOMS AND PRACTICE FOR DOCUMENTARY CREDIT(1993 REVISION), ICC PUBLICATION NO. 500

5. Commercial Invoice(상업송장)

Commercial Invoice는 매매당사자를 확인하여 다음과 같은 거래 내용정보를 요약하므로 당사자에게는 매우 중요하다.

- 수출상의 의무를 확인한다.
- 수입상 측이 세관통과를 위해 선적하라는 지시사항이 있다.
- 제3자인 은행과 수출상의 자금조달을 위한 사항이 있다.
- 해상보험계약을 위한 내용을 확인한다.

COMMERCIAL INVOICE

<table>
<tr><td colspan="3">① Shipper/Exporter(선적자, 수출상)
SAM-A KOREA CO., LTD
SEOUL KOREA</td><td colspan="3">⑧ No. and date of Invoice
SAK90506T MAY. 06. 2018</td></tr>
<tr><td colspan="3">② For Account & Risk of Messers
Mumbai Importing Co. Ltd.
A 888 Nagar Agarwadi
Mankhurd Mumbai 300 033
Fax 22-000-0000</td><td colspan="3">⑨ L/C No. and date
Credit No: ANDHER0807010 APR. 21. 2018</td></tr>
<tr><td colspan="3">③ Notify Party
IMPORT BANK OF INDIA, ANDHERI EAST BRANCH
MUMBAI INDIA</td><td colspan="3">⑩ L/C Issuing Bank
IMPORT BANK OF INDIA,
ANDHERI EAST BRANCH MUMBAI INDIA</td></tr>
<tr><td>④ Port of Loading
BUSAN KOREA</td><td colspan="2">⑤ Final Destination
MUMBAI INDIA</td><td colspan="3" rowspan="2">⑪ Remarks
“Freight To Pay”</td></tr>
<tr><td>⑥ Carrier
KMTC KEELUNG 907S</td><td colspan="2">⑦ Sailing on or abort
MAY. 08. 2018</td></tr>
<tr><td>⑫ Shipping Marks</td><td>⑬ Description of Goods</td><td>⑭ Quantity Unit</td><td>⑮ Unit price</td><td colspan="2">⑯ Amount CIF INDIA</td></tr>
<tr><td>SAK
C/T NO: 1-13
MADE IN KOREA</td><td>REMOTE CONTROL</td><td>15,000PCS</td><td>@US$1.25</td><td colspan="2">US$18,750.-</td></tr>
<tr><td colspan="4">TEL : (82-2) 3453-0000,
FAX NO : (82-2) 3453-0000
E-MAIL : jj11888@freechal.com,
ADRESS : 9FL SAMIL Plaza BLDG, 837-26
YEOKSAM-DONG KANGNAM-KU, SEOUL KOREA</td><td colspan="2">FOR & ON BEHALF OF
SAM-A KOREA CO. LTD.
B.H.Kim
Authorized Signature
Signed by SAM-A KOREA
CO., LTD SEOUL KOREA</td></tr>
</table>

6. Packing List(포장명세서)

Packing List는 다음과 같은 역할을 한다.

- 물품을 선적하기 위하여 지시를 받은 내용을 다시 확인한다.
- 컨테이너 외의 선적일 경우 분실될 수 있는 화물의 가치를 확인한다.
- 수입상이 화물을 인수하기 위한 준비를 할 수 있게 한다.
- 해상보험계약을 위한 사고발생 기준이 된다.

PACKING LIST

<table>
<tr><td colspan="2">① Shipper/Exporter
SAM-A KOREA CO., LTD
SEOUL KOREA</td><td>⑧ No. and date of Invoice
SAK90506T MAY. 06. 2018</td></tr>
<tr><td colspan="2">② For Account & Risk of Messers
Mumbai Importing Co., Ltd.
A 888 Nagar Agarwadi
Mankhurd Mumbai 300 033
Fax 22-000-0000</td><td>⑨ Remarks :
IMPORT BANK OF INDIA, ANDHERI EAST BRANCH MUMBAI INDIA
L/C No: ANDHER0807010
"Freight to Pay"</td></tr>
<tr><td colspan="2">③ Notify Party
IMPORT BANK OF INDIA, ANDHERI EAST BRANCH MUMBAI INDIA</td><td rowspan="3">L/C Issuing Bank

IMPORT BANK OF INDIA,
ANDHERI EAST BRANCH MUMBAI INDIA</td></tr>
<tr><td>④ Port of Loading
BUSAN KOREA</td><td>⑤ Final Destination
MUMBAI INDIA</td></tr>
<tr><td>⑥ Carrier
KMTC KEELUNG 907S</td><td>⑦ Sailing on or abort MAY. 08. 2018</td></tr>
</table>

<table>
<tr><td>⑩ Shipping Marks</td><td>⑪ Description of Goods</td><td>⑫ Quantity Unit</td><td>⑬ Net-Weight</td><td>⑭ Gross-Weight</td><td>⑮ Measurement</td></tr>
<tr><td>SAK
C/T NO: 1-13
MADE IN KOREA</td><td>REMOTE CONTROL</td><td>15,000PCS</td><td>1,600KG</td><td>1,700KG</td><td>6,300CBM
(cubicmeter)</td></tr>
</table>

<table>
<tr><td>TEL : (82-2) 3453-0000,
FAX NO: (82-2) 3453-0000
E-MAIL : jj11888@google.com,
ADRESS: 9FL SAMIL Plaza BLDG, 837-26
YEOKSAM-DONG KANGNAM-KU, SEOUL KOREA</td><td>FOR & ON BEHALF OF
SAM-A KOREA CO. LTD.
B.H.Kim
Authorized Signature
Signed by
SAM-A KOREA CO., LTD
SEOUL KOREA</td></tr>
</table>

7. 선하증권(Bill of Lading)

선하증권은 운송회사(Shipping Line, Air Line)가 물품을 선적하였다는 사실을 증명하는 서류이다. 수출상은 선하증권을 발급받아야 네고은행에서 대금을 결제받을 수 있고, 수입상은 선하증권을 제시해야만 물품을 인수받을 수 있기 때문에 무역서류 중에 가장 중요한 서류이다.

<table>
<tr><td colspan="3">Shipper/Consignor
SAM-A KOREA CO., LTD SEOUL KOREA
9FL SAMIL Plaza BLDG, 837-26 YEOKSAM-DONG KANGNAM-KU, SEOUL KOREA</td><td colspan="3">Bill OF LADING
(MULTIMODAL LADING)
B/L No: HANBOM051017</td></tr>
<tr><td colspan="3">Consignee
TO ORDER</td><td colspan="3" rowspan="5">HAN TRANSPORT CO. LTD
INTERNATIONAL FREIGHT FORWARDERS</td></tr>
<tr><td colspan="3">Notify Party
IMPORT BANK OF INDIA, ANDHERI EAST BRANCH
MUMBAI INDIA</td></tr>
<tr><td>Place of receipt
BUSAN, KOREA</td><td colspan="2">Port of loading
BUSAN, KOREA</td></tr>
<tr><td colspan="3">Ocean vessel
KMTC KEELUNG 907S</td></tr>
<tr><td>Port of discharge
MUMBAI INDIA</td><td colspan="2">Place of delivery
MUMBAI INDIA</td></tr>
<tr><td>Marks Shipping Marks</td><td>Description of Goods</td><td colspan="2">Quantity Unit</td><td>Unit price</td><td>Amount
F.O.B. Busan</td></tr>
<tr><td>SAK
C/T NO: 1-13
MADE IN KOREA</td><td colspan="4">REMOTE CONTROL @US$1.25 15,000PCS
"Freight to Pay"</td><td>US$18,750.-</td></tr>
<tr><td colspan="6">FOR & ON BEHALF OF SAM-A KOREA CO. LTD.
B.H.Kim
Authorized Signature Signed by
SAM-A KOREA CO., LTD SEOUL KOREA</td></tr>
</table>

선하증권은 선박회사가 주로 수출상인 화주(貨主)로부터 의뢰받은 화물을 자기선박에 적재하거나 또는 선적하기 위하여 그 화물을 수령하였다는 것을 증명하고, 이를 도착항에서 화물을 인수하려는 수화인(受貨人)에게 인도할 것을 약정하는 유가증권이다.

수출상은 물품을 선적하고 선하증권을 발급받으면 신용장상에 명시된, 네고에 필요한 서류를 작성하여 자신의 거래은행인 네고은행에 제출하고 대금을 회수할 수 있다. 그러나 선하증권이나 서류에서 신용장의 내용과 다를 경우에는 분쟁이 발생되거나, 대금을 지급받지 못할 리스크가 있으므로 주의해야 한다.

일반적인 무역거래에서 수출상이 보낸 물품이 수입상에게 도착하기까지는 상당한 기간이 소요된다. 수입상 측으로서는 물품이 안전하게 도착할 것인가를 확인하기가 어렵고, 운송 중의 물품을 처분하기도 곤란한 리스크가 있다. 그런 경우에 수출상은 선하증권 자체를 양도하여 해상운송 중의 물품을 신속하게 처분할 수 있다. 다시 말해 선하증권은 수출상이 수입상에게 보낼 수출품을 선박회사(운송인)가 수령한 뒤에, 그 수취 혹은 선적한 사실을 증명하고, 목적지에서 증권의 정당한 소지인(일반적으로 수입상)에게 운송물품을 인도할 것을 약속한 증권이다.

현재는 무역에서 대금결제 시에 상업송장, 보험증권 등과 함께 가장 중요한 서류이다. 그래서 선하증권의 유통성확보와 증권소지인의 보호를 위하여 선하증권의 발행 및 기재사항에 대해서 법률로서 정하고 있다. 선하증권에 관한 일정한 사항에 대해서는 헤이그규칙에서 규정하고 있고, 그 외의 문제는 국내법에서 정하고 있다. 따라서 국제계약에서 이용되는 선하증권은 국제해상물품운송법이 적용되지만, 국내상법의 규정을 준용하는 것에 의해서 조약의 규정을 보완하고 있다.

8. 원산지 증명서(Certificate of Origin)

<table>
<tr><td colspan="2">① Exporter(Name, address, country)
SAM-A KOREA CO., LTD 9FL SAMIL Plaza
BLDG, 837-26 YEOKSAM-DONG
KANGNAM-KU, SEOUL KOREA</td><td colspan="2">ORIGINAL
CERTIFICATE OF
ORIGIN

issued by
THE KOREA CHAMBER OF
COMMERCE & INDUSTRY
Seoul, Republic of Korea</td></tr>
<tr><td colspan="2">② Consignee(Name, address, country)
Mumbai Importing Co. Ltd.
A 888 Nagar Agarwadi
Mankhurd Mumbai 300 033
Fax 22-000-0000</td><td colspan="2"></td></tr>
<tr><td colspan="2" rowspan="2">④ Transport details
From : BUSAN, KOREA
To : MUMBAI INDIA
By : SALING ON OR ABUT APR. 25, 2018</td><td colspan="2">③ Country of Origin
REPUBLIC OF KOREA</td></tr>
<tr><td colspan="2">⑤ Remarks</td></tr>
<tr><td colspan="3">⑥ Marks & numbers ; number and kind of packages ; description of goods</td><td>⑦ Quantity</td></tr>
<tr><td>S. A

MUMBAI INDIA
S/# : 4794FX
MADE IN KOREA
///////////////</td><td colspan="2">REMOTE CONTROL

L/C NO. Credit No: ANDHER0507010
APR. 21. 2018

///
////////////////</td><td>15,000PCS

//////////////////</td></tr>
<tr><td colspan="2">⑧ Declaration by the Exporter
SAM-A KOREA CO., LTD SEOUL KOREA
Signed by B.H.Kim
Authorized Signature</td><td colspan="2">9. Certification

Authorized Signatory

Certificate No.</td></tr>
<tr><td colspan="4">THE KOREA CHAMBER OF COMMERCE & INDUSTRY</td></tr>
</table>

원산지 증명서는 수출상(매도인) 국가의 상공회의소나 기타 관계기관에서 발행하는 서류이다. 물품의 원산지를 나타낸다.

제3장

시장조사 및 전자무역 마케팅리스크관리

1절

수출시장조사

1. 시장조사의 의의

수출상은 시장에 대한 적절한 마케팅계획을 실시하여 수출리스크를 감소시켜야 한다. 종합마케팅계획은 상품, 가격, 유통, 판매촉진계획의 4가지를 입안하여 결정하는데 리스크는 마케팅계획을 실시하는 단계에서부터 나타나기 시작한다. 그래서 시장조사와 관련한 정보를 지속적으로 피드백하여 리스크를 파악하고 이에 적절히 대비해야 한다. 특히 이 단계에서는 무역실무에 관한 전문적인 지식이 필요하다.

기업이 신규사업으로 해외로 진출하기 위해서는 그 기업이 가지고 있는 내부역량(內部力量)과 예상되는 해외시장리스크를 분석하여 이에 따른 적절한 리스크관리를 실시하여야 한다. 그러나 이러한 관리가 잘못되어 실패하는 기업이 상당히 많다. 주요 실패원인은 다음과 같다.

- 수출전략의 결여
- 수출계약이행과정에서의 수준미달
- 유연성이 결여된 조직·경영시스템
- 구태의연한 기업관리시스템 등

수출계획은 이와 같이 필연적으로 리스크를 수반하게 되는데, 특히 수출시장에 대한 정보(情報)가 불확실하거나 부족한 상태에서 결정되는 경우가 많다.

따라서 신규수출활동에 따른 리스크를 발견하고 확인하기 위해서는 각종의 수출리스크를 조사하는 것이 필요하다. 다음으로 파악된 리스크를 분석하고 그 성격과 정도를 검토하여 기업에 미치는 영향을 평가하거나 추정한 뒤에 이에 따른 리스크를 예측하고 측정하는 리스크 평가·분석을 시행한다. 수출리스크는 다음과 같이 조사할 수 있다.

- 수출상대국과 수입거래선(輸入去來先)에 대한 정보 수집·분석
- 국내외의 경영자원의 이용가능성을 검토
- 수출가능한 제품의 선택
- 적절한 수출방법을 선택
- 수출리스크대책의 확립 등의 단계 필요

먼저 수출정보를 수집하고 분석하는 단계에서는 수출한 이후에 발생가능한 리스크를 예상하여야 하고, 수출리스크대책을 확립하는 단계에서는 수출이 실패할 경우 리스크를 어떻게 부담할 것인가를 계획하여야 한다.

[표 1] 종합마케팅계획

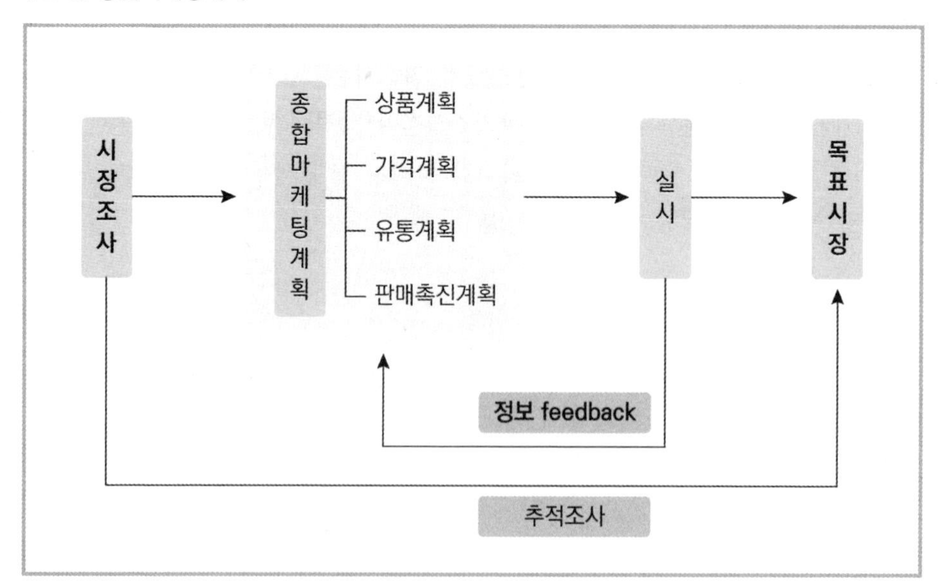

2. 일반적인 시장조사

일반적으로 수출기업은 수출입규제나 관세동향, 시장의 개방정도에 따라 해외시장에 따른 정보를 수집하고 분석하여 리스크를 감소시켜야 한다. 구체적으로는 어떠한 상품이 팔리는가, 품질이나 가격, 거래조건, 업자들의 성향, 경쟁상태, 판매나 판매촉진정책, 유통경로, A/S 등의 상황에 대해서 조사할 필요가 있다.

시장조사는 가치설정에 따라 크게 차이가 난다. 어떠한 상품이 구매욕구를 불러일으키는가, 대금지불능력은 있는가 등에 따라 시장을 그림과 같이 분류할 수 있다.

[표 2] 수출시장의 분류

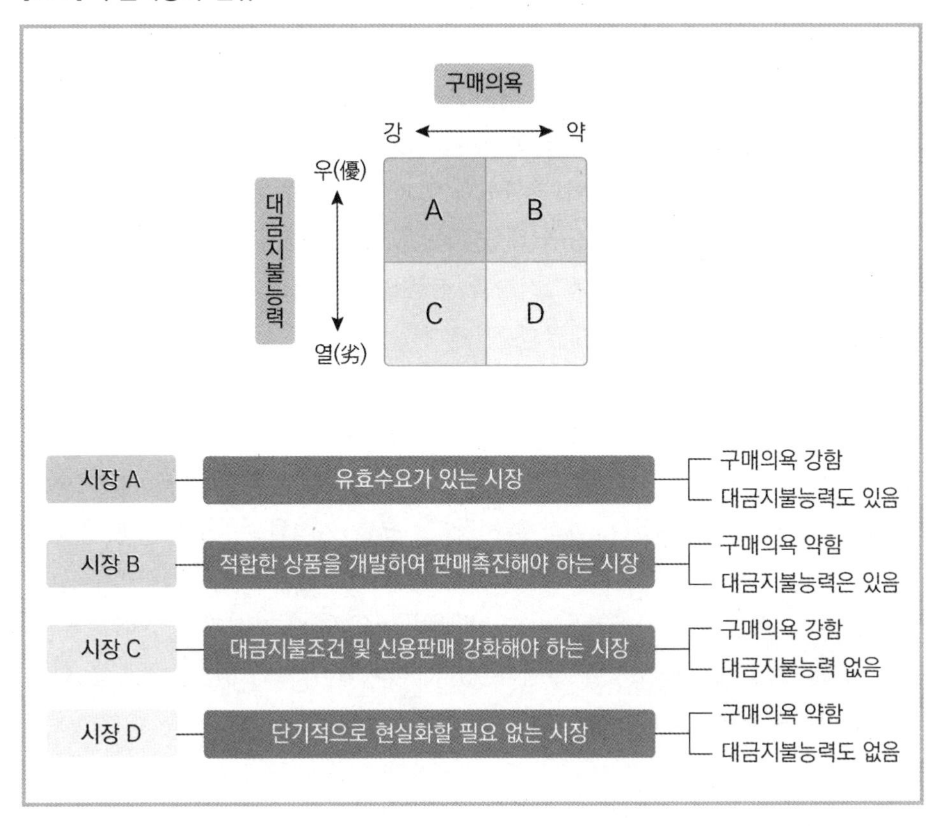

시장에서 효율적인 마케팅활동을 하기 위해서는 시장 A에만 한정하여 수출시장을 개척할 것인가, 아니면 시장 B와 C에까지 마케팅활동의 대상으로 할 것인가를 분석해야 한다.

해외시장은 거리나 시간의 차이뿐만 아니라 각각의 시장조건, 다시 말해 정치, 경제, 문화, 사회, 민족, 언어, 가치관 등이 나라별로 차이가 있다. 그렇기 때문에 이에 따라 발생되는 정보를 이해하기 위한 인식의 차이도 크다는 점을 감안하여야 할 것이다.

시장조사는 특히 자료를 수집하는 등의 평면적이고 단편적인 지식을 축적하기만 하여 분석하는 것은 아니다. 조사대상을 선정하고 자료를 수집·정리하여 문제점을 이해하여야만이 당해 시장과의 정보이해의 격차를 축소시킬 수 있을 것이다.

시장조사방법으로서 시장의 규모, 인구, 국민소득, 국제수지, 수출입규제나 수출입실적, 수입국의 세금 등의 지표를 파악하여 가능성이 있는 시장을 찾기 위한 예비조사를 실시한다. 나아가 해외현지를 방문하여 자사(自社)의 해외마케팅 전략결정에 관련하여 상세하게 조사하는 본조사를 실시한다. 목표시장에 실제로 진출한 뒤에는 그때그때의 상황변화에 따라 계획을 수정한다.

우선 목표로 하는 해외시장에 대한 탁상조사를 실시하여 수출을 할 것인가를 먼저 결정한다. 다음으로 목표시장과 상품을 결정하고, 거래선을 선정한다. 이와 함께 제품, 가격, 판매, 대금회수, 판매촉진, A/S 등에 대해서 해외마케팅 계획을 수립하고 실시한다.

해외마케팅은 어디까지나 실제의 시장조사에 기반을 두어 계획해야 한다. 시장조사에 기반을 두지 않으면 어떠한 리스크가 발생하는가를 알 수 없기 때문에 시행착오를 범할 수 있다. 따라서 시장리스크를 인식하고, 이에 대한 충분한 정보를 수집·확보하고 이를 극복하기 위한 대책을 수립하는 리스크관리를 실시하여야 한다. 일반적인 시장조사는 그 대상의 범위가 넓고 복잡하기 때문에 수출리스크를 한정시켜서 조사할 수밖에 없다. 여기에는 기업내부의 자료와 외부의 자료로 구분하여 분석할 수 있다.

[표 3] 일반적인 시장조사

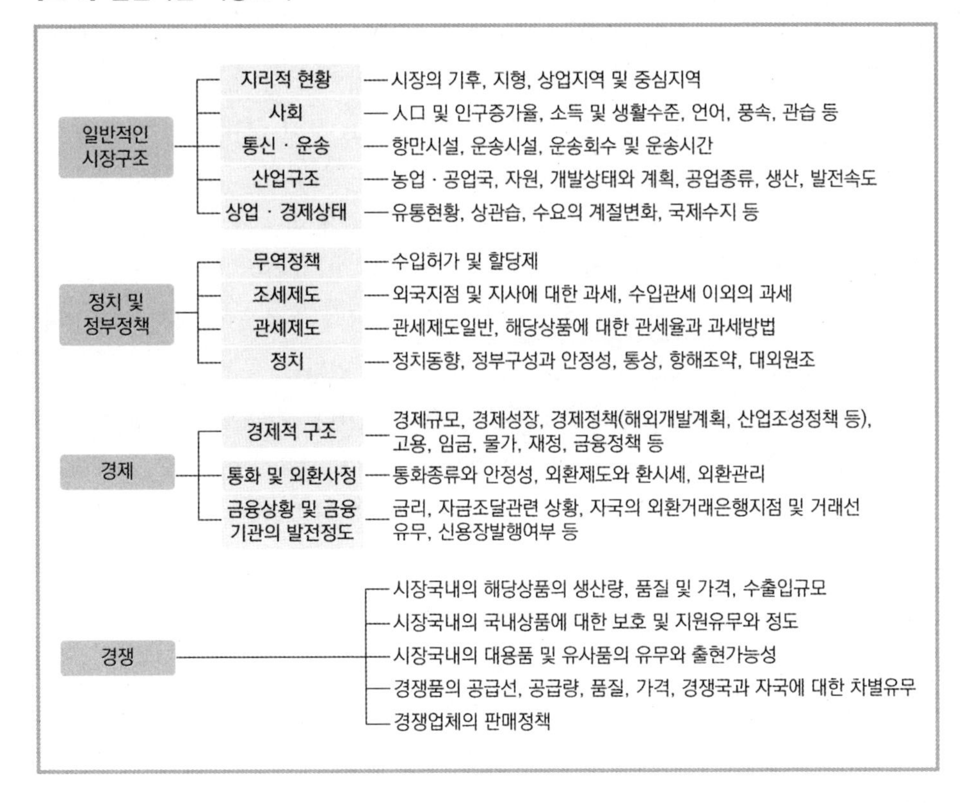

구분	항목	내용
일반적인 시장구조	지리적 현황	시장의 기후, 지형, 상업지역 및 중심지역
	사회	人口 및 인구증가율, 소득 및 생활수준, 언어, 풍속, 관습 등
	통신 · 운송	항만시설, 운송시설, 운송회수 및 운송시간
	산업구조	농업 · 공업국, 자원, 개발상태와 계획, 공업종류, 생산, 발전속도
	상업 · 경제상태	유통현황, 상관습, 수요의 계절변화, 국제수지 등
정치 및 정부정책	무역정책	수입허가 및 할당제
	조세제도	외국지점 및 지사에 대한 과세, 수입관세 이외의 과세
	관세제도	관세제도일반, 해당상품에 대한 관세율과 과세방법
	정치	정치동향, 정부구성과 안정성, 통상, 항해조약, 대외원조
경제	경제적 구조	경제규모, 경제성장, 경제정책(해외개발계획, 산업조성정책 등), 고용, 임금, 물가, 재정, 금융정책 등
	통화 및 외환사정	통화종류와 안정성, 외환제도와 환시세, 외환관리
	금융상황 및 금융기관의 발전정도	금리, 자금조달관련 상황, 자국의 외환거래은행지점 및 거래선 유무, 신용장발행여부 등
경쟁		시장국내의 해당상품의 생산량, 품질 및 가격, 수출입규모
		시장국내의 국내상품에 대한 보호 및 지원유무와 정도
		시장국내의 대용품 및 유사품의 유무와 출현가능성
		경쟁품의 공급선, 공급량, 품질, 가격, 경쟁국과 자국에 대한 차별유무
		경쟁업체의 판매정책

본 조사는 예비조사 단계에서 불명확한 사항을 상세히 규명하는 것을 말한다. 이에는 기업내부에서 행할 수도 있고, 외부의 전문기관에 의뢰하는 경우도 있다. 이러한 경우에도 조사의 목적과 문제점을 확실히 파악하여 조사시간과 비용, 노력을 절약하여야 한다.

본 조사가 완료되면 조사보고서를 작성한다. 이는 조사대상시장을 목표로 할 것인가를 결정하는 것으로 기업최고경영진의 주요 의사결정자료가 된다. 시장의 변동성이 심할 때나 조사내용이 진부(陳腐)해졌을 때는 조사했던 자료를 다시 점검해야 할 필요가 있다.

3. 개별적인 시장조사

일반적인 시장조사 후에 수출상은 시장성을 파악하고, 목표시장을 선정한 후에 판매정책을 수립하고 판매촉진계획을 실시한다. 우선 상대국의 무역 및 통상정책을 조사할 필요가 있다. 자유무역 또는 보호무역정책을 추진하고 있는가에 따라 각기 다른 리스크가 발생될 것이다. 예를 들어 미국은 자유무역을 주창하고 있지만 미국으로 섬유, 철강, 가전, 자동차 등의 수출이 증가하는 나라에 대해서는 덤핑소송을 제기하여 고율관세를 부과하거나 수출국에 대해 자율규제할 것을 요구하는 데 따른 통상리스크가 발생되고 있다.

다음으로 시장을 둘러싼 수출정보를 수집해야 한다. 예를 들면 석유는 중요한 수입품이지만, 석유수출국기구(OPEC)의 동향이나 석유산출량 할당, 거래동향, 거래규정, 거래조건 등의 정보를 입수하지 않고 거래하다가 실패하는 경우가 많다. 수출입규제나 거래선의 도산 등에 따라 거래가 진행되지 못할 리스크도 있다.

중동지역에 전쟁이 시작되면 해상운임이 급등하기도 하고, 보험료가 갑자기 상승하기도 한다. 자연환경의 변화에 따라 곡물가격도 등락이 심해지는 경우도 있다. 목재는 수출금지조치나 수입관세인하 등에 따라 가격의 등락이 심하다.

자국과 수교하지 않은 비(非)수교권국가의 업체와 신용장조건으로 거래할 경우에는 대금지급이 지연되거나, 수입국의 달러부족으로 수출대금을 지급받지 못할 리스크가 발생되기도 한다. 이란에서는 국가적 석유개발사업의 실패로 손해를 입은 종합상사도 있고, 합병사업이 실패로 돌아가자 상대기업에 일방적으로 채무를 떠넘긴 국가도 있다. 이와 같이 상대국의 시장분석을 허술히 하여 실패한 기업이 많다.

시장의 매력은 지속적으로 거래하는 데에 있다. 그러나 해외시장상황 그리고 무역정책이나 시장환경이 격변하여 거래가 정체될 가능성도 있어서 이러한 리스크에 따른 신중한 준비가 필요할 것이다.

4. 개별적인 시장조사 내용

개별적인 시장조사는 해당상품의 품질, 판매경로, 결제조건, 홍보방법, 가격, 잠재시장과 소비자들의 구매행위 등에 대해 구체적으로 조사하는 것이다.

1) 제품조사

- 자사취급상품의 품질, 중량, 도량형, 디자인, 컬러, 포장, 상표 등에 대한 소비자조사
- 제품 사용자들의 만족도 또는 불만족도

2) 판매경로조사

- 수출판매경로를 선정하기 위한 조사로서 동종제품의 제조업체나 취급업자 등의 조사
- 제3국 및 자국의 경쟁자의 규모, 자본계열 및 사회적 지위에 대한 조사
- 판매방법, 광고·선전이나 카탈로그 등에 대해 조사
- 판매지역, 판매거점, 경영자의 인격·수완, 제품품질이나 가격, 판매관습, 중간 마진, 잠재수요, 결제상황, 소비자교육의 필요성 등에 대한 조사

3) 결제방법조사

- 해당시장국의 결제방법이 적절한가
- 결제기간 등의 결제 관련한 시장관습
- 경쟁업체의 결제조건

4) 광고조사

- 해당시장의 광고종류와 광고매체의 효과, 자사가 이용하는 광고매체
- 해외유력광고사를 선정 및 광고효과를 측정하는 조사

5) 가격조사

- 상품의 판매가격조사
- 기존상품 및 신상품의 가격조사

[표 4] 가격산정모델(Pricing Model)

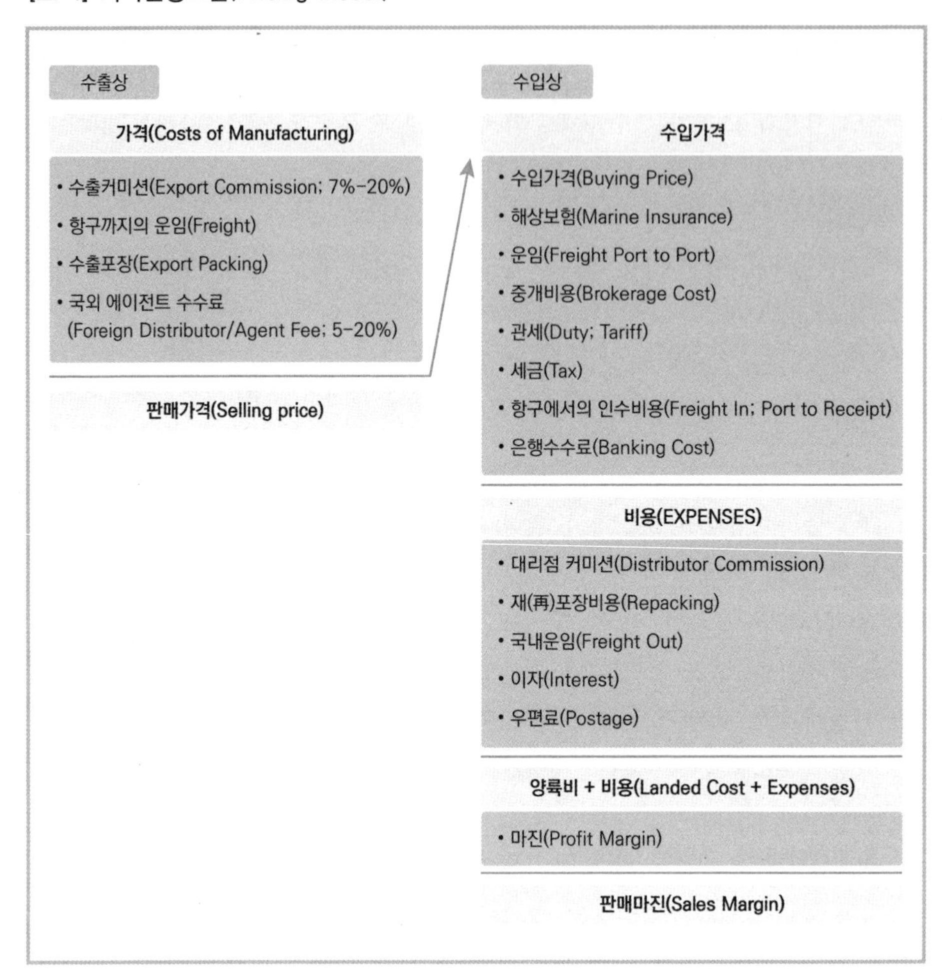

6) 잠재시장 및 고객조사

소비자성향, 소득 및 연령층, 실제구입자, 판매장소, 소비자와 잠재고객의 해당시장에 관한 지역적 분포, 인구 및 지역별경쟁상태 등에 대해 조사한다.

7) 소비자조사

해당시장국의 소비자 수요조사, 해당상품에 대한 소비자들의 의식을 조사하는 항목은 다음과 같다.

• 해당상품을 선택하는 소비자의 연령, 성별, 직업, 소득
• 구매자 및 사용자의 연령, 성별, 직업, 소득
• 구매동기 및 이유
• 구매장소, 구매가격, 구매빈도
• 사용빈도, 사용자의견
• 상품신뢰도
• 상품판매가격의 적정여부
• 상품입수방법 등에 대한 조사

시장의 유통경로는 판매업자와 소매업자로 나누어 상품이 생산자로부터 최종수요자까지의 경로를 말한다. 이는 상품이나 서비스의 흐름을 뜻하는 경로만이 아니라 정보, 판매촉진의 경로도 중요하다.

현재 세계적인 물류의 추세는 소매업자로서는 체인점의 발달로 ① 기존세력을 교체하거나, ② 도매업자의 존재이유 재검토, ③ 물적 유통시스템 확립의 3가지 점에 집약되고 있다.

각국의 도·소매업자의 마진, 거래조건, 판매촉진방법, 홍보비용 등은 각 업계에서 정한 관례 및 관습에 의해 결정되고 있다. 그러나 이러한 유통질서가 확립되어 있지 않았을 경우에는 현지 판매업자의 협력을 필요로 한다. 특히 현지시장의 실태를 조사하고 현지의 거래관습을 충분히 고려할 필요가 있다.

수출대상국의 상품수요를 파악하여, 장래의 수요를 예측하는 것도 상당히 중요하다. 국가별로 소비자들이 신제품구입시점에서 과연 그 제품이 기대하는 만큼의 성능, 효과, 효력을 낼 수 있을까, 그리고 제품을 사용하면서 가족, 동료, 친척들이 어떻게 생각할까 하는 부담이 발생하게 된다.

이러한 수출시장의 조사방법은 서베이(Survey Method), 관찰법(Observational Method) 및 실험법(Experimental Method) 등이 권장되고 있다. 현지조사를 하기 위해서는 자사직원을 해외로 파견하거나, 해외출장, 해외지점 등에 의뢰하기도 한다. 그러나 현실적으로는 행하지 않는 기업이 많다. 일반적으로 수출기업은 무역관계당국, 무역협회 등에 의한 간행물이나 자료에 의해 조사하는 경우가 많다.

2절

거래선선정과 신용관리

1. 거래선선정

신용 있는 거래선선택은 비즈니스의 성패가 달려 있을 정도로 중요하다고 볼 수 있다. 무엇보다도 수출입거래를 안정적이고 지속적으로 진행시키기 위해서는 충분한 자본력이 필요하다. 기업활동을 폭넓게 하려면 충분한 자산이 필요하므로 거래선에 대해 다음과 같은 점을 파악하여야 한다.

- 건물이나 설비가 건실한가
- 사업자금이 충분한가
- 구매와 지급에 필요한 자금이 충분한가
- 불황에도 견딜 만한 내성이 있는가
- 신규사업에 진출할 만한 여력이 있는가

이러한 점에서 볼 때 가장 기본적인 것은 자본력(資本力)이라 할 수 있다. 이는 기업의 규모나 전통, 사업의 다각성 등에 나타나 있다. 또한 거래은행이나, 거래선 또는 동업자에 조회하여 파악할 수도 있다.

자본이나 자금이 풍족하고, 충분한 자산을 소유하고 있어도 판매나 구매기법이 서툴러서 실패하는 경우가 많다. 그 외에 신제품을 개발하는 기술력, 생산능력, 홍보력도 중요하다. 시장조사나 시장분석이나 해외마케팅계획의 수립이나 실시, A/S나 대금회수나 시장의 경험 이외에 해외마케팅, 그리고 이를 향상시키는 피드백 능력도 중요하다고 볼 수 있다.

현재에는 아무런 분쟁이 없어도 세계경제환경이 변하거나, 시일이 경과함에 따라 거래상대방 기업이 부실화되기도 한다. 이는 기업의 경쟁력이 약화되는 것을 의미한다. 장래성이 있고, 발전성이 있는 기업은 시간이 경과할수록 진전되어 건실한 기업으로 성장하는 수도 있다. 어떠한 거래선을 선택하는가는 기업의 사활이 달려 있는 문제이다.

수출은 외국과의 거래이기 때문에 사회, 제도, 문화, 상관습도 모두 이질적인 세계와의 상거래라 할 수 있다. 한 번이라도 분쟁이 발생되면 이를 해결하기가 쉽지 않다. 그렇기 때문에 충분히 신뢰할 수 있는 신의성실한 기업철학을 가진 기업과 거래하는 것이 중요하다.

신뢰할 수 있는 기업은 업무수행이 원활하다. 채권채무의 이행에 있어서도 신뢰할 수 있고, 기업활동의 모든 분야에 대해서도 자기중심적이지 않으며, 극단적으로 이익지향적이지도 않은 기업이다. 이런 기업은 언제라도 거래선, 소비자, 사회의 이익을 공동으로 지키고, 상대방의 입장을 배려한다. 이는 경영자의 인격이나 종업원의 업무태도에서도 알 수 있다. 이를 기업철학이라고 할 수 있다.

2. 신용측정의 기준요소

국내거래에 비해 수출거래선의 신용상태는 파악하기가 어렵다. 국내거래는 거래선과 직접적으로 대면하여 절충할 수도 있고, 비상시에는 물품을 차압하거나 거래선의 재산에 대해 법적인 수속을 진행시킬 수도 있다. 그러나 수출거래는 일반적인 방법을 채택하기가 곤란한 것이 사실이다. 물론 수출보험이 있지만 잘 채택되고 있지 않은 실정이다. 우수한 거래선과 거래할 수 있다면 수출입거래의 리스크가 발생될 가능성이 일단은 감소될 것이다. 거래선의 신용은 [표 5 신용측정의 기준요소]의 4가지 기준요소를 이용하여 측정할 수 있다.

거래선에 대한 신용조사 없이 거래하다가 손해를 보는 경우가 상당히 많다. 따라서 수출상은 수입상에 대한 신용조사를 실시하여 신용리스크에 따른 손해를 방지하는 대책의 하나로서 중요한 의미를 가진다.

일반적으로는 수입상이 도산하거나 대금지급불능의 사태, 전쟁, 파업, 폭동, 천재지변 및 수입제한 등에 의한 비상리스크가 많이 발생된다.

[표 5] 신용측정의 기준요소

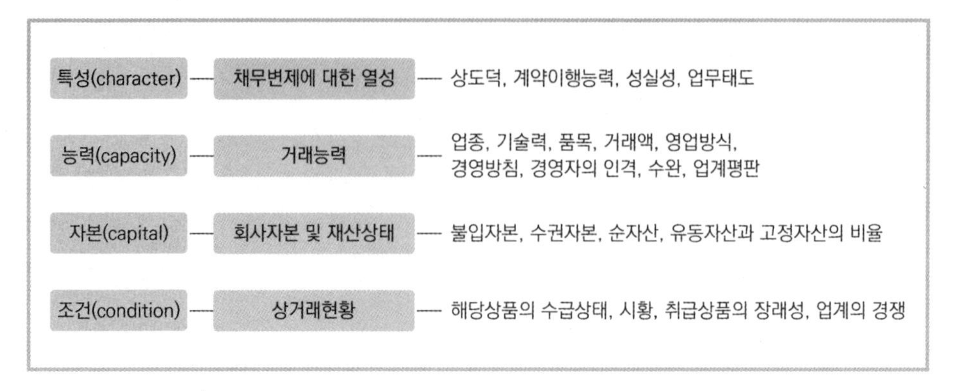

요소	내용	세부사항
특성(character)	채무변제에 대한 열성	상도덕, 계약이행능력, 성실성, 업무태도
능력(capacity)	거래능력	업종, 기술력, 품목, 거래액, 영업방식, 경영방침, 경영자의 인격, 수완, 업계평판
자본(capital)	회사자본 및 재산상태	불입자본, 수권자본, 순자산, 유동자산과 고정자산의 비율
조건(condition)	상거래현황	해당상품의 수급상태, 시황, 취급상품의 장래성, 업계의 경쟁

신용측정의 기준요소를 조사한 결과에 따라 거래능력이 있는가 또는 담보능력(collateral)이 있는가를 판단할 수 있다. 신규 수출거래선은 신용특성(character)에 대해서 중점적으로 조사해야 할 것이다. 기존의 거래선에 대해서도 수시로 이 4가지 조건으로 점검하여 신용상태를 정확하게 파악해야 할 것이다.

이러한 신용조사결과가 만족한 것으로 판명되면 거래선을 결정한다. 이때에는 거래에 관한 일반적인 결정사항을 문서화하여 교환할 수 있다. 특히 일정기간은 문서화하지 않고 어느 정도 기간이 경과한 후에 양자가 만족한 상태에서 정식으로 문서화한 계약을 체결함으로써 거래선의 신용리스크변동에 대비할 수 있다. 또한 상대방의 신용상태는 고정적이지 않고 항상 유동적이기 때문에 정기적으로 확인해야 할 필요가 있고 또 필요에 따라 추적조사를 시행할 필요도 있다.

기업도산은 단순한 경제환경만이 아니라 도산원인이 다양화되고 있다. 거래선에 부정적인 정보가 입수되면 상세히 파악하여 대처해야 할 것이다.

3. 신용조사방법

거래상대방의 신용조회는 다음과 같은 방법을 주로 이용하고 있다.

환거래은행을 통한 신용조사

수출상이 거래관계가 있는 환은행에 의뢰하여 거래선이 있는 지역의 은행에 거래선의 재산이나 신용상태를 조회하는 방법이다. 은행의 신용조사에는 회사의 설립년월일, 회사구성, 경영규모, 자본현황, 업종, 영업현황, 경영자의 인격·능력, 업계에서의 위치와 평판, 거래은행명, 지급의무이행의 확실성 등의 기업의 단기지급능력에 역점을 두어 기재되어 있다.

거래업자를 통한 신용조사

수출상이 장기간 거래관계에 있는 거래선이나 대리점을 통하여 신용조사를 의뢰하는 것을 말한다. 이에 따라 수출상은 거래선의 영업현황, 일반적 평가 및 경영자의 인격, 능력, 재산상태, 신용정도 등을 파악할 수 있다. 그러나 변동하는 경영환경에 비하여 항상 정확하다는 평가라고는 할 수 없으므로 때에 따라 신중을 기해야 할 것이다.

신용조사회사를 통한 신용조사

은행이나 거래업자 등을 통한 신용조사는 일방적인 보고형식이어서 정확하지는 않다고 볼 수 있다. 따라서 거래선에 대한 상세한 조사는 신용조사회사에 의뢰할 수 있다. 그러나 조사비가 많이 들기 때문에 은행을 통한 신용조사가 일반적이다. 그 외에도 상공회의소와 수출보험공사 등을 통한 신용조사도 있다. 여기서는 간단한 신용조사에다가 저렴한 수수료를 지급하고, 상담할 수 있는 장점이 있다. 해외출장이나 해외지점 및 지사를 통하여 조사할 수도 있다.

거래선의 신용상태는 내부적 요인이나 외부적 요인에 의해 변화될 가능성이 많기 때문에 단순히 문서상의 신용조사라는 한계가 있기 때문에 과신할 수 없다.

리스크관리적인 측면에서 볼 때 이러한 신용리스크는 투기적 리스크이므로 일정한 조짐이나 징조를 수반하는 경우가 많다. 따라서 항상 경계를 늦추지 않고 거래선의 실태를 파악하는 길만이 거래선과의 신용리스크를 피하는 길이다. 다시 말해 거래선에 대한 정보망을 구축하고 정보수집을 꾸준히 하여 수집된 정보를 분석함으로써 신용리스크를 격감시킬 수 있을 것이다. 구체적으로 거래선의 신용은 다음과 같은 내용으로 판단할 수 있을 것이다.

4. 신용조사에서 주의할 만한 내용

- 수입상이 보내온 무역서신에 연락처나 전화번호가 확실한가를 확인해야 한다. 전화국공용팩스를 사서함 형태로 공동으로 사용하는 경우가 있기 때문이다. 신규거래임에도 대량으로 구매하려거나 또는 신용도가 높은 유명은행의 신용장을 개설하거나, 선송금(先送金)방식 등의 유리한 결제조건을 내세우는 수입상도 조심해야 한다.
- 대금결제조건으로 제시하는 수표는 지급보장이 확정되지 않았기 때문에 수입상의 신용상태가 확실한 경우가 아니면 인수하지 않아야 한다. 특히 해외 사기단들이 수표소지자들과 공모하여 대금을 수표로 입금한 후에 분실 또는 도난당한 것으로 신고할 경우에 수출상은 수령한 대금 전액을 상환하여야 한다.
- 비정상적인 상거래제의는 거절하여야 한다. 비자금의 국외반출협조, 대규모 국제입찰 또는 수의계약납품 등의 조건을 내세우는 경우가 있다. 이는 전형적인 사기수법이므로 처음부터 상대하지 말아야 한다.
- 과거 프랑스 식민지국가로부터 발송된 영문서류도 리스크가 크다. 이들 국가에서는 프랑스어가 공용어로 되어 있으며 관공서의 서류는 모두 프랑스어로 되어 있다. 그런데도 영문으로 된 서류가 통지될 경우에는 사기단에 의한 것일 가능성이 많다.
- 샘플이나 선적서류를 사전에 송부할 것을 요구하는 경우에도 응하지 말아야 한다. 특히 사기단들은 자국의 은행법을 근거로 들어 재촉하는 경우가 있다. 수입상이 자국은행의 신용장이 아닌 나라의 은행에서 신용장을 개설하였을 경우도 확인해야 한다.
- 개도국의 밀입국자들이 수입상으로 위장하여 입국하는 경우가 있다. 불법취업자를 무역거래관계자로 위장하여 입국하는 경우가 많았기 때문이다. 업체명의로 초청장이나 보증서를 요청하는 경우가 이에 해당하므로 의심할 수 있다.
- 현지중개인들에게 과도하게 의존하다가 피해를 입는 경우도 많다. 확실한 대금결제를 보장받지 않으면 미리 생산하지 않아야 한다.

- D/A, D/P 조건, 사후송금결제조건은 수입상과의 신용이 축적된 경우에 결정하여야 한다. 수입상이 한두 차례 정상적인 결제를 한 뒤에 곧바로 현지시장상황 등을 들어 신용거래를 요청하는 경우도 있으니 잘 판단해야 한다. 부득이 할 경우에는 수입상에 대해 더욱 철저한 신용조사를 하든가 수출보험에 부보(付保)하는 등, 대금을 회수하지 못할 리스크에 대비하여야 한다.
- 후진국의 소규모 은행들은 은행원들이 수입상과 결탁하여 선적서류의 하자를 이유로 대금결제를 거부할 수 있도록 하는 경우가 있다. 특히 아프리카나 중남미의 지명도가 낮은 은행으로 신용장이 개설되는 경우가 많다.
- 무역사기 사건이 많이 발생하는 지역에서 개설된 신용장은 치밀하게 검토하여야 한다. 수입한 뒤에 시장상황이 좋지 않을 경우에는 사소한 서류상의 하자를 이유로 대금결제를 거부하는 경우가 있다. 선적전에 신용장조건상의 하자를 철저히 검토하여 문제가 될 조항은 미리 수정을 요청하여야 한다.
- 고정거래선과의 거래도 유지하면서, 해외마케팅활동을 적극적으로 하여 수출대상국을 확대하는 동시에 거래선을 많이 확보하여 리스크를 분산시킬 수 있다.

5. 수출시장상황조사 및 방법

수출기업은 수출입규제나 관세의 동향, 시장의 개방성 등의 수출입대상국가를 둘러싼 시장상황에 주의를 집중하여야 한다. 구체적으로는 어떠한 상품이 있는가, 품질이나 가격, 거래조건 등이 어떠한가, 업자들의 성향은 어떤가, 경쟁상태, 판매나 판매촉진정책, 유통경로, A/S 등의 상황에 대해서 조사할 필요가 있는 것이다. 이러한 시장조사는 탁상조사로서 통계나 문헌자료를 조사하고, 그 후에 실제시장의 현황을 분석하는 것이 바람직하다. 시장조사를 상세히 행한 업자는 어떠한 내용의, 어떠한 기업이 있는가를 자연스럽게 알 수 있게 될 것이다. 그 결과 적절한 거래선을 발견하는 것이 용이하게 될 것이다.

시장조사방법으로서 시장의 규모, 인구, 국민소득, 국제수지, 수출입규제나 수출입실적, 수입국의 세금 등의 지표를 파악하여 가능성이 있는 시장을 설정하는 예비심사를 행한다. 특정 시장에 대해서는 상세한 항목에 대해서 탁상조사를 행하는 예비조사를 한다. 더하여 해외현지를 방문하여 자사(自社)의 해외마케팅 전략결정에 관련하여 상세한 조사를 행하는 본조사를 실시한다. 마지막으로 목표시장에 대한 해외마케팅계획으로 진출하는 경우, 상황의 변화에 따라 궤도수정을 하는 등의 추적조사를 한다.

3절
탄력적 무역경영전략

수출기업은 수출환경이라는 거대한 리스크에 둘러싸여 있으며, 이는 수출기업의 외부와 내부의 리스크로 구분할 수 있다. 외부리스크는 정치적, 경제적, 사회적인 사정이나 조건이며, 내부리스크는 환경에 적합하게끔 유지하기 위한 전략이나 결함이 있거나 기업내부의 사정이나 조건에 의하여 발생된다. 이와 같이 수출기업은 리스크 발생확률 및 강도가 증대되는 내부와 외부의 환경리스크에 둘러싸여 있다고 볼 수 있다.

수출기업의 외부와 내부리스크는 서로 연결된 상관관계를 가지고 있다. 수출기업의 외부리스크는 수출환경에 기초한, 외부적인 사고발생의 가능성에 따른 리스크이다. 이에 비해 내부리스크는 일정한 경영환경하에서 인적, 자본, 물적인 요인을 조화시켜서 기업의 환경적합성을 유지하기 위한 전략이나 관리가 부적절하였기 때문에 발생되는 내재적 사고발생 가능성을 가지고 있다.

현재의 세계경제 환경변화에 따른 수출리스크의 외부적 요인은 외국정부의 제도·정책의 급격한 변화에 의하여 불가항력적으로 발생되는 리스크라 할 수 있는 무역정책의 변경, 외국자본에 대한 규제의 강화, 현지경제의 불안정, 시장에서의 경쟁조건악화, 노사관계악화 등이 있다. 내부적 요인에 의한 사업리스크는 기업자체에서 통제가능한 리스크이며 해외진출을 위한 투자계획의 결함, 합병파트너와의 분쟁, 경영자선정 실패, 본사의 경영악화 등을 들 수 있다.

수출리스크의 내부적 요인으로 보면 한국은 노동비용의 전반적 상승 추세, 물류비용의 급속한 증대, 환율의 불안정한 변동 등으로 제품의 가격경쟁력 요소가 갈수록 약화되고 있다. 따라서 이를 극복할 수 있는 길은 우선 가격경쟁력 요소 그 자체를 개선하는 데서 찾을 수 있고, 또 다른 한 가지 방법은 기술적으로 제품의 품질과 성능을 향상시키고, A/S는 물론 제품에 대한 이미지와 상표인

지도 등을 높이는 등 이른바 비가격경쟁력을 강화시키는 데서도 찾을 수 있다.

경쟁력은 가격조건으로만 결정되는 것은 아니다. 상품의 생산조건과는 상관없이 소비자의 기호나 관습 등 소비 측면의 변동에 따라 상품의 경쟁력이 바뀌는 경우도 많다. 소비자의 소비성향이 복잡다기해짐에 따라 그에 부응하는 제품의 종류나 성능도 다양해지기 때문이다. 이러한 면에서 제품의 경쟁력을 결정하는 요소가 가격경쟁력적 요소로부터 비가격경쟁력적인 요소로 전환되고 있다는 점을 알 수 있다. 따라서 오늘날 선진형 경제로 갈수록 비가격경쟁력 요소가 더욱 중요시되고 있는 것도 이러한 사정을 반영하는 것으로 볼 수 있다.

비가격경쟁력이란 기술적으로 타의 추종을 불허하는 자기만의 고유한 기술을 가지고 독자적인 자기 브랜드를 확보하는 기술경쟁력과 직접 제조기술수준이나 제품의 품질과는 관련 없더라도 오랜 역사와 전통에서 오는 제품의 이미지, 인지도 등으로서 이루어지는 경쟁력의 측면을 지적할 수 있다.

1. 탄력적 무역경영전략

탄력적 무역경영전략은 수출기업이 목적을 달성하기 위하여 무역환경의 변화에 대응하는 무역경영전략을 근간으로 통합하는 것이라 할 수 있다. 기업의 목적은 단기와 장기의 목표가 있는데, 단기목표는 설정하는 기간이 짧아서 과거의 실적에 기초하여 구체화하는 것이 비교적 용이하지만, 장기목표는 환경에 따라 크게 변화할 수 있기 때문에 무역환경의 변화에 따라 탄력적인 무역경영전략을 수립하여야 한다.

다음으로 수출기업의 목적을 둘러싸고 있는 거래조건요소를 전략요소로 설정하여 마케팅·믹스와 통합시켜야 한다. 설명한 바와 같이 무역거래에 있어서 품질, 가격, 수량, 인도조건, 결제조건의 거래조건에서 매매당사자가 합의하면 계약이 성립한다.

이렇게 볼 때 한국의 경제개발 초기 수출지향적 전략의 시대에는 수출기업들이 서구의 무역거래계약 규정과 관행에 익숙하지 않았기 때문에 주로 법리적(法理的)인 계약상의 문제에 치중할 필요성이 있었다. 그러나 한국의 수출구조가 이미 선진국형 구조로 전환해 있는 현재에는 이러한 평면적인 거래조건의 요소들을 외부와 내부환경에 비추어 더욱 구체화시키고 복합적인 요소로 분석한 수출리스크관리 전략을 실시해야 할 것이다. 탄력적인 무역경영전략은 다음과 같은 접근방법으로 대응하여야 할 것이다.

[표 6] 탄력적 무역경영전략 접근방법

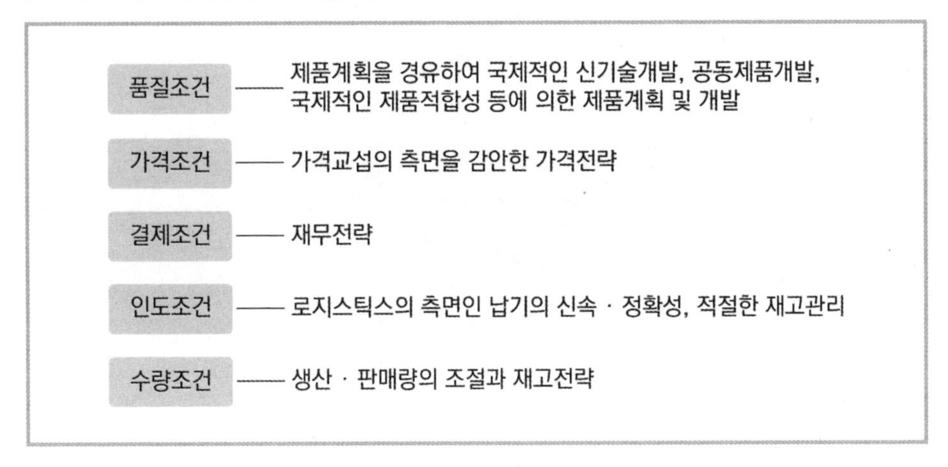

품질조건	제품계획을 경유하여 국제적인 신기술개발, 공동제품개발, 국제적인 제품적합성 등에 의한 제품계획 및 개발
가격조건	가격교섭의 측면을 감안한 가격전략
결제조건	재무전략
인도조건	로지스틱스의 측면인 납기의 신속 · 정확성, 적절한 재고관리
수량조건	생산 · 판매량의 조절과 재고전략

마케팅믹스의 개념은 4가지 믹스변수인 제품, 가격, 유통과 촉진에 대한 관리가 각각 상호일치하면서도 보완적인 특성을 가져야만이 상당한 시너지의 창출을 가능하게 한다. 탄력적 무역경영전략 모델에서 발생되는 환경적인 리스크 요인은 다음과 같다.

- 자연적(physical) 환경: 토지, 기후 등의 자연환경
- 사회적(social) 환경: 소비자의 기호, 윤리관이나 가치관, 인구구성 변화
- 정치적(political) 환경: 정치적인 결정에 의해 발생되는 책임, 이해, 기대
- 법률적(legal) 환경: 법제도나 권리와 의무의 규정변화
- 경제적(economical) 환경: 정치적, 사회적, 법적 환경에 연동되는 글로벌한 경제시스템을 개별적으로 분석하는 데 따른 리스크
- 업무(operation) 환경: 다른 환경으로부터 영향을 받아 조직의 업무에 발생되는 다양한 형태의 리스크
- 인지(cognitive) 환경: 지력(知力)이나 정신(mind)에 따른 환경, 정보부족 또는 잘못된 정보에 의해 발생되는 리스크에 대한 태도나 심리적 한계 등으로부터 발생되는 지각과 인식에 영향을 받는 리스크

[표 7] 탄력적 무역 마케팅 전략모델

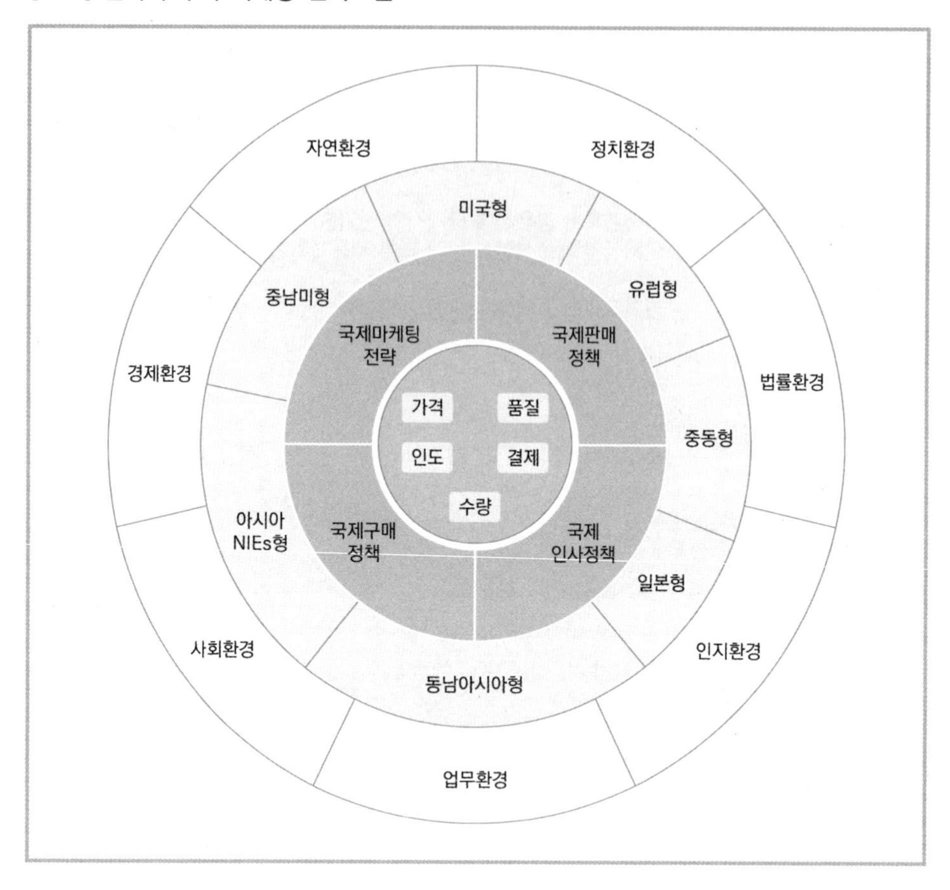

각각의 환경은 독자적으로 분석하여야 한다. 일반적으로 리스크의 평가는 기업의 내부와 외부환경을 이해하고 그에 따른 리스크를 관리하기 위하여 조사하는 작업이라 할 수 있다. 이와 같이 환경적 요인에 의해 구성되는 미국형, 구미형, 중동형 등으로 구분한 환경패턴이 기업의 인식대상이 된다.

기업에 당면한 환경적 요인에는 그 업종에 의해 차이가 있다. 예를 들면 농산물이나 천연자원은 자연환경에 의해 직접 영향을 받는 경우가 많고, 반도체나 자동차는 정치적·경제적 환경에 좌우되는 경우가 많다. 이러한 새로운 탄력적인 무역경영전략의 모델을 구축하여 마케팅믹스에 대해 거래조건요소를 한국적인 환경에 의하여 수출활동을 전개함으로써 기업성과를 높일 수 있을 것이다. 따라서 한국의 기업들은 무역 마케팅·믹스의 원리를 현실적으로 실행시켜야 할 단계라 할 수 있다.

4절

전자무역 마케팅

1. 전자무역 마케팅의 의의

1) 전자무역 마케팅의 개념

전자무역 마케팅이란 컴퓨터가 제공하는 통신환경인 가상의 공간(cyber space)에서 고객과의 관계형성 및 실시간 상호작용이 가능한 쌍방향 커뮤니케이션을 통한 마케팅활동을 말한다. 그런데 이런 전자무역 마케팅은 월드와이드웹(World Wide Web)이 등장하면서 인터넷은 음성, 화면, 동화상에 이르기까지 다양한 멀티미디어 정보를 교환할 수 있는 거대한 커뮤니케이션 미디어로서의 역할도 담당하게 되었다.

한편 현대 사회가 정보화 사회로 급진전함에 따라 산업 분야에서는 산업소프트화가 진행되고 있다. 예를 들면 통신, 영상, 음향 소프트웨어, 디자인, 광고 등이 유망 산업으로 등장하면서 무형요소인 정보, 지식, 서비스에 의해서 창출되는 부가가치가 경제 전반에서 차지하는 비중이 더욱 높아지고 있다.

산업구조의 환경이 소프트화됨에 따라 소비자에 대해서도 과거의 대중적 접근방법에서 개별적 접근이 가능해졌고, 소비자들도 자연스럽게 새로운 구매환경에 익숙해지고 있다. 이러한 새로운 거래 환경은 컴퓨터를 이용한 마케팅을 통해서 더욱더 소프트화된 산업 사회를 실감하게 만들고, 이것은 현대 사회에서 필수적 생활 수단인 동시에 거래 수단이 되고 있다.

이와 같이 전자무역 마케팅은 기존의 전통적 마케팅 환경과는 구별되는 독특한 성격을 갖고 있기 때문에 인터넷을 기본으로 하는 전자 사회(electronic society)에서 전자거래를 조성할 수 있도록 재구성할 수 있는 마케팅 기능이 요구되고 있다.

전자무역 마케팅으로 인한 패러다임의 변화를 살펴보면 다음과 같다(이호배).

(1) 소비자 역할의 변화

전통적 마케팅 환경과 가장 구별되는 획기적인 변화는 소비자들도 가상공간에 상업적 정보를 제공해서 판매자가 될 수 있다는 점이다. 즉 판매자와 소비자의 구별이 모호해진다. 인터넷이란 중재 모델에서 주된 관계는 송신자(기업)와 수신자(소비자)의 관계가 아니고, 오히려 이들이 상호작용하는 컴퓨터 중재환경이다. 이러한 새로운 환경에서 정보나 내용은 단순히 기업으로부터 소비자에게 전달되는 것이라기보다는 기업과 소비자가 모두 참가자로 참여하게 된다는 것이다. 따라서 기업은 성공적 전자무역 마케팅이 되기 위해서 고객 욕구를 파악하고 만족시키려는 노력을 할 뿐만 아니라 새로운 매체 자체의 개발에 긍정적으로 공헌할 수 있는 활동에 몰두해야 한다.

(2) 시장 역할의 변화

전자무역 마케팅은 사람과 컴퓨터가 서로 상호작용을 할 수 있는 시장, 즉 하이퍼 미디어(hyper media) 환경이기 때문에, 인터넷은 실제 거래상황에 대한 시뮬레이션(simulation)이 아니고 또 다른 하나의 실제 거래 환경을 구성하고 있다. 이러한 환경에서 소비자들은 가상공간이라는 시장에서 단순히 즐거움을 찾아다니는 행동과 구매를 하기 위한 구체적 행동을 동시에 할 수 있기 때문에 기업의 입장에서 상당히 세심한 고려를 할 필요가 있다.

따라서 매체가 과거에는 마케팅 채널과 커뮤니케이션으로서 역할을 하였으나 전자무역 마케팅에서는 매체가 시장 자체로서 역할을 한다. 인터넷은 시장을 보다 효율적으로 만드는 잠재력을 갖고 있다. 이것은 웹(web)이 소비자에게 제품에 대한 정보를 충분히 제공할 수 있는 기회를 제공할 뿐만 아니라 전통적 매체에 비해 매우 구체적이고 특이한 특성을 부여해 준다. 그래서 완전한 정보를 갖춘 소비자가 될 수 있는 가능성도 높다. 왜냐하면 소비자들은 그러한 탐색 과정에 대해서 강한 통제력을 갖고 있기 때문이다. 예를 들면, 경쟁 제품의 가격비교를 완벽하게 파악해서 가격에 대한 강한 통제력을 가질 수 있다. 결국 전통적

시장과 비교해서 정보에 대한 비용이 낮아질 수 있고 정보의 질은 높일 수 있으므로 시장의 효율성을 더 높일 수 있는 것이다.

(3) 마케팅 믹스 역할의 변화

전통적 마케팅의 커뮤니케이션 모형은 기업들이 대중매체를 통해서 동일한 메시지를 많은 집단의 소비자들에게 일방적으로 전달(one-to-many)하는 방식이다. 따라서 전통적 대중매체를 이용한 커뮤니케이션은 기업과 소비자 간에 상호작용이 없다는 것을 가장 큰 특징으로 볼 수 있다.

반면 전자무역 마케팅의 커뮤니케이션 모델은 기업들이 다양한 메시지를 여러 소비자들에게 전달(many-to-many)하는 방식이다. 따라서 과거와 같이 동일한 광고를 통해서 많은 사람들에게 똑같은 메시지를 전달할 필요가 없어지고, 필요한 사람에게만 광고가 노출되며 그것에 대해서 필요를 느끼면 더 구체적인 광고를 스스로 찾아볼 수 있도록 하는 것이 가능해졌다.

2) 전자무역 마케팅의 특징

전자무역 마케팅은 물리적 환경이 아닌 가상공간에 형성된 e-마켓플레이스를 통하여 교환이 이루어진다는 점에서 마케팅을 목적을 효율적으로 달성할 수 있는 인터넷을 마케팅 도구로 활용함으로써, 구매자 입장에서는 자신이 원하는 시간에 정보를 획득하고 활용하여 의사결정에 도움이 된다. 그리고 판매자 입장에서는 시장조사를 수행하거나 제품에 대한 구매자의 반응을 신속하고 효과적으로 파악할 수 있어, 마케팅활동을 성공적으로 수행할 경우 시장 점유율을 크게 높일 수 있다. 이러한 전자무역 마케팅의 특징을 살펴보면 다음과 같다.

첫째, 전자무역 마케팅은 전자메일의 기능을 통하여 판매자와 구매자의 직접적인 교류가 가능한 양방향 정보교환을 특징으로 하고 있다. 둘째, 전자무역 마케팅은 목표고객만을 대상으로 집중적인 광고가 행해질 수 있으므로 광고효과를 훨씬 높일 수 있다. 셋째, 전자무역 마케팅은 접속 회수의 측정을 통하여 보다 과학적인 광고효과 측정이 가능하다.

3) 전자무역 마케팅의 기대효과와 해결과제

(1) 전자무역 마케팅의 기대효과

전자무역 마케팅의 기대효과를 살펴보면 다음과 같다. 첫째, 편리한 구매자 관리가 가능하다. 인터넷이 가지고 있는 주요 기능 중의 하나인 전자우편은 고객과 상호의견을 교환하고 고객의 불평과 아이디어를 수시로 마케팅에 반영하는 데 큰 도움을 준다. 둘째, 공간상의 이점을 가질 수 있다. 전자무역 마케팅에는 물건을 전시하고 고객을 직접 상대해야 하는 매장이 따로 필요없기 때문에 많은 고정비용이 소요되지 않는다. 또한 지역을 초월할 수 있는 인터넷의 특성으로 인하여 인터넷에 올라 있는 웹사이트는 어느 특정 지역에 한정되지 않고 컴퓨터가 연결되어 있는 한 전 세계를 상대로 상거래가 가능한 글로벌 마케팅을 수행할 수 있다. 셋째, 시간과 비용을 크게 절약할 수 있다. 또한 인터넷을 이용할 경우 국제무역에 있어서 장애요인이 되고 있는 시차를 쉽게 극복할 수 있다. 아울러 기업운영에 가장 큰 부분을 차지하고 있는 인건비는 사업의 성격에 따라서 인터넷이 제공하는 독특한 판매방법으로 상당부분 절감될 수 있다.

[표 8] 전통적 마케팅과 전자무역 마케팅의 비교

	전통적 마케팅	전자무역 마케팅
마케팅 환경	마케팅 규칙이 시대적으로 명확하고, 잘 정의되어 있으며 일정함	마케팅 규칙이 기술발전의 주도하에 지속적으로 발전함
	시장이 국가나 지역에 한정됨	시장의 경계가 없어짐
	틈새시장을 정의하기 어려움	틈새시장들이 쉽게 정의됨
	기업이 주도하는 마케팅이 지배적임	고객이 주도하는 마케팅이 지배적임
	높은 광고 비용	낮은 광고 비용
	정보시스템이 마케팅을 수행하는 데 큰 도움이 되지는 못함	정보시스템 역할이 절대적이며 마케팅 부서와 IT전문가의 통합적 활동이 중요함

	전통적 마케팅	전자무역 마케팅
마케팅 성공요소	제품과 서비스에 대해 인지가 중요함	제품과 서비스의 인지와 함께 이들의 가치가 중요함
	시장에 처음 진출하는 자가 두 번째 진출자에 비해 다소 유리한 위치를 가짐	시장에 처음 진출하는 자가 두 번째 진출자에 비해 강력한 경쟁우위를 가짐
	기업 간 협력이 마케팅에서 핵심적인 요소가 못 됨	상호 간의 링크를 통한 협력관계는 마케팅을 위한 핵심적인 요소가 됨
	창의성이 차별화를 위해 중요함	혁신성이 차별화를 위해 중요함
	고객과의 상호작용이 중요치 않음	고객과의 상호작용이 대단히 중요함
	홍보와 부분적으로 제품 및 서비스와 관련이 있는 즐거움을 제공함	교육적이며 지적인 즐거움을 제공함
기업 내 위상	마케팅부가 제품개발을 주도함	마케팅부가 업무부서, 기술부서와 통합하여 주도함
	마케팅부가 전방위 역할을 수행함	마케팅부가 업무부서, 기술부서와 통합하여 수행함
고객에 대한 관점	고객들은 제품 및 서비스에 대한 지식과 정보가 적음	고객들이 더 많은 지식과 정보를 보유하며 피드백도 즉각적임
	고객의 형태와 기대를 어느 정도 예상가능함	새로운 고객의 형태, 기대, 관심에 대한 예측이 보다 잘 이루어짐
	고객을 하나의 그룹 또는 전체를 구성하는 부분 단위로 생각함	고객을 집단이 아닌 개인 단위로 생각함

(2) 전자무역 마케팅의 해결 과제

전자무역 마케팅에 의해서 마케팅의 패러다임이 변화되고 있으나 이러한 것들이 제대로 수용되기 위해서는 다음과 같은 장애요인들이 해결되어야 할 것이다.

첫째, 개인정보에 대한 보안이 보장되어야 한다. 아직까지는 이러한 정보에 대한 보안은 거의 무방비한 상태에 있기 때문에 이에 대한 기술적, 제도적 장치가 마련되어야 한다.

둘째, 소비자의 사생활이 보호되어야 한다. 본인의 의사와 관계없이 마구 밀려들어 오는 전자우편은 사생활의 침해로 간주된다. 이것은 분명히 기업의 마케팅 노력을 방해한다.

셋째, 서비스와 정보를 판매하려는 과정에서 법적문제들이 해결되어야 한다. 세계의 모든 문화와 언어의 장벽을 초월하는 거래가 증가함에 국가별로 소비자보호법 규정이 달라 피해를 입는 경우가 많아지고 있기 때문이다.

2. 전자무역 마케팅 전략

전자무역 마케팅 전략수립을 위해서는 가장 먼저 기업이 왜 인터넷을 도입하고 활용해야 하는가에 대한 목적을 확인하여야 한다. 예를 들면 광고홍보, 비용절감, 신규 사업 진출, 조직 효율화, 고객의 발굴 및 관리, 수익창출 등이 있을 수 있다. 따라서 전자무역 마케팅 전략수립을 위하여 자사의 강점과 약점을 파악하고, 기회와 위협에 대한 환경을 분석한 후 전자무역 마케팅 전략을 수립하여야 한다. 이를 위하여 일반적으로 SWOT분석을 실시하고 있다.

SWOT분석은 기업의 환경을 내적요인과 외적요인으로 구분하여, 내적요인이 강점일 때 S(strength)와 약점일 때 W(weakness)의 두 가지 수준으로 나누고 외적요인이 기회일 때 O(opportunity)와 위협일 때 T(threat)의 두 가지 수준에 따라 대응되는 SO, WO, ST, WT의 네 가지 전략으로 나눌 수 있다(김철호, 2011).

[표 9] SWOT 분석

	S(strength)	W(weakness)
O(opportunity)	강점이며 동시에 기회인 것이 무엇인가?	약점이지만 기회가 되는 것이 무엇인가?
T(threat)	강점이지만 위협이 되는 것이 무엇인가?	약점이며 동시에 위협이 되는 것이 무엇인가?

1) 전자무역 마케팅의 포털(portal) 전략

포털(portal)이란 관문 또는 대문이란 의미로 웹 브라우저를 사용해 인터넷에 접속했을 때 가장 먼저 접하게 된다는 뜻에서 붙여진 단어이다. 따라서 오프라인뿐만 아니라 온라인에서도 더 많은 고객을 확보하려는 기업들은 이들이 웹사이트에 머무르는 시간을 늘리고 더 나아가 자사의 웹사이트에 대한 충성도

(loyalty)를 고양시키기 위하여 다양한 콘텐츠와 서비스를 제공하여야 한다.

포털 전략은 소위 6C(contents, community, commerce, connection, customizing, communication)라고 불리며 포털이 갖추어야 할 핵심적인 항목에 대해서 정리하고 있다. 또한 6C가 포털의 기본 구성요소인 만큼 기업은 각 요소 간 융합(convergence)을 통한 시너지 효과를 창출하기 위한 노력을 기울여야 할 것이며, 이들 요소를 획일적으로 적용하기보다는 각 기업의 상황에 맞게 각 요소를 적용하는 것이 필요할 것이다.

(1) 콘텐츠(contents) 전략

콘텐츠는 웹사이트를 통해 제공되는 온라인 서비스의 실제 내용이며, 고객에게 전달할 가치의 핵심적인 요소이다. 따라서 세부적인 콘텐츠의 성격과 내용은 실제 웹사이트를 통해 제공하고자 하는 서비스의 통합적인 모습인 비즈니스 모델에 크게 의존하여 결정되어지며, 자사의 비즈니스 효과를 극대화하고 타사의 서비스와 차별화할 수 있는 내용으로 채워질 필요가 있다.

콘텐츠를 좀 더 세분화하자면 디자인 측면, 기술적 측면, 언어적 측면으로 구분할 수 있다. 이들 3가지 측면은 홈페이지, 웹사이트, 정보 내용과의 적절한 상호작용이 뒷받침되어야 조화를 이룬다. 또한 콘텐츠는 다양한 유형으로 구분할 수 있는 바 가장 대표적인 콘텐츠는 교육(education), 정보(information), 오락(entertainment), 비즈니스(business) 등이다.

(2) 커뮤니티(community) 전략

사용자들은 온라인에서 맞춤형 정보를 원하고, 자신에게 맞지 않는 정보나 광고에는 거부감을 보이지만 한편으로는 관심영역과 동질적 집단에 대한 소속감과 공유의식을 느끼고 싶은 욕구를 가상공간에서 표출하려는 양면성을 가지고 있다. 이에 온라인 사용자들의 개인화 성향은 전자우편을 통해 충족시켜 줄 수 있고, 커뮤니티의 기능은 뉴스그룹, 채팅, 사설게시판 등을 통해 해결될 수 있다. 특히 커뮤니티 성향은 다양한 커뮤니티 서비스의 개발을 통하여 충족가능하다.

최근 포털화의 경향이 대세로 자리 잡아감에 따라 이러한 기능들이 통합되는 추세이다. 결국 포털화의 출발점은 개별 고객화이지만 지향점은 커뮤니티이다. 따라서 기업은 이러한 커뮤니티를 능동적으로 형성하고 지원함으로써 보다 자연스럽게 저렴한 비용으로 고객의 필요를 파악하여야 한다. 커뮤니티를 활성화시키기 위해서 기업은 여기에 참여하는 구성원들이 원하는 무언가를 제공할 수 있어야 한다. 먼저 고객의 관심을 끌고, 한번 방문한 고객을 유지하기 위해서는 사이트 홍보뿐만 아니라 독특한 콘텐츠를 확보해야 한다. 그리고 이들이 흥미를 잃지 않도록 하기 위해 기업과 회원들 간 또는 회원들 간에 의견을 교환할 수 있는 참여의 장을 마련해 주어야 한다.

(3) 커머스(commerce) 전략

기업이 인터넷을 활용하는 궁극적인 목적은 비용의 절감과 더 나아가 새로운 수익의 창출 또는 기회를 모색하기 위해서이다. 인터넷 관련기업들이 수익을 확보할 수 있는 방법은 다양하다. 가장 일반적인 방법은 직접적 상품판매를 들 수 있다. 그 밖에 많은 기업들이 다수의 회원을 확보하고, 이들에게 다양한 서비스를 무료로 제공하는 대신 광고를 유치하여 수익을 창출하고 있다.

이밖에도 콘텐츠의 유료화, 제휴 프로그램, 데이터베이스 응용, 중개를 통한 수수료 확보 등의 수익모델이 활용되고 있다. 인터넷이 초기에 많은 회원 확보를 목적으로 콘텐츠에 대한 무료 전략을 많이 활용했기 때문에 여전히 많은 사용자들은 콘텐츠 유료화에 대한 거부감을 갖고 있다. 외국에서는 많은 기업들이 유료회원을 확보하여 유료화 전략의 성공가능성을 보여주고 있지만 국내에서는 콘텐츠 유료화 전략을 채택하여 두각을 나타난 기업은 아직 없는 실정이다.

(4) 커넥션(connection) 전략

커넥션은 기업 간 또는 웹사이트 간의 상호 연결 및 제휴를 통해 새로운 가치를 창출하는 것을 의미한다. 이러한 기업 간의 협력은 과거에도 활발히 추진되었지만 전자무역 마케팅에서는 더욱 중요한 의미를 갖는다. 인터넷 사업 분야에서 이러한 기업 간 커넥션을 형성하는 모델은 다양한 형태로 진행되고 있다. 특히 포털 서비스를 제공하는 기업들은 다양한 서비스나 콘텐츠를 고객에게 제공하기 위해 동종 혹은 이종 간 협력관계를 구축하는 경우가 많다. 이러한 기업 간의 협력이 진행되는 이유는 다음과 같다.

첫째, 인터넷과 관계된 비즈니스가 복잡하고 다양화됨에 따라 기업들은 전문화된 분야에 그 역량을 집중시키고, 특정 분야에 전문성을 갖춘 기업들에게 상대적으로 부족한 부분을 보완해 줄 협력업체의 필요성이 증가하고 있다. 둘째, 각 기업이 특정 분야의 전문화를 지향함에 따라 자신들이 열세인 분야는 타 기업과 연계함으로써 적은 노력으로 많은 효과를 누릴 수 있다. 즉, 협력을 통하여 신규사업에 공동 투자함으로써 비용을 절감하고 투자위험을 분산시킬 수 있다. 셋째, 기업이 보유한 회원과 콘텐츠를 다른 기업과 공유함으로써 회원 확대 및 방문자 증대를 꾀할 수 있다. 이러한 경우에 기존 데이터베이스의 통합 시도, 기술적 규격 통일, 공동 마케팅 프로모션, 법규와 규제에 대한 공동 대응 등의 노력이 결집될 필요가 있다.

(5) 커스터마이징(customizing) 전략

커스터마이징은 시장점유율이 아닌 고객점유율에 신경을 기울이고, 충성도(loyalty)가 높은 고객을 발굴, 육성하는 것을 의미한다. 따라서 기업은 고객 개개인의 정보를 활용해 개개인에 적합한 상품정보를 제공함으로써 판매를 높이는 활동을 전개하여야 한다. 전자무역 마케팅의 가장 큰 장점은 1 대 1 마케팅이 가능하다는 점이다. 고객 특성에 가장 적합한 마케팅 수단을 택하고 이를 적용할 수 있다. 여기엔 고객 데이터베이스 구축이 필수적이다.

고객의 성향이 다양화, 개성화, 차별화되어 감에 따라 기업은 개개인의 욕구에 적합한 제품, 서비스, 아이디어를 제공하는 것에 관심을 가져야 하며, 고객과의 관계를 창출하고 유지·관리하기 위한 새로운 방법론이 모색되어야 할 것이다. 따라서 충성도 높은 고객을 발굴하고 이들 스스로가 구전(word of mouth)효과나 자발적인 콘텐츠·커뮤니티에 참여할 수 있는 기회를 제공해 주어야 한다.

(6) 커뮤니케이션(communication) 전략

전자무역 마케팅에서 커뮤니케이션 전략은 두 가지 측면에서 진행되어야 한다. 하나는 효과적인 커뮤니케이션 도구(tool)를 제공함으로써 고객의 참여를 용이하게 하는 것이고, 또 하나는 다양한 커뮤니케이션 기술(technology)을 활용하여 상호작용을 하는 것이다.

전자무역 마케팅은 정보통신기술을 기반으로 하기 때문에 고객과의 효율적인 커뮤니케이션을 수행하기 위해서는 이와 같이 도구와 기술을 적절히 활용하는 것이 필요하다. 전자우편, 메신저 서비스, 채팅, 검색엔진, 모바일 기기와의 연동 등이 그 예이다. 특히 이러한 도구들은 다른 전자무역 마케팅 전략요소를 보조하는 역할을 수행한다. 또한 마케팅 커뮤니케이션 방법에는 홍보활동(public relation; PR), 판촉(promotion) 등이 있다.

(7) 웹사이트 구축전략(Creating a Web Site)

기업의 웹사이트는 소비자가 구경하며 머물 수 있게 하고 다시 찾아올 수 있게 매력적으로 만들어야 한다. 그중에서 브랜드 웹사이트가 가장 기본적이다. 이는 웹사이트에서 직접 판매하기보다는 고객과 좋은 관계를 유지하고 다른 판매 채널을 보완하기 위해서이다. 그래서 풍부하고 다양한 정보와 특성을 제공한다. P&G에는 제품은 구입할 수 없지만, 광고, 경품행사 등에 참여할 수 있다. GE는 전 세계적으로 공식적인 얼굴역할을 한다. MINI USA(https://www.miniusa.com/)는 잠재고객에게 다양한 정보와 쌍방향의 제품특징 등 각종 정보를 제공한다.

웹사이트 구축과 방문하게 만드는 것은 별개이다. 중요한 것은 웹사이트에 들어온 소비자를 떠나지 않게 하고, 다시 들어올 수 있게 하는 것이다. 그래서 항상 최신의 것으로 갱신하여야 한다. 또한 전문적이고 매력적이어야 하고 쓸모 있어야 한다. 웹서핑과 쇼핑에서는 대부분의 사람들은 스타일보다 실속을 선호하며 플래시보다 기능을 선호한다. 그리고 제품을 평가하는 데에 도움을 주는 대화식 도구, 또는 다른 사이트로 연결하거나 하는 등의 오락적인 특징이 있다.

(8) 광고전략(Placing Ads and Promotions Online)

전시광고(display ads), 검색관련 광고(search-related ads), 온라인 분류광고(online classified ads)가 있다. 전시광고는 휴가패키지 광고를 보면 렌터카 광고를 보게 되는 등의 방문자의 주목을 끌 수 있는 방향으로 발달해 왔다. 검색관련 광고는 온라인 광고의 48%를 차지하고 있다. 예를 들어 구글에서 LCD TV를 검색하면 크게 눈에 띄지 않는 10개 내외의 광고를 발견할 것이다. 광고주는 고객이 클릭하여 자신의 사이트로 들어오는 경우에만 광고대금을 지불한다.

온라인 프로모션의 형태로 콘텐츠 스폰서십(content sponsorships)은 예를 들어 도요타 자동차는 howstuffwork.com에서 트럭관련 페이지를 후원한다. 바이럴 광고(viral advertising)는 구전(word or mouth)의 인터넷 버전이다. 웹사이트 구축, 영상, 전자메일, 휴대전화 광고 등으로 전염성이 강해서 매우 저렴해질 수 있다. 예를 들어 친구로부터 관련상품에 관한 연락이 오면 열어서 읽을 가능성이 매우 높다.

많은 독립적이고, 상업적인 웹사이트들이 만들어져서 모이고, 어울리고, 생각과 정보를 주고받을 수 있는 온라인 공간이 있다. 페이스북, 트위터, 유튜브 등 고객이 모이는 곳이면 언제든지 마케터들이 뒤따라간다. 마케터들은 온라인 커뮤니티에 직접 참여하거나 만들기도 한다. 할리 데이비슨, 폭스바겐의 유튜브 채널, 코카콜라의 페이스북도 유명하다.

2) 전자무역 마케팅의 4P 전략

전통적인 마케팅의 근간이 되는 4P(Product, Price, Place, Promotion)는 인터넷 시대에서 재정립이 필요하다. 결국 기업의 관리적 관점에서 4P는 보다 고객지향적인 입장으로 변환해 갈 것이다. 그러나 4P는 온라인과 오프라인 환경이 적절히 조화되어 가는 환경에서 오프라인 환경의 입장을 대변하는 효과적인 방법이다. 전자무역 마케팅은 보다 확장된 개념에서의 오프라인 마케팅과 접목하기 위해서는 효과적인 마케팅 믹스를 창출해 내야 한다. 그리고 이들이 제대로 효과를 발휘하려면 서로 모순되거나 상반되지 않고 일관성이 있어서 시너지 효과를 발휘할 수 있어야 바람직한 마케팅 믹스(marketing mix)라 할 수 있다.

(1) 가격전략

소비자가 인터넷에서 물건을 구입하는 가장 근본적인 이유는 기존 상거래보다 저렴한 가격으로 원하는 물품을 편리하게 구입할 수 있기 때문이다. 따라서 경쟁업체보다 저렴한 가격으로 제품을 제공할 수 있는 능력이 중요하다. 또한 인터넷 기술의 발전으로 인해 각사의 제품을 비교하는 에이전트나 검색엔진이 등장함으로써 가격경쟁은 더욱 중요한 변수로 작용하게 되었다. 세부적인 전략을 살펴보면 다음과 같다.

첫째, 가격할인 전략이다. 이것은 고객을 자사의 웹사이트로 끌어들이는 가장 중요한 전략이다. 동일한 가격에 동일한 제품이나 서비스를 제공하고 있는 사이트가 많다면 고객에게는 모든 사이트에 대하여 차별을 두지 못한다. 따라서 자사 사이트만의 차별화된 가격전략이 요구된다. 예를 들면, 몇 가지 종류의 제품을 패키지로 묶어 일괄 구입하면 할인을 해 주는 묶음가격 또는 유인가격을 제공하거나 배달비용을 요구하지 않는 전략을 사용하는 것도 좋을 것이다.

둘째, 다양한 가격옵션 및 안전한 결제방법 제시전략이다. 인터넷의 편리성, 신속성, 저렴한 가격 등의 장점에도 불구하고 많은 사람들이 인터넷 상거래를 꺼리는 이유는 전자결제 시의 보안을 문제 삼고 있다. 따라서 가격할인 못지않게 대금결제방법도 소비자들의 편의와 관련하여 중요성을 가진다. 신뢰성, 안정성, 호환성, 익명성, 편의성, 소액지급 가능성 등을 고려한 지급수단 확립이 필요하다.

셋째, 가격정보를 적극적으로 제시하는 전략이다. 쇼핑몰의 가격정보만을 전문적으로 수집해서 소비자에게 제공해 주는 사이트가 등장했기 때문에 소비자들은 인터넷 쇼핑몰을 일일이 찾아다니지 않아도 손쉽게 가격과 서비스를 비교하여 원하는 제품을 구매할 수 있게 되었다. 인터넷 쇼핑몰의 가격경쟁은 일반 할인점보다 더욱 치열하며, 가격정보 제공에 있어 비교적 비협조적인 일반 할인점들과는 입장이 다르다. 인터넷 쇼핑몰은 인터넷을 통해 가격과 상품 구성이 공개되어 있어서 가격정보 수집을 막을 길도 없다. 따라서 기업은 가격정보를 적극적으로 제공하여 비교구매 사이트를 통해 자사를 홍보할 수 있는 기회로 적극 활용하여야 한다.

넷째, 금융비용 절감전략이다. 마케팅에 금융을 접목하거나 결제일의 능동적인 외환시세관리, 수수료가 적은 은행으로의 거래전환 등으로 원가절감 효과를 얻어야 한다.

(2) 제품전략

먼저 판매할 제품의 유형이 인터넷상에서 유통이 가능한 무형상품인지, 유형상품인지를 파악하는 것이 중요하다. 예를 들어, 디지털화가 용이한 제품인지 그래서 어느 채널을 통해 구입해도 동일한 품질을 보장받을 수 있는 표준화된 제품인지, 아니면 고객이 제품을 직접보고 구입해야만 하는 제품인지를 결정해야 한다. 이때 인터넷의 장점을 적극 활용할 수 있는 제품을 선정하는 것이 효과적이다. 따라서 전자무역 마케팅 수립 시 이와 같은 특성을 고려하는 것은 필수 과제라 할 수 있다.

세부적인 전략을 살펴보면 다음과 같다.

첫째, 브랜드 개발이 중요하다. 기업은 소비자들에게 강하게 호소할 수 있는 브랜드를 개발하기 위하여 많은 비용과 시간을 투자해야만 한다. 인터넷 전자상거래의 브랜드 전략은 전통적 시장의 브랜드를 그대로 인터넷에서 사용할 수도 있고, 별도로 인터넷에서만 통용될 수 있는 인터넷 브랜드를 개발할 수도 있다. 일반적으로 전통적 시장에 기반을 두고 인터넷에서 부수적인 마케팅활동을 하는 경우에는 이미 구축된 전통적 시장에서의 브랜드를 그대로 이용할 수 있다. 그러나 소규모 인원과 자본으로 인터넷 사업을 하는 벤처기업들의 경우 독특한 인터넷 제품을 개발함으로써 호소력이 강한 새로운 인터넷 브랜드를 창출할 필요성이 점차 증가하고 있다.

둘째, 인터넷을 신제품 소개의 마케팅 장으로 적극 활용하여야 한다. 그리고 인터넷상에서 각종 이벤트를 개최하여 관심 있는 방문객들이 남긴 의견들을 데이터베이스로 저장·관리하여 고객분석, 상품분석, 고객반응을 파악한 뒤 자사의 콘셉트와 고객의 요구사항에 적합한 상품구성을 개발해야 한다.

셋째, 고품질의 특화된 제품을 생산해야 한다. 평범한 제품은 판매시장의 폭이 좁아져 경쟁이 치열해지지만 특이한 품목은 품질이 우수한 제품일수록 성공 확률이 높다. 현재는 가상공간에서 취급하는 제품들이 저가품이 많지만 앞으로는 고품질의 특화된 상품이 필요하다. 이와 함께 다품종 소량생산체제를 유지해야 하고 고객만족에 초점을 둔 애프터서비스(A/S) 체제를 수립하여야 한다.

넷째, 인터넷 주소(URL)는 기업의 이미지뿐만 아니라 인터넷상에서 기업의 성장에 절대적으로 중요한 역할을 하므로 회사의 이름과 인터넷 주소는 창업할 때 고려해야 할 가장 중요한 사항이다. 따라서 창업할 때 도메인이나 회사의 이름은 누구나 기억하기 쉽고 자사의 제품을 가장 잘 표현할 수 있어야 한다.

(3) 유통전략

디지털제품(digital product)을 판매하는 경우에는 재고관리 및 유통문제를 고려할 필요가 없지만, 유형제품(physical product)을 판매하는 경우에는 재고관리 및 유통문제가 여전히 매우 중요한 문제이다. 실제로 인터넷 쇼핑몰에서 물건을 구입한 많은 고객들은 구입한 제품이 원하는 장소와 시간에 배달이 되지 않아 불만을 토로하고 있는 상황이다. 주문을 신속하고 정확하게 처리할 수 있는 재고시스템과 물류 및 배송시스템을 구축하기 위해서는 많은 초기 투자비용이 들기 때문에 기업특성과 경영전략을 고려하여 물류 전문업체에게 아웃소싱(oursoucing)하는 방안 등을 고려하는 것이 효과적이다.

세부적인 전략을 살펴보면 다음과 같다.

첫째, 국제거래에서 유통상의 문제점을 해결하는 전략이다. 관세 및 조세 등 각종 세금제도의 한계가 규정되어야 하며 국가간 법적·제도적 협의가 이루어져야 한다.

둘째, 물류 전산화 및 자동화를 통한 물류 및 배송업무의 대중성과 개방화가 이루어져야 한다.

셋째, 세계적인 유통채널 확보전략이다. 전자상거래 환경에서는 전통 상거래 환경의 해외시장 개척기업이나 다국적기업 등과 같이 국제 유통효율을 위한 거래적 편의성에 역점을 두기보다는 주로 기업과 기업 또는 기업과 소비자 간에 직접 전달되는 경우가 많아지기 때문에 세계적으로 보다 많은 유통망과 저렴한 비용을 앞세우는 채널을 확보해야 한다.

넷째, 복합물류시스템의 연계, 전자선하증권의 법적 효력, 항공 물류의 증가에 따른 창고, 보관, 하역 등의 편의성, 연계성, 신속성, 국제성 등을 고려하여 여타의 마케팅 믹스 전략요소에 부합해야 한다.

(4) 촉진전략

촉진전략은 거래상대방의 관계형성을 의미한다. 인터넷 판매촉진의 가장 큰 장점은 기업과 고객 간의 상호작용으로서 고객들이 홈페이지를 방문할 수 있도록 유인해야 하고, 인터넷과 같은 쌍방향 커뮤니케이션을 통하여 잠재고객에게 쉽게 접근하고 특정 시장을 개척할 수 있다는 것이다. 현재 전자무역 마케팅에서 널리 활용되고 있는 촉진전략은 인터넷을 이용한 광고를 비롯하여 기업 홍보, 소비자 보호, 제품 설명, 제품 정보 등 다양한 판매 촉진전략이 존재한다. 세부적인 전략을 살펴보면 다음과 같다.

첫째, 쌍방향적 촉진전략이다. 전자무역 마케팅에 있어서 구매자들은 비교적 목적의식을 가지고 능동적으로 웹사이트를 방문하기 때문에 촉진전략의 기본은 소비자가 방문할 수 있는 동기를 강하게 부여하여야 한다. 그리고 방문한 구매자는 되도록 웹사이트에 오랫동안 머물면서 충분한 정보를 습득하도록 하여 구매를 유도하거나, 나중에 다시 웹사이트를 방문할 수 있도록 해야 한다.

둘째, 부가정보 서비스전략이다. 구매자들이 자주 자사의 웹사이트를 방문하게 하는 방법 중 중요한 것이 부가정보나 서비스를 제공하는 것이다. 웹사이트는 저렴하게 무한한 정보공간을 확보할 수 있기 때문에 들어가는 비용에 비하여 아이디어만 창의적이면 매우 강한 동기를 구매자들에게 부여할 수 있다.

셋째, 인센티브 제공전략이다. 웹사이트를 방문하는 구매자들에게 다양한 인센티브를 제공함으로써 구매자들이 자주 방문하게 하여 제품이나 서비스의 판매기회를 확보하기 위한 전략이다.

넷째, 구매자 만족전략이다. 웹사이트에서 구매자의 불만이나 의견을 24시간 접수하여 구매자 만족을 통한 촉진전략도 함께 하는데 이때 FAQ(frequently asked question) 리스트를 작성하여 전형적인 문제점은 이 리스트를 통하여 구매자가 해결하도록 해 준다.

제4장

일반 무역계약의 리스크관리

1 절
무역계약의 특징

1. 무역계약의 특징

무역도 기본적으로 국내거래와 다르지 않다. 그러나 당사자가 다른 국가의 국적을 가지고 있고 다른 국가에 영업의 본거지를 두고 있기 때문에 국내거래와는 다른 다음과 같은 특징이 있다.

2개국 이상의 국가법이 적용된다.

한국의 자동차회사가 미국으로 자동차를 수출하는 경우, 그 수출거래에는 한국법이 적용될 것인가 혹은 미국법이 적용될 것인가 하는 문제가 있다. 예를 들어, '차량안전기준'이나 '환경기준' 및 '제품의 결함에 의해서 생긴 손해배상' 등은 미국과 한국이 각기 다를 수 있다. 이와 같이 국제거래에서는 2개국 이상의 국가법이 관계하는 경우가 일반적이다. 따라서 당해 거래에 어느 나라의 법이 적용되는가는 거래당사자에 있어서 매우 중요하다.

각종 조약에 의한 법의 통일

무역거래에 있어서는 각국법이 다르기 때문에 양국(兩國) 간 또는 다수국 간의 조약으로 조정되거나 통일되고 있다. 따라서 그러한 조약이나 통일규칙이 있는 경우에는 국내법뿐만이 아니라 국제적인 조약이 어떻게 적용되는가를 고려하여야 한다.

국제적인 관습이나 관행

국내에서의 상거래와 같이 국제거래에서도 각각의 거래 분야에 따라 독특한 관습이나 관행이 있다. 국제적인 거래관습이나 관행은 국내거래에서보다 더욱 중요하다고 볼 수 있다. 예를 들어 해상운송보험의 분야에서는 전통적인 해상운송 및 보험시장의 역사를 가진 영국의 법률과 관습이 현재에도 세계적인 권위를 인정받고 있다. 그래서 보험증권의 약관에는 영국의 법과 관습에 의한다는 규정이 기재되어 있다.

커뮤니케이션의 어려움

무역은 법률이나 언어, 관습 등이 다른 다양한 당사자 간에 행해지기 때문에, 계약해석이 어려워 클레임이 발생할 리스크가 많다. 그래서 각국의 법제도나 해석이 다르기 때문에 예상치 못한 분쟁으로까지 발전할 수도 있다. 따라서 무역은 국내거래 이상으로 분쟁의 발생에 대한 대책이 더욱 필요하다. 그래서 국제계약에서 분쟁을 발생시키지 않기 위해서는 가능한 한 상세한 계약서를 작성하는 것이 필요하다. 특히 각자의 권리·의무를 객관적으로 명확히 정리해 두는 것이 중요하다.

국제적인 상사(商事)분쟁

국제사회에는 사법(私法)상의 법률문제에 관하여 재판하는 국제적인 재판기관이 없다. 예를 들어 한국의 회사와 미국의 회사 사이에 분쟁이 생긴 경우에 한국이나 미국, 아니면 제3국의 법원에서 재판할 것인가를 정하는 국제적 재판관할권의 문제가 발생된다. 어느 국가의 법원에서 재판을 하는가에 따라 적용되는 법이 다르며, 경우에 따라서는 판결도 다르게 될 불확실성이 있다. 나아가 당사자가 어느 국가에서의 재판을 하더라도 법원이 소송을 기각하는 경우가 있다. 또한 국내사건에 경우와는 달리 법원에서 판결을 받았다하더라도 타국에서 당연히 강제집행이 될 수 있을 것인가에 대한 외국판결의 승인·집행의 문제가 있다. 피고가 판결국가의 재산을 소유할 수 없도록 하는 경우에는 분쟁해결의 실효성의 문제도 생긴다. 이외에도 무역이익에는 국제적인 과세가 포함되므로 이를 감안하여 거래하여야 할 것이다.

이와 같이 법원의 판결에 의한 분쟁해결에는 여러 가지 문제점이 있기 때문에 국제거래에서는 법원 이외의 분쟁처리 절차인 국제상사중재원의 이용이 권장되고 있다. 중재는 분쟁해결을 제3자에 위임하는 것이지만, 국제거래에 관하여는 세계적인 상업단체에 의해 조직된 중재조직과 중재제도가 정비되고 있는 추세에 있다.

2. 무역계약의 내용

국제계약은 국내거래와 어떠한 개념상의 차이가 있는가. 일반적으로 계약체결시점에서 국내계약과 국제계약과의 차이를 비교하면 다음과 같다.

- 국내계약은 계약서상에서 국내법이 적용된다. 그러나 국제계약은 대부분이 영어로 작성된다. 어느 나라 또는 어느 지역의 법률이 계약해석에 적용되는가는 국제사법(國際私法)에 의하여 정해진다.
- 국내에서 계약내용에 관한 분쟁이 발생될 경우에는 국내법원에서, 국내법관에 의해, 국내의 사회통념, 상관습 등에 따라 판결이 확정된다. 그러나 국제계약에서는 소송(訴訟)의 제소지(提訴地)가 국내로 한정되어 있지 않다. 그래서 계약서상의 내용에서 확정된 나라의 법규에 따라 그 나라의 법관이나 배심원 등에 의해 재판이 진행된다. 일반적으로는 미국, 일본 등의 선진국에서는 계약관련한 법규가 제대로 정비되어 있고, 신뢰성 있는 제도가 갖추어져 있지만, 세계적으로 통일된 재판 및 집행제도는 존재하고 있지 않다.
- 국내계약에서 계약당사자들이 국내의 자산을 보유하고 있어서, 판결이 확정되면 직접 국내에서 집행할 수 있다. 그러나 국제계약은 집행을 행하는 법정지에 피고자산이 없다면 판결이 확정되었다 하더라도 피고의 자산이 없어서 강제집행을 하기 위해 피고자산소재지국의 법원에 대해 집행판결의 수속을 필요로 하는 경우가 있다. 그렇기 때문에 자산소재국에서 판결을 받았다 하더라도, 강제적으로 집행할 수 없는 경우가 많다.

- 국제계약에서 계약상의 리스크를 회피하거나 전가시키기 위하여 자신에 유리한 사항을 계약서에 삽입하는 경우가 많다. 이러한 법적리스크를 회피하기 위한 법률문서작성기술이 전문변호사들 사이에서 발달하고 있다. 예를 들어 일정한 계약서서식이나 보통거래약관 등의 특정의 거래서식에 리스크를 제한하거나 사고에 대한 면책을 주장하는 내용을 기재하는 등으로 리스크를 회피하는 경우가 많다. 이에 비해 한국의 기업인들은 계약서상에 충분히 또는 명료하게 법률적인 사항을 기입하지 못하는 특성이 있다. 이는 외국인과의 계약상에 있어서 중대한 리스크가 발생될 수가 있기 때문에 유의해야 할 사항이다.
- 계약은 구두(口頭)의 약속이어도 관계당사자의 의사가 합치되었다면 문서화하지 않더라도 원칙적으로 유효한 것으로 본다. 그러나 각기 차이가 있는 문화, 풍속, 관습, 언어, 법제도, 권리의식의 변화 등의 영향하에 있는 국제계약의 당사자들이 구두로 약속한 계약은 충분하다고는 볼 수 없다. 구두합의(口頭合意)는 일정기간이 지나면 입증하기가 곤란하다. 또한 클레임이 발생하는 경우에는 계약서에 명시된 클레임제기기간을 준수하여야 하며, 명시가 없다 하더라도 청구권 자체의 법적 소멸시효기간을 준수하여야 한다.
- 계약의 내용을 상세하게 문서화하는 작업은 가장 중요한 단계로 볼 수 있다. 완벽하게 체결한 계약이라도 상대방이 신용이 없고 준수할 의지가 없다면 그 법적 효력이 반감될 수밖에 없다. 세계경제가 침체됨에 따라 무역환경도 열악해져 가는 추세이기 때문에 수출상은 대금결제, 납기 등 기본조건 외에 특별한 경우의 조항을 최대한 반영하여 발생가능한 리스크를 제거해야 할 것이다. 예를 들어 국내 수출업체들이 주문확정 단계에서 소액이라는 이유 또는 계약서작성을 어렵게 여겨 물품매도확약서(offer sheet)만으로 계약을 마치는 경우가 있다. 이에 비해 선진국의 수입상들은 신용장개설 이전에 이미 자체 수입계약서의 작성을 요구하는데, 그 주된 목적은 수입물품이 통관된 후에도 납기가 지연되거나, 품질이 불량할 경우에 손해배상을 청구하거나, 품질보증기간, 제조품의 하자 근거를 명시하여 수입상 자신의 권리를 확보하기 위한 것이다. 이런 점에서 주문확약서만으로 계약을 이행하려는 한국 수출업체의 관행은 여러 가지 리스크에 노출되어 있다고 볼 수 있다.

[표 1] 무역계약의 교섭내용과 프로세스

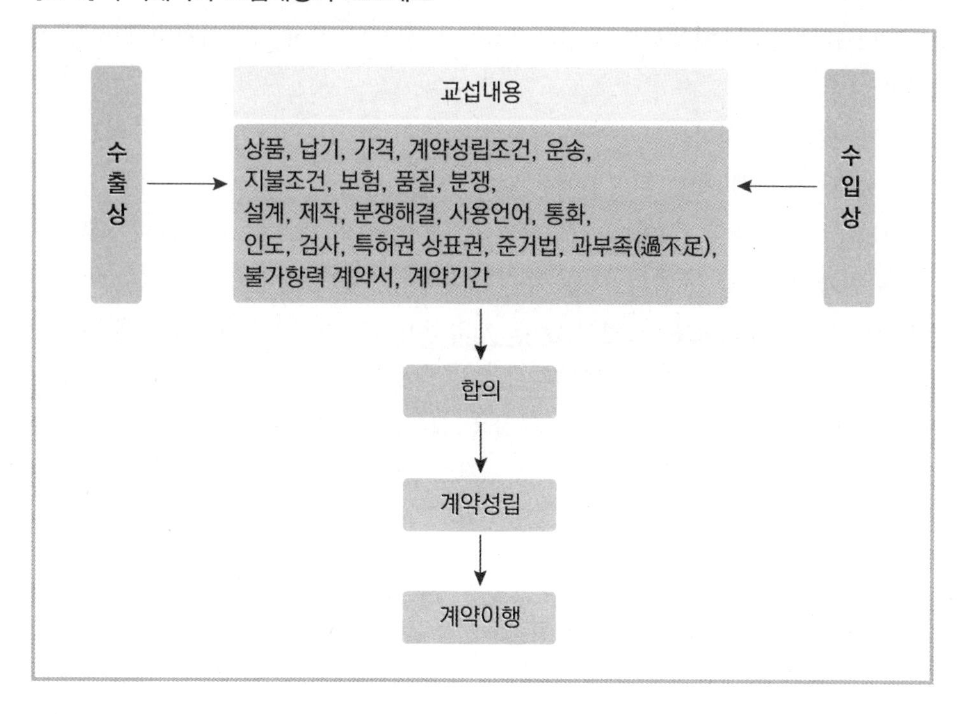

3. 계약서작성의 기준

관계당사자가 합의한 권리의무의 내용을 명확하게 표현하기 위함이다. 따라서 계약조항에서 다음과 같은 점을 기준으로 하여 작성하고 검토하여야 한다.

- 계약조항을 읽어보아 명확하게 의미를 알 수 있는가
- 전후관계에서 모순되는 내용은 없는가
- 중요한 점은 기재되어 있는가
- 계약서작성의 의도가 충분히 달성되었는가
- 불완전한 부분은 보완하게 하거나 미리 지적해 놓았는가

계약서를 작성하였다 하더라도 여러 가지 거래형태, 업종과 합의되는 내용 및 계약의 목적 등에 따라 차이가 있다. 현실적으로도 계약내용이나 계약조건이 관계당사자의 협상력에 의해 좌우되는 경우가 많다는 것은 부정할 수 없는 사실

이다. 따라서 계약내용을 관례에 따르거나 구태의연하게 획일적으로 정하는 것도 리스크가 있다. 계약서를 완전무결하게 작성하는 것이 바람직하지만 이 또한 쉽지 않은 사실이다.

계약서는 원칙적으로 관계당사자가 계약서에 서명(署名)함으로써 성립되는 것으로 본다. 표제(表題)나 형식에는 관계없이 법률상의 구속력을 가지는 합의나 기재된 서면에 관계당사자가 서명하면 계약서로서의 효력이 발생하게 되는 것이다. 국제거래에는 언어의 차이, 문화나 관습, 법률의 차이가 있어서 계약당사자들이 이해하기 어려운 요인이 많다. 계약당사자의 의도를 실제로 구체화한 경우에도 그때까지 발생되지 않았던 새로운 문제점이나 사태가 나타나는 경우도 허다하다. 이러한 때에도 일정한 규칙을 설정하여 조기에 합리적, 효과적으로 해결이 가능하도록 하는 것이 계약서작성의 기본원칙이다.

국제계약의 종류는 다양하고, 관계당사자의 의도도 차이가 있다. 예방(豫防)은 물론 자기에게 유리한 사항을 계약서에 삽입하고자 하는 시도는 당연하다고 볼 수 있다. 그 결과 현재에는 리스크회피를 목적으로 하는 법률문서작성기술이 발전하였지만, 최근에는 계약서작성한 결과로서 발생되는 사건이나 사태를 예측하고 판단하는 전략적인 법무활동으로서 계약서를 검토하고 연구하는 것이 필요하다.

계약서작성은 상술한 바와 같이 여러 가지 거래 형태, 내용 및 실정에 따라 차이가 있지만, 일정한 기본자세가 있다. 표현상으로는 계약내용을 얼마나 명료하게 분석하여 표현할 것인가. 이에는 정확한 용어를 취사선택하여 적절하게 배열해야 하는 점에 주의하여야 한다. 계약서작성 시에 고려해야 할 사항은 다음과 같다.

- 계약서 내용이 당사자 간의 합의내용을 모두 나타내고 있는가
- 계약서의 내용이 합법적인가
- 계약서의 내용이 논리적으로 일관성을 유지하는가
- 계약서에 사용된 용어가 평이하고 정확한 표현인가
- 계약서에 사용되고 있는 용어가 통일되었는가

4. 영문계약서

영국은 산업혁명의 발상지이며, 세계최초의 공업국이기 때문에 해운·무역·보험·금융 등도 영국을 중심으로 하여 발전하였다. 그래서 선하증권이나 용선계약서(傭船契約書), 해상보험증권의 표준화과정에 큰 영향력 행사하였던 것도 사실이다. 따라서 국제거래에도 영어를 사용하여 계약서를 작성하는 경우가 대부분이다. 영문계약서에 분쟁이 발생한 경우에 그 분쟁처리에 대해서 용어나 개념의 해석은 기본적으로 영미법에 기반을 두었다고 볼 수 있다. 그러한 의미에서 국제계약서의 작성이나 검토에는 영미법의 지식이 필요하다고 볼 수 있다.

영문계약서 사용에 있어서 정확하게 해석해야 하는 주요 용어는 다음과 같다. ① shall, will, may ② 일시, 시간, 장소의 표시 ③ 기간(휴일) ④ 계약에 많이 사용되는 관용어(bona fide, force majeure, arm's length 등), ⑤ here_, there_ ⑥ there_, this_, that−

5. 계약의 유효성

계약성립을 위한 가장 중요한 요소는 계약당사자들 간에 의사가 합치되어야 하는 점이다. 구체적으로 계약당사자 모두의 의사표시가 있고, 그 내용이 일치하여야 한다. 이 2가지의 의사표시는 당사자 간에 교환하여 대립되어 있어야 한다. 더욱이 계약이 유효하기 위해서는 공법상, 민법상 및 계약법상의 제한을 받지 않아야 하는 점도 중요하다. 특히 수출입을 허가하거나 제한하는 법률이나 외환거래에 관한 법률은 각국의 강행법규로서 당사자 간의 합의보다 우선하게 되는 점에 주의하여야 한다.

민법상의 제한도 문제가 된다. 이는 계약법에서 제외되거나 규정이 없는 경우에 한한다. 대표적인 것은 '계약당사자의 행위능력'에 관한 것으로 대부분의 국내법이 무능력(incapacity), 무권한(無權限; lack of authority), 부도덕(immorality) 또는 불법(illegality) 등에 의한 계약은 무효로 규정하고 있다. 또한 대리인의 권한도 여기에 포함된다.

계약법상의 규정은 계약당사자의 의사표시의 진의(眞意) 또는 하자에 관한 문제이다. 의사표시에서 착오(mistake), 사기(fraud), 강박(threat) 및 현저한 불공정(gross disparity) 등이 입증되면 상대방은 계약을 취소할 수 있다.

6. 약관(約款)의 충돌

'품질에 하자가 있는 경우에 10일 안에 서면으로 클레임을 제기해야 하며, 모든 분쟁은 자국(自國)의 중재에 의한다.'

계약서에는 위와 같이 자사(自社)에 유리한 내용의 면책조항이나 중재조항과 같은 분쟁처리조항을 인쇄해 놓은 경우가 있다. 이는 주로 주문서 뒷면의 이면약관(裏面約款)에 영문으로 또 작은 글씨로 인쇄되어 있기 때문에 수출상이 꼼꼼하게 살펴보지 않아 손해를 본 사례가 많다.

이와 같이 국제계약에서 여러 가지 조건이 추가된 계약서가 여러 관계당사자들로부터 제시될 수 있다. 이러한 계약서는 일방적으로 자사에 유리하게 인쇄하여 사용되는 경우가 많다. 예를 들어 해상운송계약이나 유탁(油濁)손해배상 등에 관한 법률에는 해사(海事)기업의 책임제한이란 형태로 리스크를 제한하고 있다.

그런데 수출상이 자사(自社)에 유리한 내용을 인쇄한 계약서나 주문서를 사용하여 수입상에게 보내면, 수입상 또한 자사에게 유리한 내용을 인쇄한 수주(受注)확인서를 작성하여 통지하는 사태가 발생될 수 있다. 이와 같이 내용의 차이가 있는 계약서나 확인서를 사용하는 것을 '약관의 충돌'(또는 전쟁, 交戰)이라 한다. 이는 거래 쌍방이 각자의 리스크를 제한하기 위한 수단이 충돌하는 것을 뜻한다. 이와 같은 경우에 계약은 성립될 것인가 아니면 어느 계약당사자의 계약서를 우선할 것인가의 문제가 되므로 각별히 유의해야 한다.

현실의 국제거래계약에서는 관계당사자가 계약을 이행하는 단계에서 가격이 크게 차이가 나거나, 계약서 내용이 상호모순되거나 상이하지 않다면 계약은 이행된다고 볼 수 있다. 물품의 품질이나 특성 등에 대해서 분쟁이 발생하는 경우에 계약서 조항이 우선적으로 적용되어 문제를 해결하게 된다.

이와 같이 서식의 충돌은 수출상과 수입상의 이해가 복잡하게 얽혀 있어서 간단하게 해결하기가 곤란할 것이다. 이론적으로는 관계당사자 간에 모든 사항에 대해서 합의한 기본계약서를 사용하여 계약을 체결하는 것이 최선이라고 볼 수 있다.

그 밖에 계약서는 당사자의 자격과 거래내용, 거래조건 등의 거래상 필요한 사항에 대해서는 미리 알아서 합의된 내용을 서면으로 교환하고 권한이 있는 당사자가 서명 및 날인을 하는 것으로부터 성립한다. 유럽에는 인감을 이용하지 않고 주로 서명을 이용한다.

중요한 계약서의 경우에는 회사를 대표하는 회장, 사장 등의 대표들이 서명하고, 매매계약서 등의 일상적이고 단순한 계약은 각 부서의 책임자인 부서장이 서명하는 것이 관례이다. 서명한 계약서는 상대방에게 인도함으로써 계약이 성립하고 자동적으로 계약서는 유효하게 된다. 특히 중요한 계약서는 기업간의 사적인 계약서이기 때문에 공증인사무소에서 확실한 공증을 받는 것이 필요하다.

약관은 그 계약내용을 미리 정형화함으로써 거래를 신속하게 처리할 수 있다는 장점이 있으나, 사업자 측에서는 일방적으로 자신들에게 유리하게 그 내용을 정하고, 고객은 그러한 약관을 거부할 수 없다는 점에서 문제가 있다.

2절

국제거래에 적용되는 법과 규정

세계 각국은 국제거래에 대하여 여러 가지의 법적인 규제를 가하고 있다. 이를 공법적(公法的) 규제라 할 수 있다. 당사자들은 거래에 합의하였다 하더라도 이를 준수하여 거래를 진행시켜야 한다. 그러나 이러한 규제는 그 나라의 경제정책이나 통상정책을 반영하고 있기 때문에 국가별, 시대별로 각각 다르고 형태도 매우 다양하다.

예를 들어 한국의 전자제품을 미국으로 수출하는 데는 여러 가지의 법규가 적용된다. 먼저 어느 나라의 민법(民法) 또는 상법(商法)에 따라 매매계약을 체결할 것인가가 문제된다. 다음으로 계약의 이행에 관한 법규의 문제가 따르게 된다. 매매계약이 체결된 후에도 각국의 외환거래법이나 통상법과 같이 수출입 거래에 관한 법규를 준수하여야 한다. 당사자 간에 분쟁이 생긴 경우에는 분쟁을 해결하기 위한 법적인 수속절차에 관한 법률문제가 제기될 수도 있다.

그러나 국가마다 국제거래를 규율하는 법률에 차이가 있으면 거래활동에 대한 예측이 불가능하여 그에 따른 리스크도 증가할 수 있다. 이같은 사정 아래 국제거래에 관한 통일법이나 국제적인 상관행(商慣行)을 통일시키거나, 법적인 면에서 국경을 초월한 협력이 필요하다.

[표 2] 국제거래에 적용되는 법과 규정

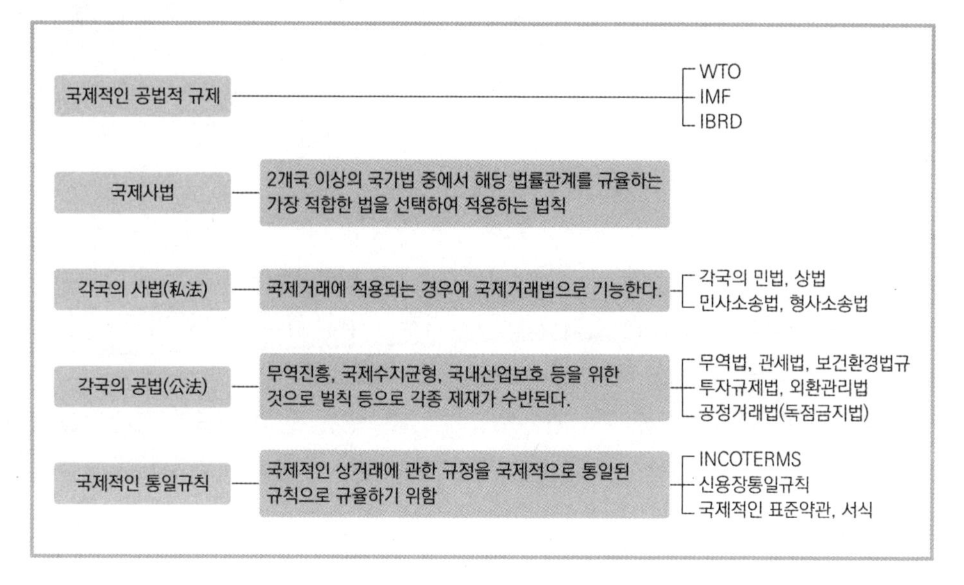

1. 국제계약에 적용되는 법과 규정

국제거래를 실제로 규율하는 법규는 각국의 사법(民法, 商法 등)과 공법(外換去來法, 獨占禁止法 등), 국제사법(國際私法), 절차법(民事訴訟法 등), 그 밖에 2국 간 또는 다수국 간의 조약을 중심으로 한 국제법 등의 광범한 분야가 포함되어 있다. 각국의 국내법 가운데 민법이나 상법 등은 국제거래를 위하여 입법되지 않았지만, 국제거래에 적용되는 경우에는 국제거래법으로서 기능을 하게 된다.

이에 대해 사법, 통일사법, 무역을 규제하는 공법적 규정 등은 주로 국제적인 거래를 대상으로 한 것이다. 또한 국제거래에 있어서는 각종 민간기구에 의해 형성된 자주적 규범으로서 매매계약당사자의 권리와 의무를 제한하는 형태의 통일규칙이나 표준약관이 중요한 역할을 하고 있다.

세계 각국은 기본적으로 자유무역을 천명하고 있지만, 실제로는 외국환거래법 및 대외무역법, 수출입규제법, 수출검사법 등으로 국제거래에 대해 규제를 가하고 있다. 수출을 관리하는 법규에 의하면, 특정 국가와의 거래 또는 특정 상품이나 특정 계약의 경우 관계당국의 수출승인을 필요로 하기도 한다. 철광석, 곡물, 목재 등의 원료는 국내수급의 안정을 확보하기 위하여 거래가 제한되기도 하는 품목이다. 무기 등을 비롯한 군수물자나 원자력제품, 통신기기 등은 전략적으로 수출입규제대상이 되는 품목이다. 섬유류, 기계류 등 수입이 일정량 이하로 제한되는 쿼터로 묶여 있는 품목도 있다.

UN결의에 의해 경제제재를 목적으로 특정국으로 상품수출을 금지하거나 규제하는 수도 있다. 위조통화, 마약, 국보, 상대국에 대한 특허위반의 상품 등은 금수품(禁輸品)으로 규제된다.

특정 지역을 향한 특정 상품에 대해서는 과당경쟁을 방지하기 위하여 수출조합을 결성하여 가격, 수량, 품질, 디자인 등에 협정을 맺는 경우도 있다. 이는 각기 다른 기업들이 동일한 리스크를 가격경쟁방지나 일정생산량 이상은 수출을 금지하는 등의 협정을 맺어 리스크를 제거하는 것을 말한다.

상품을 수출하기 위해서는 관계조합의 수출거래승인을 필요로 하는 경우가 있다. 이는 가격 및 생산과 수출을 제한하기 위하여 가격협정이나 거래협정 및 생산제한 등에 의하여 과당경쟁의 리스크를 제거하기 위한 수단이라 할 수 있다.

외국환관리법에 의하면 자국(自國)의 기업이 발행한 어음을 거래대금으로 지급하여 이를 외국에서 수령하는 것은 금지되어 있는 경우도 있다. 수출대금과 수입대금을 상계할 때에는 정부의 수출승인을 받아야 하는 수도 있다. 수출검사법에는 불량품의 수출을 방지하기 위하여 품질이나 포장에 대한 검사기관의 검사를 받아 수출검사증명서를 첨부해야 하는 품목도 있다. 그 밖에, 양곡관리법, 문화재보호법, 마약관리법 등에서 보는 바와 같이 당국의 수출입허가를 받아야 하는 상품도 있다.

국제사법(國際私法)

한국과 미국의 전자회사가 중국에 합작회사를 설립하기 위한 계약을 일본에서 체결했다고 하자. 분쟁이 발생할 경우에 한국법, 미국법, 중국법 가운데에서 어느 나라의 법을 적용하여 판결을 내릴 것인가. 이때는 가장 밀접한 관계에 있는 법, 계약체결지의 법으로 일본법을 적용하여 문제를 해결하도록 하는 것이 국제사법에 의한 규정이다.

국제사법은 각 국가마다 각기 다른 법질서가 존재한다는 것을 전제로 하여 여기에서 발생되는 법률관계에 적용할 수 있는 법률을 결정하는 법이라 할 수 있다. 구체적으로 국제사법이란 섭외적(涉外的)인 법률관계와 관련한 여러 국가의 법 가운데 당해 법률관계를 규율하는 것에 가장 적합한 법을 선택하고 그것을 적용함으로써 실질적으로 그 법률관계를 규율하는 것이라 할 수 있다. 즉 2개국 이상의 국가법 가운데에서 당해 법률관계에 적용되어야 할 법을 선택하는 법칙이 국제사법이다.

현재의 국제사법은 각국의 국내법으로서 존재하고 있다. 따라서 어느 국가에서 재판이 행해지는가에 따라 준거법도 다르게 된다. 국가에 따라 판결도 다르게 나타날 수 있다는 것이다. 그렇기 때문에 국제적인 사회생활에서의 국제사법의 임무는 아직도 충분하다고 볼 수 없는 것이 현실이다.

통일규칙

무역거래에는 수출상과 수입상뿐만 아니라 은행이나 보험회사 및 운송회사 등의 관계당사자들이 많다. 이들이 무역거래를 수행하는 데에는 세계 각국의 법률이 통일되어 있는 것이 바람직하다. '선하증권통일규칙'이나 '국제항공운송에 관한 바르샤바 조약' 등은 그러한 내용으로 통일되어 있는 법률체계라 할 수 있다. 예를 들어 신용장이나 선하증권상의 내용에 따른 분쟁이 발생되어 소송이 제기되었다면, 법적으로 '신용장통일규칙'이나 '선하증권통일규칙'에 따라 판결이 내려지게 된다.

그러나 이는 지극히 제한된 범위에 그치고 있다. 대륙법과 영미법과 같이 법제도가 다르고, 해운국과 비(非)해운국, 선진국과 개발도상국 등의 국가 간의 이해가 충돌하기 때문에 해결하기가 곤란한 문제가 많기 때문이다.

그래서 국제거래에 관한 분야의 법률을 전 세계적으로 통일할 수 있을 것이라는 기대는 하기 어렵다. 물론 일정한 성과를 거두고 있는 분야도 있기는 하다. 국제연합을 중심으로서 다수의 통일조약이 작성되고 있는 점을 보면 법통일을 위한 노력이 있다는 점을 짐작할 수 있다.

통일규칙의 예를 들면 각국의 법률이나 국가 간에 정한 여러 조약 외에 국제적인 민간단체에 의해 작성된 '거래조건과 그 해석에 관한 통일규칙'이 있다. 국제상업회의소(ICC)가 작성한 '정형거래조건의 해석에 관한 국제규칙'인 '인코텀스'(INCOTERMS)나 '하환신용장(荷換信用狀)에 관한 통일규칙 및 관례'(Uniform Customs and Practice for Commercial Documentary Credits) 등이 있다.

이들 통일규칙은 일정한 거래 분야에 있어서의 상관습이나 상관행을 정리하고 그것을 통일시켜 명확하게 정리한 것이지만, 실제의 무역거래실무에서는 실질적인 통일법으로서의 역할을 담당하고 있다.

신용장통일규칙도 컨테이너 운송이나 국제복합운송의 보급 등에 따라 여러 번의 개정을 거쳤다. 현재에는 세계의 다수의 은행이 신용장의 개설에 맞추어 통일규칙의 승인을 조건으로 하고 있기 때문에 신용장에 의한 결제는 사실상 거의 모두 신용장통일규칙에 의하여 규율되고 있다고 할 수 있다.

표준약관(標準約款)

표준약관은 정형적인 계약서 서식이나 일반거래약관 등을 사전에 작성하여 개별거래에 사용하는 것을 말한다. 계약이나 거래를 표준화시켜서 기업의 잠재적 리스크를 한정시키고 억제할 수 있기 때문이다. 특정 업계와 단체 등에서는 이러한 표준계약서식이나 표준약관 등을 이용하여 국제계약서를 작성하고 있다. 따라서 표준약관도 실질적인 통일법의 기능을 맡고 있다고 할 수 있다.

인코텀스나 신용장통일규칙은 계약당사자들이 계약서식이나 표준약관들을 원용(援用)하거나 또는 직접 사용함으로서 적용된다. 예를 들어 인코텀스는 '본 계약에서 F.O.B., C.I.F. 및 C.F.R.의 용어의 해석은 2000년 인코텀스에 의한다'로 원용함으로써 적용되고, 표준약관은 당사자가 해당약관을 사용하여 계약을 체결하는 것으로 적용된다.

이와 같이 계약당사자들은 국제사법에 의해 계약의 준거법으로 지정된 국가의 강행규정(强行規定)에 반하지 않는 한, 통일규칙을 원용하거나 표준약관 등을 사용하여 계약할 수 있다. 따라서 이들의 통일규칙이나 표준약관은 실질적인 통일법으로서의 기능을 맡고 있다고 할 수 있다.

통일규칙과 표준약관 등은 국제적인 민간기구들이 매매계약당사자 간의 분쟁과 리스크를 방지하기 위하여 작성한 자주적 규범으로 볼 수 있다. 계약이나 거래를 표준화하여 매매계약당사자들의 잠재적인 리스크를 한정시키고 억제시킬 수 있기 때문에 국제거래를 안전하고 원활하게 수행하는 효과를 거둘 수 있는 것이다.

2. 공법적(公法的) 규제에 관한 국제법

국제거래를 규제하는 국내법규들은 주로 국내에서의 거래활동을 대상으로 하고 있다. 예를 들어 국내 특정 물품을 수출하는 경우에는 사전에 수출허가를 받도록 규정한 대외무역법의 경우를 들 수 있다. 그러나 기업의 활동이 세계화됨에 따라 자국에서만 국제거래를 규제하는 것으로는 그 법규의 목적이 달성되지 못하는 상황이 발생되고 있다. 예를 들어 미국, 독일, EU 등에서는 수출상대국이 자국의 수출상품에 대한 차별조치를 취하는 경우에 자국의 법규정을 적용할 수 있다는 입장을 취하고 있다(域外適用).

역외적용의 전형적인 사례가 시베리아·파이프라인 사건이다. 미국은 1960년대 대소(對蘇)경제제재조치로서 시베리아에서 유럽까지의 파이프라인 건설에 필요한 기술 및 자재를 소련으로 수출하는 것을 금지시켰다. 동시에 외국에 있는 미국기업의 자회사(子會社) 및 미국기업의 기술라이센스를 얻어 생산하고 있는 외국회사에까지 이 조치를 확대적용하였던 것이다.
서유럽의 각국은 미국수출관리법의 역외적용은 국제법 위반이라고 항의하는 한편 영국 및 프랑스는 대항입법(對抗立法)을 발동시켜 자국의 기업에 대하여 수출계약을 준수할 것을 권하였다. 이와 같이 각국의 법정책이 엄격히 대립하는 경우에는 공법적 법규의 역외적용은 국가 간에 긴장관계를 만들어내며, 거기에 휩쓸린 당사자는 양국법의 딜레마라고 하는 난처한 입장에 놓이게 된다.

3. 국제거래의 규제에 관한 대표적인 조약

자국의 법규를 국제적인 거래활동에 적용하는 경우에는 외국의 법정책과 대립하여 충돌하는 문제가 발생된다. 이를 해결하는 방법은 우선 국가 간의 협의나 조약에 의해 법적용에 따른 충돌을 조정하는 것이 바람직하다. 예를 들어 2국 간의 이중과세를 방지하기 위한 조세조약 등이 그 좋은 예이다. 그러나 시베리아·파이프라인 사건에서와 같이 국가 간의 법률정책이 대립하는 경우에는 한계가 있다. 그래서 미국에서 주장되고 있는 '합리성의 원칙'이나 국제법상의 '불간섭원칙'에 기초하여 입법관할권의 행사를 제한하는 견해와 같이 합리적으로 한계를 짓는 안이 모색되고 있으나, 아직까지 국제적으로 확립된 원칙은 보이지 않고 있다.

국제거래의 규제에 관하여 각국은 양국 간 및 다수국가 간의 조약을 체결하는 것에 의해 국가 간의 이해를 조정하고 국제적인 통상이 안전하고 원활하게 수행하도록 노력하고 있다. 그와 같은 국제거래의 규제에 관한 대표적인 조약은 다음과 같은 것이 있다.

WTO

WTO는 GATT를 발전적으로 계승하면서 그 기능을 다음과 같이 한층 더 강화시켰다. GATT가 국제조직으로서의 법적 기반이 약했던 것에 대하여, WTO는 정규의 국제기관으로 설립되었다. 종래의 GATT는 조직적으로 정비·확충되어 WTO에 인계되었고, 그동안 잠정적으로 적용되었던 GATT의 실체규정도 새롭게 바뀌어 확정적인 효력을 부여받았다.

통상항해조약(通商航海條約)

국가 간의 통상·항해에 관한 기본적 사항을 정하는 국가 간의 조약이 통상항해조약이다. 조약의 내용은 각국의 사정에 따라 다르지만, 통상·항해의 자유와 관세에 관한 협정을 포함하는 것이 일반적이다. 이 조약에 의해 양국 국민은 상대국에 대해 입국, 거주, 사업활동, 재산취득 등이 보장된다. 조세, 투자보호, 항공운송 등 개별적인 분야를 대상으로 한 조약도 체결되고 있다.

세계평화와 안전보장에 관한 조약

세계의 평화를 유지하기 위하여 대량살상무기나 병기(兵器)의 무역을 금지하는 조약을 말한다. 안전보장의 국제적인 조직으로서 대량살상무기에 관한 관리체제에 관하여 ① 핵확산방지조약(NPT; Nuclear Non-proliferation Treaty), ② 원자력공급국그룹(NSG; Nuclear Suppliers Group), ③ 생물무기금지조약(Biological Weapons Convention), ④ 화학무기금지조약(CWC; Chemical Weapons Convention), ⑤ 미사일기기·기술수출규제(MTCR; Missile Technology Control Regime) 등이 있다. 이러한 조약들은 조약가맹국에 있어서 여러 가지 국내법에 반영되어 국제거래에 적용된다.

지적재산권보호에 관한 조약

국제거래를 원활하게 하기 위해서는 국제적인 협력관계가 필요하다. 특히 특허권, 상표권, 의장권, 저작권 등의 지적재산권의 분야에는 권리자의 지적 창의성이 권리의 대상이 된다. 이는 실체가 존재하지 않는 권리이기 때문에 국경을 넘어 쉽게 유포되어 해당권리를 침해하는 성질이 있다. 그러나 지적재산권에 관한 법률이 국가마다 그 내용이 다르기 때문에 복잡한 문제가 발생된다. 이러한 문제 때문에 국제적으로 조직되어 실행되고 있는 조약은 다음과 같다.

공업소유권에 대해서는 내국민대우, 특허권 독립의 원칙 및 출원자우선권제도라는 기본원칙을 합의한 파리조약이 중요하다. UN산하의 전문기관으로서 WIPO는 세계적인 지적재산권의 보호를 촉진하기 위하여 행정적 협력을 촉진하는 목적으로 관리업무를 목적으로 하고 있다.

WTO설립협정의 일부인 TRIP협정에는 집적회로의 회로배치라는 새로운 분야를 포함한 광범위한 범위의 지적재산권에 관한 권리행사에 관한 내용이 정비되어 있다.

ICC(국제상업회의소)의 무역규칙의 적용

국제상업회의소(ICC; International Chamber of Commerce)는 민간단체이지만 세계 각국의 상공회의소의 국제적인 조정기구로서 기능하고 있다. ICC는 국제거래에 관한 통일된 규칙을 만들고 공표하고 있다. 이러한 규칙은 대부분의 국제거래에 적용되고 있다.

ICC는 제1차 세계대전 종결 후 유럽의 산업과 경제부흥을 목적으로 자유로운 국제통상을 실현하기 위하여 1920년에 창립되었다. ICC활동은 ① 국제무역(상품·서비스)과 국제투자를 촉진하고, ② 기업 간의 자유롭고 공정한 경쟁원리에 의하여 시장경제시스템을 발전시키는 것, ③ 세계경제와 관련한 환경이나 사회문제 등에 대한 조언을 목적으로 하고 있다.

이러한 활동의 목적의 일환으로서 UN이나 국제조약에서의 국제기구에 대해 민간의 입장에서 정책을 조언하고 있다. 또한 국제거래관습에 관한 공통의 규칙을 추진하고 있다. 더욱이 국제적인 상사분쟁의 해결에 적극적으로 관여하여 중재규칙을 정하고 중재기구를 만들고 있다. ICC의 사무국본부는 파리에 있다.

한국의 국제거래법규

한국도 대부분의 나라들과 마찬가지로 헌법상의 규정과 기타 여러 법규에 의하여 정부가 대외무역에 직·간접으로 깊이 관여하는 무역관리제도를 실시해 왔다. 헌법 제126조에 의하면 '국가는 대외무역을 육성하여 이를 규제·조정할 수 있다'라고 규정하여 무역관리의 법적 근거를 명시하고 있다. 대외무역법 제1조에서도 '대외무역을 진흥하고 공정한 거래질서를 확립하여 국제수지의 균형과 통상의 확대를 도모함으로써 국민경제의 발전에 이바지함을 목적으로 한다'라고 규정하고 그에 따른 구체적인 법적 근거를 명시하고 있다.

1986년에 대외무역법을 제정하여 무역관리의 근간을 이루었는데, 이 법은 화물의 수출입에 관하여 자유원칙의 입장을 규정하고 있지만, 특정 거래에 관하여는 규제를 행할 수 있게 하고 그 구체적인 규제의 실시는 대통령령(令)으로 광범하게 위임하고 있다.

일본의 수출입거래법은 실제로는 통상마찰의 회피 등을 위하여 통산성의 강력한 행정지도에 의해 카르텔이 결성되는 경우가 많으며, 수출입거래법도 국가의 통상정책 실현의 수단으로써 활용되고 있다.

[표 3] 한국의 무역·외환관리에 관한 주요 법령체계(法令體系)

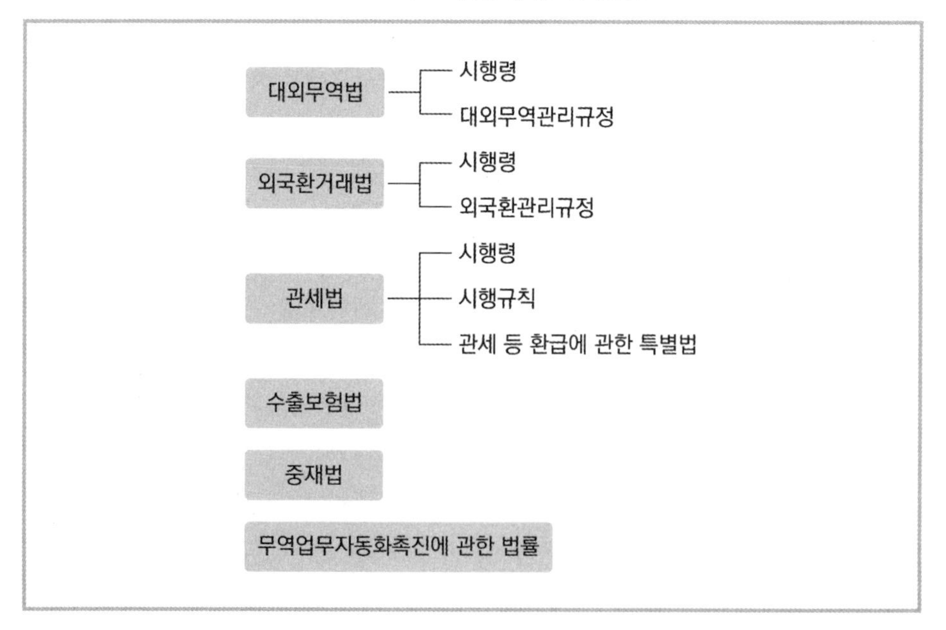

외국환관리에 관한 법규로서 무역 이외의 국제거래, 즉 국제투자나 저축·대부 등의 자본거래, 노동과 서비스의 제공을 목적으로 하는 거래, 중개무역, 기술도입 등에 관하여도 외환법에 의한 규제도 있다.

국제거래와 관련한 법규와 국제법 및 국제경제법과의 관계

국제법은 국제거래법과는 다르다. 국제법이란 국가와 국가를 규율하는 법 분야로서 개인 간, 기업 간의 권리·의무에 대해서 정해진 것이 아니다. 그러나 국가가 조약을 체결하여 조약에 가맹한 나라에 소재하는 개인 간이나 기업 간의 권리와 의무를 규율하는 것이다. 글로벌화에 따라 여러 가지 국제법이 국제거래에 관여하고 있다.

무역에 관한 2개국 간 조약인 통상항해조약이나 WTO협정, 지적재산권에 관한 조약, 조세(租稅)조약, IMF협정 등은 국가와 국가와의 관계에 있어서 국제경제법의 분야라고 볼 수 있다. 이러한 국제경제법의 분야는 공적인 관점에서부터 국제경제질서의 확립이나 유지를 목적으로 하여 국제적으로 거래하는 기업의 활동에 크게 관여한다.

기업의 경제활동은 '당사자 자치의 원칙', '계약자유의 원칙'으로 이루어지고 있지만 국제법, 국제경제법의 범위에서는 이러한 원칙이 제한되고 있다. 이러한 규율을 지키지 않는 거래는 무효가 되어 벌금이나 형사처벌의 대상이 되는 리스크가 따른다.

3절
무역계약서작성

수출상과 수입상은 매매계약 체결에 앞서 '일반적인 거래조건'(General Agreement and Condition of Business)을 결정한다. 거래당사자의 자격이나 역할, 거래상태, 취급상품과 가격, 오퍼, 주문, 신용장, 지급, 선적, 불가항력, 선적지연, 해상보험, 검사(檢査), 클레임, 계약기간과 종료, 준거법, 계약성립의 증명 등에 대해 결정하는 것이다. 이는 수출입거래당사자 간에 매매계약을 이행하기 위한 필수적인 거래조건이라 할 수 있다.

기본거래 협정서는 계약서 내용 이외에도 어떠한 사항을 검토할 것인가, 또는 계약서의 문언(文言)에 어떻게 표현할 것인가 등에 대한 내용을 상세하게 표시한다.

거래조건은 매매당사자 간에 실제로 거래하기 전에 검토하여 기본거래조건 협정서에 반영하여야 한다. 이는 거래의 기본을 정하고, 그 기본에 대해서 거래를 행하는 것만이 아니라, 분쟁이 발생했을 경우에 거래조건의 해석이나 해결방법을 둘러싸고 분쟁으로 발전되는 것을 방지하는 기능을 가지고 있다. 따라서 기본적인 거래조건을 이해하고 그 협정서의 내용에 대해서 숙지하고 있으면 거래당사자들은 분쟁발생 시에도 비교적 합리적으로 신속하게 해결할 수 있을 것이다.

1. 기본거래협정서의 내용

매매계약에는 물품의 소유권이 무조건 이전하는 매매인 이행물품매매계약(Executed Contract for Sale of Goods)과, 물품의 소유권이 조건부로 이전하는 미이행매매(未履行賣買; Agreement to Sale), 다시 말해 매매계약체결과 동시에 계약이 이행되는 것이 아니라 '장래의 일정시기에 이행되는 계약'(Executory Contract for Sale of Goods)이 있다. 무역거래는 통상적으로 미이행매매계약으로 이루어지기 때문에 당사자들은 매매계약체결에 앞서 거래의 일반적인 조건을 결정한다. 이를 문서화한 것을 협정서 또는 매매계약서(Agreement 또는 Memorandom of Agreement)라고 한다. 이 협정서의 내용은 거래상품이나 거래국 및 거래선 등에 따라 약간의 차이가 있다.

일반적인 무역거래에서는 협정서를 교환하지 않고 구체적인 거래에 들어가는 것이 통상적이다. 협정서 없이 거래하는 경우에는 계약서표면에 거래조건을 기재하고 이면(裏面)에 거래의 일반적인 조건을 명기하고 서명함으로써 계약이 성립되기도 한다.

매매계약서는 판매확인서나 주문서나 견적서와 같이 서식으로 간단하게 거래조건을 기입하는 형식에서부터 어떠한 조건을 어떻게 취급하고, 어떻게 해석하며, 어떻게 이러한 조건을 지킬 것이며, 분쟁은 어떻게 해결할 것인가, 나아가 계약에 따른 분쟁은 어느 나라의 법률을 적용할 것인가에 대해 상세히 세분하여 규정하기도 한다. 거액이거나 특수한 계약은 국제업무를 전문적으로 담당하는 법률사무소에 의뢰할 필요가 있다.

계약서는 거래당사자가 당사자의 자격과 거래내용, 거래조건 등의 거래상 필요한 사항에 대해서는 미리 알아서 합의된 내용을 서면으로 교환하고 권한이 있는 당사자가 서명 및 날인을 하는 것으로 성립한다.

유럽에는 인감을 이용하지 않고 주로 서명을 이용한다. 중요한 계약서의 경우에는 회사를 대표하는 회장, 사장 등의 대표들이 서명하고, 매매계약서 등의 일상적이고 단순한 계약은 각 부서의 책임자인 부서장이 서명하는 것이 관례이다. 서명한 계약서를 각 상대방에게 인도함으로써 계약이 성립하고 계약서는 유효하게 된다. 특히 중요한 계약서는 공증인사무소에서 공증을 받는 것이 필수적이다.

[표 4] 계약서상의 주요 기재내용

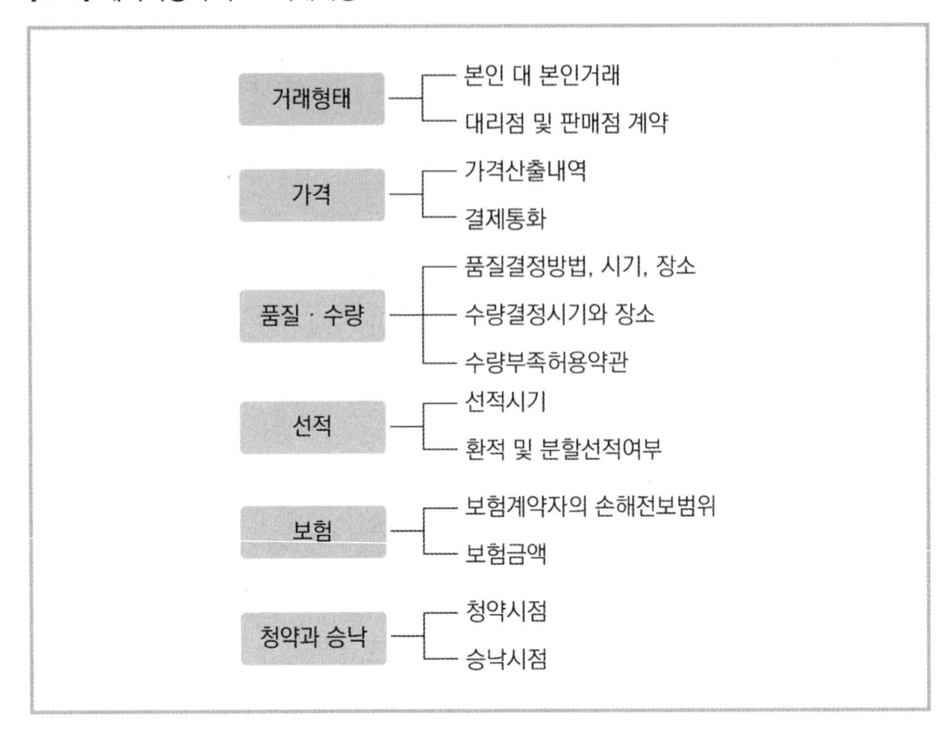

2. 계약서의 중요성

일반적으로 중소수출업체에서는 소액이라는 이유로 계약서를 작성하지 않고 오퍼 시트(물품매도확약서; offer sheet)만으로 계약을 체결하는 경우가 많다. 이에 비해, 선진국의 수입상들은 신용장이 개설되기 이전부터 수입계약서를 작성할 것을 요구한다. 수입계약서에는 주로 수입품의 통관 후 납기지연, 품질불량에 관한 손해배상청구 근거, 품질보증기간, 제조품의 하자근거 등을 명시하여 수입상의 권리를 확보하기 위한 것이다. 완벽하게 체결한 계약이라도 상대방이 신용이 없고 준수할 의지가 없다면 그 법적 효력이 반감될 수밖에 없다. 세계무역환경이 날로 열악해져 가는 추세이기 때문에 수출상은 대금결제, 납기 등 기본조건 외에 특별한 경우의 조항을 계약에 적극 반영하여 리스크관리에 만전을 기하여야 할 것이다.

3. 계약서작성의 목적

계약서작성은 관계당사자가 합의한 권리의무의 내용을 명확하게 표현하고 그에 따른 분쟁을 방지하기 위한 리스크관리수단이라 할 수 있다. 따라서 계약조항을 읽어보아 명확하게 의미를 파악할 수 있는가, 전후관계에서 모순되는 내용은 없는가, 중요한 점은 기재되어 있는가, 계약서작성의 의도가 충분히 달성되었는가, 불완전한 부분은 보완하게 하거나 미리 지적해 놓았는가 등을 기준으로 작성하고 검토해야 한다.

4. 무역계약서작성의 리스크관리

매매계약은 구두(口頭)로도 성립될 수 있으나 후일의 분쟁을 피하기 위하여 계약서를 교환하는 것이 필요하다. 매매계약서에 기재되는 내용은 거래상대방, 상품의 목적지, 상품의 내용 등에 따라 천차만별이다. 그러나 당사자 간에 합의한 사항을 빠뜨리지 않고 정확하게 기재하는 것이 필요하다. 먼저 거래당사자의 명칭(名稱)이나 사업소재지, 당사자 본인 또는 대리인인가의 여부, 수출상인가, 수입상인가, 어떠한 성격의 계약인가 등을 명료하게 밝혀야 한다.

다음으로 계약당사자의 역할, 거래내용, 취급상품, 가격, 사업이행의 순서, 주문방법, 결제방법, 상품의 선적, 포장, 운송방법, 선하증권의 종류, 계약이행과정에서의 해상보험, 상품품질조건, 검사, 클레임, 계약기간 등 계약에 대해서 이른바 필수적인 사항에 대해서 검토하고 결정한다.

각각의 거래에 따라 결정되는 품명, 수량, 규격, 가격, 선적 등의 일반적인 조항은 통상적으로는 계약서표면에 기재한다. 그 외에 당해 거래를 포함한 일반적인 거래에 광범위하게 적용되는 공통의 조항, 이른바 불가항력, 거래조건, 권리침해, 클레임제기기한, 중재, 준거법 등에 관한 조항은 계약서의 이면(裏面)에 인쇄되어 있다. 통상적으로 매매계약에 기재되는 조항의 내용은 다음과 같다.

거래형태

거래선과 거래하는 형태를 본인 대 본인의 거래(Transaction as Principal to Principal)인가, 아니면 대리점(Agent) 및 판매점(Distributer)에 의한 거래인가를 명기한다.

매매계약조항

매매계약이 계약서에 기재된 조항에 따라 성립하였다는 점을 확인하는 문언을 기입한다.

가격조항

가격조항에는 계약된 물품의 수량단가(unit price)와 합계금액(total amount)을 기입한다. 특히 결제통화는 외환시세변동에 따라 수출국통화인지, 수입국통화 혹은 제3국의 통화인가를 확실히 기입해야 한다. 계약체결시점과 대금결제시점의 시차에서 발생되는 환율변동으로 인해 대금결제통화에 대한 분쟁이 발생되기도 한다. 그러나 이는 계약당사자들 간의 계약조항에 의해 해결할 수밖에 없다. 또한 계약 시에 해상운임이나 해상보험료가 인상되는 경우에 증가된 비용은 어느 측의 부담인가를 명확히 기재할 필요도 있다. 그 외에도 각종 수수료도 어느 측에서 부담해야 하는가를 명시하는 것이 중요하다.

품질결정방법

무역계약에서 해당상품의 품질, 규격 및 상태 등을 명확하게 결정하는 것이 필요하다. 품질조항으로서는 우선 견본(sample), 설명서(specification), 브랜드 및 상표(trade mark) 혹은 표준품(standard) 등으로 품질결정방법을 명기한다.

OEM 수출은 바이어가 제공한 견본, 디자인, 기술자료 등에 의해 제조되기 때문에 수입국에 도착한 후 통관이 허용되지 않거나 현지 유통 중에 지식재산권자로부터의 권리침해소송을 당할 리스크도 있다. 수출상은 이러한 점에 대해 면책되거나, 수입상이 전적으로 책임진다는 조항을 반드시 넣어야 한다. 수입상이 이를 거부한다면 주문품이 모조 유사품일 가능성이 높다고 보아야 한다. 따라서 최소한 상기의 조항들을 반영한 수출계약서를 비치해 놓는 것이 좋다.

기술적으로 1등급품만을 생산하는 것이 곤란한 상품에 대해서는 2등급품의 혼합허용량(allowance)을 기입할 필요가 있다. 이와 같이 품질결정방법과 2등급품의 혼합허용량을 통상적으로는 품명 및 규격 등과 함께 계약서표면에 기입하여 당사자들 간의 분쟁발생 가능성을 방지할 수 있다.

품질보증에 대해서는 수출상이 '선적할 때까지' 혹은 '양륙할 때까지' 등을 명기하는 것이 안전하다. 선적품질조건의 경우에는 수출상이 통상적으로 선적

시에 권위 있는 검사기관에 의해 발행된 검사증명서를 입수하여 이를 수입상에게 제공함으로써 책임을 면할 수 있다. 그러나 수출상은 검사증명서와 검사기관명을 반드시 기재하여 검사기관에 대한 수입상의 오해를 불러일으키지 않도록 하여야 한다. 양륙품질조건의 경우에는 양륙 시의 품질이 계약당시의 품질과 상이하면 수입상은 양륙지의 권위 있는 검사기관에 의해 발행된 감정증명서(survey report)를 증거로서 수출상에게 클레임을 청구할 수 있다.

수출상이 성실하게 계약을 이행하는데도 수입상이 품질불량으로 고의적인 클레임을 제기하는 경우도 많다. 따라서 계약서상에 이에 대한 반박근거를 사전에 명시해야 할 것이다. 품질과 관련하여 일치하지 못할 경우에 이를 입증할 기관이나 방법을 미리 정하고 이에 따른 확인서를 클레임제기할 때 첨부하도록 하여 예방할 수 있을 것이다.

농산물이나 일회용품 같은 상품은 수출 시에 미리 클레임제기기간을 선적일로부터 일정기간으로 한정하여 수출품의 판매부진에 의한 클레임으로부터 보호할 수 있다.

포장조항

일반적으로 재질 및 용기, 내장 및 외장의 형태, 내장 및 외장의 함유수량, 하인(荷印), 라벨 등에 대해서 기입한다. 계약서 등에 '일상적인 포장'(usual packing 또는 packing as usual)으로 기재되어 있으면 업계의 관례적인 포장으로 선적할 수 있다. 포장에 대해서는 일반적으로 견고한 감항성(堪航性)과 운송의 편의성 및 포장비나 운임을 절약할 것을 고려하여야 하며, 수입국의 법규에 위반되지 않게 유의하여야 한다.

수량조항

수량단위를 확정하고, 수량의 보증은 선적 시인가 양륙 시인가를 기재하여야 한다. 수량과부족을 얼마나 허용할 것인가, 1회 인수량은 얼마나 가능할 것인가를 명기한다. 선적수량조건인 경우에는 수출상은 선적 시에 수입상이 승인한 선적지의 검정기관에 의해 발행된 중량용적증명서(certificate and list of measurement and/or weight)를 입수하여 이를 수입상에게 제공하여야 한다. 그래야만이 선적수량이 입증되기 때문에, 선적 후에 감량이 되어도 수출상은 책임을 면할 수 있다. 양륙지의 공증기관에 의해 일정기간 내에 검량하여, 화물이 도착한 당시의 수량을 입증할 수도 있다. 포장화물은 총량조건(gross weight condition) 또는 순량조건(net weight condition)으로 할 것인가를 명기한다.

곡물이나 석유 등의 대량화물이나 섬유제품과 같이 생산·가공하는 중에 과부족현상이 발생하는 상품의 경우에는 계약수량과 인도수량이 일치하지 않는 경우가 많다. 그 결과 발생되는 분쟁을 피하기 위하여 과부족허용약관(more or less clause)을 기재하여 계약을 체결한다. 통상적으로는 about, circa 등의 표시를 한다. 신용장거래에서는 '신용장통일규칙 및 관례'(1993개정 Uniform Customs and Practice for Documentary Credits) 제39조 a항에 '10% more or 10% less'의 규정에 의하여 과부족이 인정된다.

선적시기

분할선적(partial shipment; installment shipment)과 환적(transshipment)을 허용할 것인지 명기하여야 한다. 지연(delay in shipment; delayed shipment) 등의 경우에 어떻게 처리할 것인가도 명기한다. 또한 불가항력조항(Force Majeure Clause)을 별도의 항으로 설정하는 것이 좋다.

선적시기에 대해서는 선박출항일시가 변경되는 경우가 많기 때문에 특정일을 지정하지 않고 특정월을 지정하는 경우도 있다. 선적시기를 'November Shipment, subject to seller's receipt of L/C by the end of September'로 결정하는 것은 위험하다.

'계약체결 후 O개월이내 선적'(shipment within ~ month(s) after contract)이라든가, '신용장인수후 O일내에 선적'(shipment within ~ days after receipt of L/C) 등으로 계약을 체결하면 결제방법이나 이행시기가 명확하지 않아서 그에 따른 분쟁이 발생할 리스크가 있다.

수출상은 'shipment within ~ days after receipt of L/C to be opened latest by (date)'라든가, 결제조항에 'Irrevocable L/C shall be opened within~ days after contract' 등의 문언을 기입하여 결제방법이나 인도시기를 결정하는 것이 바람직하다.

'prompt shipment, immediate shipment' 또는 'shipment as soon as possible' 등의 문언은 긴급히 선적하라는 의미이기 때문에 수출상의 리스크가 커지므로 조심해야 한다.

신용장통일규칙에서도 'prompt', 'immediately', 'as soon as possible' 등의 표현은 사용하지 못하도록 규정하고 있다. 이러한 표현을 사용하더라도 은행에서는 무시하도록 규정하고 있다(제46조 b항). 'shipment on or about' 및 이와 유사한 표현을 사용할 때 은행은 이러한 표현을 기입된 날의 '5일 전후'까지의 기간을 선적하는 것으로 지정하고 있다(46조 c항). 또한 선적시기에 대해서 'Shipment shall be made by the end of October'과 같이 'beginning', 'middle' 및 'end' 등의 용어가 사용될 때는 각 월의 1일에서 10일, 11일에서 20일, 21일에서 말일까지로 해석한다고 규정하고 있다(47조 d항).

결제조항

결제조항에서는 대금결제방법과 선적서류의 처리방법을 결정한다. 주로 하환어음에 의한 결제조건에서는 어음기한, 어음조건, 신용장유무 및 신용장의 종류 및 발행시기 등을 결정하게 된다. 신용장조건의 결제방법은 무역거래상의 일반적으로 가장 많이 행해지고 있는 결제조건이다. 신용장조건 이외의 결제방법은 다음 4가지가 있다.

① **선불**(Payment in Advance): 수입상이 계약물품을 인수하기 전에 대금을 지급하는 방법이다. 수출상이 유리하며, 수입상에게 신용이 없거나 소액의 견본물품을 거래할 때 이용되는 결제조건이다.

② **후불**(Remittance): 화물을 선적한 후 또는 수입상이 물품을 인수한 후에 대금을 지급하는 조건으로서 수출상이 불리한 조건이다. 수출상은 대금결제상의 리스크를 피하기 위하여 스탠바이 L/C를 이용하기도 한다.

③ **연불조건**(Deferred Payment): 수출상이 계약물품을 수입상에게 인도한 후에 일정기간까지 대금지급을 연기하는 방법으로서 수입상에게 유리한 조건이다.

④ **분할지급조건**(Payment in Instalments; Progressive Payment): 물품대금을 일정기간 내에 수회에 걸쳐 분할하여 지급하는 방법으로서 일반적인 결제방법은 아니다.

지적소유권(observance of secrecy)과 저작권(copyright)

지적소유권은 발명·상표·의장(의장) 등의 공업소유권과 문학·음악·미술 작품 등에 관한 저작권을 말한다. 지적재산권이라고도 한다. 지적소유권에 관한 문제를 담당하는 국제연합의 전문기구인 세계지적소유권기구(WIPO)는 이를 구체적으로 문학·예술 및 과학작품, 연출, 예술가의 공연·음반 및 방송, 발명, 과학적 발견, 공업의장·등록상표·상호 등에 대한 보호권리와 공업·과학·문학 또는 예술 분야의 지적활동에서 발생하는 기타 모든 권리를 포함한다고 정의하고 있다.

지적소유권의 문제는 국가와 국가 간에 그 보호장치가 확립되어 있는가의 여부와 국가 간의 제도상의 차이 등으로 해서 분쟁의 대상이 되고 있다. 오늘날과 같이 정보의 유통이 급속하게 이루어지고 있는 시대에는 어떤 국가가 상당한 시간과 인력 및 비용을 투입하여 얻은 각종 정보와 기술문화가 쉽게 타국으로 흘러들어 가기 마련이어서 선진국들은 이를 보호하기 위한 조치를 강화하고 있다. 최근에는 새로운 기술의 산물인 컴퓨터 소프트웨어와 유전공학기술 등의 보호방법과 보호범위가 지적소유권보호제도의 한 과제가 되고 있는데, 컴퓨터 소프트웨어는 대부분의 선진국들이 저작권으로 보호하는 추세에 있다.

지적소유권과 관련된 한국의 법률로는 특허법·저작권법·실용신안법·의장법·상표법·발명보호법·컴퓨터프로그램보호법 등이 있으며, 이들에 관한 권리를 보호하기 위하여 국제적으로 협약한 조약으로는 '공업소유권의 보호를 위한 파리협약' 및 '한·일 상표권상호보호에 관한 협정' 등이 있다. 최근에는 첨단기술과 문화의 발달로 지적소유권도 점차 다양해져서 영업비밀보호권이나 반도체칩 배치설계보호권과 같은 새로운 지적소유권이 늘어날 전망이다.

이와 같이 지적소유권제도는 나라마다 달라서 사용을 허용하거나 양도하거나 하는 규정을 명확하게 구별하여 계약서에 작성하는 것이 바람직하다. 예를 들어 본인(매도인)과 대리점(판매점) 간의 계약기간 중에 상품판매에 따른 상표사용을 인정하는 한정적 규정을 설정할 수 있다. 상품에 사용되는 공업소유권과 저작권은 모두 본인(매도인)이 소유하고 있다는 점을 명기할 수도 있다. 또는 제3자에 의해 권리침해가 이루어졌을 경우에는 대리점(판매점)은 본인에게 통지하고, 권리를 수호하기 위하여 필요한 조치에 대해 협력할 의무를 부과할 수 있다. 예를 들어 전자기계를 수출하였지만 수출한 물품이 제3자가 보유한 특허법을 위반하여 당사자와 관계없는 제3자가 피해를 입는 경우가 있다. 이는 기계를 제조한 업자만이 아니라 이를 수출한 기업도 권리침해에 따른 책임을 지게 되는 것이다. 또한 그 기계결함으로 사고가 발생하는 경우에도 수출상은 그 책임을 면하기 어렵다. 이러한 경우에도 수출상은 수출물품을 제조한 업자와의 계약서상에 이러한 점을 명시하여 수출리스크를 전가시켜야 할 것이다.

기간(duration)

계약이 유효한 기간을 정하는 것이다. 1년이나 2년 등의 확정기간을 정하는 경우와 일방적으로 해약을 통지하여도 유효한 경우가 있다. 일반적인 사례로 보면 확정기간인 1년 안에 당사자 어느 한편에서 2개월 전에 해약을 예고하지 않으면 자동적으로 1년 동안 계약이 갱신되는 것으로 본다.

불가항력(force majeure)

불가항력이란 계약에 따른 의무를 이행하지 않거나 계약위반이 있더라도 책임을 면제해 주거나 일정기간 유예시켜 주는 당사자 간 합의를 말한다. 수출상으로서는 불가항력 사유를 넓게 규정하는 것이 유리하다.

[표 5] 수출계약서의 주요 조건

ⓐ 전문(preamble)
ⓑ 당사자의 신분(identification of parties)
ⓒ 거래대상(subject matter)
ⓓ 물품명세(description of goods)
ⓔ 가격과 대금지급조건(price and payment)
ⓕ 인도기간과 조건(delivery period and conditions)
ⓖ 물품검사 - 의무와 범위(inspection of the goods - obligations and limitations)
ⓗ 물품수량과 품질변동(quantity or quality variations in the products delivered)
ⓘ 권리유보와 소유권이전(reservation of title and passing of property rights)
ⓙ 위험이전(transfer of risk - how accomplished)
ⓚ 매도인의 책임담보와 매수인의 고정(seller's warranties and buyer's complaints)
ⓛ 권리양도(assignment of right)
ⓜ 불가항력(force majeure)

ⓝ 계약수정요건(requirement that amendments or modification be in writing)
ⓞ 계약언어(choice of controlling language of the contract)
ⓟ 준거법(choice of law)
ⓠ 분쟁해결방법(choice of dispute resolution mechanism)이다.

여기서 ⓐ부터 ⓖ까지는 거래의 핵심이 되는 내용으로 계약서의 전면에 나머지는 계약서의 이면에 명시되고 있다.

제5장

전자무역계약의 리스크관리

1절

전자무역계약의 개념과 특징

1. 전자무역의 발전

1) EDI에 의한 무역업무 간소화

무역업무와 관련하여 계약성립 → 물품인도 → 대금결제에 이르는 과정에서 거쳐야 하는 관계당국 및 회사와 각종 관련업자들은 ① 해상·항공운송회사, ② 관세사(통관업자), ③ 인허가 관계당국, ④ 창고업자, ⑤ 항만·항공관리당국, ⑥ 손해보험회사, ⑦ 외국환은행 등이 있다. 이들에 의해 계약이 이루어지고 있지만 화물의 이동형태와 대금결제과정 및 작업종류별로 사용하고 있는 서류의 크기, 구성 및 항목배열, 기재사항, 작성자, 업종, 장소가 각각 다르다. 이러한 문제 외에도 무역업무는 하나의 거래당 수십 가지의 서류상에 수백 가지의 항목이 정확하게 기재되어야만이 거래가 가능하다. 특히 서류상의 오자나 탈자 등에 의해 대금지급이 거절될 수도 있기 때문에 고도의 엄밀성이 요구되는 것이다.

무역부서에서는 데이터 입력, 승인 등의 업무 외에도 세법이나 상법에 의해 일정기간 의무적으로 보관해야 하는 의무도 있다. 이와 같이 무역서류가 복잡하고 까다롭기 때문에 무역서류를 작성하는 데 드는 비용도 높아서 대체로 무역거래액의 7 ~ 10%가 서류작성비용으로 알려져 있었다.

무역업무에 종이서류를 대신하는 EDI가 개발됨에 따라 무역서류 처리가 대폭 간소화되고 비용도 감소되었다. EDI는 국제 간의 상거래에서 물류와 대금결제를 수반하여 이루어지는 업무를 전자화하여, 이를 무역관련 업계 및 단체들과 횡적으로 연결하여 처리하는 인프라이다.

2)전자무역의 확산

IT산업의 발전에 따른 디지털화를 중심으로 한 기술혁신은 전통적인 무역거래의 개념을 변화시켰다. 특히 인터넷을 이용한 전자무역의 확산은 수출상과 수입상 간의 전통적인 직거래 대신에 사이버 공간을 통하여 더욱 신속하게 거래할 수 있게 되었던 것이다.

[표 1] 일반무역과 전자무역의 성격비교

	일반적인 무역거래	전자무역
정보수집	해외출장, 면담	인터넷 정보검색, 24시간×365일 무역체제 구축
마케팅	카탈로그, 전시회, 상담회, 광고	홈페이지 구축, 인터넷마케팅, 무역업무 연계통합처리, 접근가능한 시장확대
상담 및 계약	전화, 팩스, 우편, 출장	인터넷 홈페이지, 이메일
무역금융·통관	무역서류, 관세사, 세관	전자문서, EDI
대금결제	신용상, D/A, D/P	트레이드 카드, 전자결제시스템
물류·운송	포워딩업체, 선박회사	특송, 온라인 운송

인터넷에서는 필요한 물품을 편리하고 신속하게 찾아서 공급받을 수 있기 때문에 기업과 소비자 간에는 시장원리가 적용되어 경제적이고 합리적으로 거래가 이루어질 수 있다. 더욱이 가격이 평준화되고 제품의 차별화가 진행되는 장점도 있다. 합리적인 물류서비스에 의해서도 제품이나 서비스 가격이 하락하여 전 세계의 많은 소비자들이 인터넷을 이용한 전자무역을 자유롭게 할 수 있게 함으로써, 보다 활발한 경쟁체제가 도입되어 자연스럽게 가격이 하락할 것이다.

특히 이러한 변화에 따라 지금까지 전문적인 무역지식과 경험 및 대외적인 공신력과 마케팅력을 갖추고 있지 못하여 전문무역업체나 종합상사에 무역업무를 대행해 왔던 국내제조업체, 유통업체들은 무역관련 전문인력을 확보하여 직접 해외무역거래활동을 수행하게 되었다. 그에 따라 전통적인 전문무역업체 및 종합상사에 의한 무역대행활동은 더욱 줄어들고 있는 상태이다.

3) 무역 네트워크의 전자화

무역 네트워크의 전자화란 국제적인 전자상거래에 관한 법이론, 정보통신 기술, 업무시스템 개발을 추진하기 위한 사항이라 할 수 있는 ① 권리의 전자적인 등록, ② 선하증권의 전자화, ③ 전자메시지의 송수신 · 전자서명 · 전자인증에 관한 국제규칙과 기초이론이라 할 수 있는 국제과세 · 지적소유권 · 독점금지법 · 각종 경제관련 법과 규정을 만들어 적용시키기 위한 것이라 할 수 있다.

다시 말해 그 개념은 거래선 발굴, 상담, 계약, 원자재 조달, 운송, 통관, 대금결제 등의 제반 무역업무를 인터넷을 이용한 최신 정보통신기술을 활용하여 시공의 제약 없이 처리하는 새로운 무역거래형태를 말한다. 전자무역은 ① 일관된 전자적인 처리방식(Straight Through Processing)에 의하여 국경을 넘어 상대국의 무역업무시스템과 연동시킨다. ② 국경을 넘어 복수의 운송수단을 경유하여 국제적인 도어 투 도어(Door to Door)운송을 실현한다(국제복합일관운송의 추진). ③ 물품운송(해상, 항공)과 무역금융(Trade Finance)과 결제(Settlement)의 연동, DVP(Delivery Versus Payment) 실현, ④ 각국세관의 정보공유 · 연휴를 포함한 무역금융 EDI를 통한 각국무역플랫폼의 연동, ⑤ 국제적인 권리등록센터(등기센터)의 설립 · 운영(권리 · 담보의 공시) 등을 커버하는 방식으로 이용되고 있다.

ICC에서 책정한 전자상거래 인프라를 만족시키는 요건은 정보의 안전성(integrity), 유용성(availabilities), 기밀성(confidentiality)을 확보하는 것이다. 거래당사자의 진정성(identify)을 인정하고, 거래자체를 승인하는 데 신뢰할 수 있는 구조가 필요한 것이다. 특히 전자계약은 효율적이어서 저비용에 따른 거래는 제공하지만 동시에 취약성이 내포되어 있다.

2. 전자무역계약의 개념

전자계약이란 당사자 간의 매매계약이 전자적인 네트워크를 통하여 이루어지는 것을 말한다. 종래에 서류로 이루어지던 계약행위가 전자문서베이스로 옮겨지기 때문에 기업들은 업무비용을 경감시키고 부가가치도 증대시킬 수 있게 되었다. 그러면 전자무역계약이란 무엇인가. 단순하게 계약서만을 전자화한 것인지, 아니면 네트워크상에서 전자적인 방법에 의해 상품매매계약을 취급하는 것인지, 전자무역계약이라는 단어만으로는 여러 가지를 현상을 감안할 수 있다.

전자무역계약이란 무엇인가에 대한 정의를 하기 위해 일반적인 무역계약에서 이루어지는 업무를 정리하고 다음으로 그 전자화 단계의 무역업무를 설명한 뒤에 전자무역계약을 정의한다.

수출상이 먼저 계약서의 문면을 작성하여 수입상에게 보내는 계약의 프로세스를 예로 들어본다.

1) 일반적인 무역계약

① **계약서작성**

일단 기본적인 내용은 수출상이 작성하여 수입상에게 보내면, 수입상이 이를 검토하여 합의함으로써 최종적으로 계약이 확정된다. 특히 국제적으로 이루어지는 무역계약은 상당히 복잡하고 까다롭기 때문에 계약이 확정되기 직전에 수출상과 수입상이 서로 내용을 확인하는 작업을 거치는 경우가 많다.

② **서명**

수출상은 계약서의 내용을 합의한 것을 표시하기 위하여 계약서에 서명을 하는데, 책임자의 성명을 기재하고, 회사의 사인이나 압인을 하는 것이 일반적이다. 계약서를 작성하는 자와 서명하는 책임자가 다를 경우에는 사내결재 등의 내부조정을 거친다. 계약금액이 특정 금액 이상의 거액일 경우에는 사장이 책임자로서 서명하게 된다.

③ **계약서의 인도(수출상 → 수입상)**

수출상은 서명한 계약서를 수입상에게 우송하거나 혹은 해외지사의 담당자 또는 해외출장 등에 의해 직접 운반시키기도 한다.

④ **서명(수입상)**

수출상으로부터 계약서를 받은 수입상은 계약서의 내용을 확인하고, 계약서에 서명을 한다. 필요할 경우에는 내부결재 등으로 사내에서 조정하기도 한다.

⑤ **계약서의 인도(수입상 → 수출상)**

수입상은 서명한 계약서를 수출상에게 우송하거나 혹은 해외지사 또는 해외출장으로 직접 운반시킨다.

⑥ **계약서의 보존(수출상, 수입상)**

계약당사자인 수출상, 수입상 각각은 서명한 계약서를 계약서 종류 및 거래선별로 정리하여 보존한다. 특히 계약서에는 법률에서 보존연수가 정해진 문서도 있다.

⑦ **계약서의 참조(수출상, 수입상)**

계약체결하는 작업은 상기한 ①에서 ⑥까지이지만, 필요에 따라 계약서를 참조하는 작업이 수시로 발생된다. 예를 들면 감사, 거래선 등과의 분쟁이 발생하는 경우에 계약서 원본을 참조하는 경우가 많다.

무역거래에서 당사자의 수는 국내거래에서보다 증가한다. 예를 들어 제조업체에서 국내운송을 거쳐야 하고, 국경을 넘는 과정에서는 선박회사나 항공운송회사를 필수적으로 거쳐야 한다. 그 외에도 항만하역업자, 창고업자, 운송주선업자 등이 관여한다. 그뿐만 아니라 대금회수에 있어서도 수출상과 수입상 사이에 여러 가지 은행이 개입하게 된다. 특히 물품이 파손되거나 멸실·손상 등의 리스크를 부담하기 위하여 손해보험회사도 개입하는 것이 특징이다.

[표 2] 무역거래상의 서류 및 메시지 교환의 내용과 프로세스

		당사자 (A)	당사자 (B)	
		서류 및 메시지 교환의 내용	서류 및 메시지 교환의 내용	
1	수출상	견적 계약 물품선적통지 선적서류사본(Invoice)	견적의뢰 주문 · 계약 물품인수준비 송금통지	수입상
2	수입상	신용장발행의뢰 물품대금지불	신용장발행 선적서류인도	신용장발행은행
3	신용장발행은행	신용장통지의뢰	신용장통지	신용장통지은행
4	신용장통지은행	신용장통지	신용장인수	수출상

	수출상	운송의뢰 및 계약	운송계약	운송업자
5	수출상 및 운송업자	검사신청 수출신고 원산지증명서 신청 육상운송 부킹 및 계약 컨테이너정보 · 선적의뢰서 제출 적하목록제출, 선적통지	검사증명서 발급 수출허가 원산지증명서 발급 육상운송 계약 선적심사 및 지시 선적준비	검사기관 세관 대한상공회의소 육상운송회사 지역 항만청 선박회사(본선)
6	수출상	보험의뢰 · 부보정보제공 · 계약	보험인수 · 계약	손해보험회사
7	수출상	선적 후 선하증권신청	선하증권발급	선박회사
8	수출상	네고	대금지불	네고은행
9	네고은행	네고서류	대금지불	신용장발행은행
10	신용장발행은행	대금지급받고 선적서류인도	대금지불하고 선적서류인수	수입상
11	선박회사	선하증권인수 및 물품인도	선하증권인도 및 물품인수	수입상

여러 국가기관에서 여러 가지 관점에서 검사 또는 서류제출을 요구하기도 한다. 이러한 당사자가 많기 때문에 작성해야 하는 서류의 수나 종류도 다양할 뿐만 아니라 수출입의 국가별, 물품별로 각 당사자의 관점에서 파악하는 것은 상당히 어렵고 까다롭다고 볼 수 있다. 위의 표는 수출상과 수입상 간의 무역거래과정에서 발생되는 서류 및 메시지 교환의 내용이다.

2) 무역계약 전자화의 3단계

전통적인 무역계약에서 전자적인 무역계약업무로 진행되어 가는 과정을 3단계로 나누어 볼 수 있다.

첫 번째 단계인 전통적인 무역거래에서는 각종의 거래내용이 나타나 있는 서류 교환에 의해 계약업무가 이루어졌다. 계약서작성을 포함한 모든 업무를 종이문서에 의해 계약하는 환경이었다.

두 번째 단계는 통신과 컴퓨터가 발전함에 따라 수출상의 컴퓨터에서 출력되어 작성된 계약서류를 수입상이 전해 받아 이를 자신의 컴퓨터에 재입력하거나 혹은 플로피 디스크 등으로 건네받아 입력하는 방법이 이루어지게 되었다. 이는 종이문서와 전자데이터가 병존하고 있는 상태에서 업무환경이다. 예를 들면 계약서를 워드 프로세스로 작성한 후에 인쇄하거나 출력한 계약서에다 회사인을 압인하고 교환하는 방식의 계약서를 종이문서베이스로 보존하는 환경이다. 또는 계약데이터는 전자시스템으로 관리하지만, 확인작업은 출력한 종이문서로 이루어지는 환경이라 할 수 있다. 이 단계에서 중요한 점은 인쇄된 원본의 종이문서로 작성된 계약서가 있어서, 분쟁이 발생될 경우에는 종이문서의 계약서를 참조하고 제출하는 수준의 단계라 하겠다.

[표 3] 무역계약 전자화의 3단계

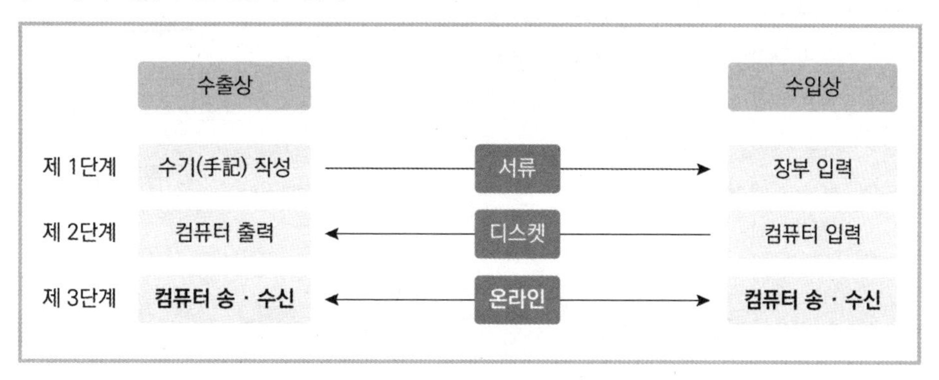

세 번째는 컴퓨터와 컴퓨터를 연결한 통신회선상에서 직접 데이터를 교환하는 단계이다. 이 단계에서는 전자데이터로도 계약을 체결할 수 있는 환경이다. 단 종이문서를 사용할 수 없는 환경으로 규정하고 있지 않기 때문에 종이문서가 출력되거나 혹은 종이문서로 제공되었다 하더라도 원본은 전자매체에 보존되어 있다. 따라서 계약서의 전자데이터, 즉 원본은 전자데이터이기 때문에 종이서류가 없어도 업무를 수행할 수 있는 점이 특징이다. 그러나 기업들이 각기 다른 독자적인 데이터의 형식을 사용했을 경우에는 거래처마다 전용의 단말기를 설치해야 하는 현상이 나타나게 되었다. 그뿐만 아니라 거래처마다 다른 형식의 데이터를 자사의 시스템용의 데이터 형식으로 변환하는 데 따른 복잡한 문제가 생기게 되었다. 이러한 문제를 해결하기 위해서 넓게 합의된 표준에 근거해 데이터를 교환하는 EDI시스템이 나타나게 되었다. 다시 말해 EDI는 '기업간에 상거래를 위한 데이터를 통신회선을 이용하여 표준적인 규약을 이용해 컴퓨터 간에 교환하는 것'으로 정의해 볼 수 있다. EDI는 기업이 거래를 성립시키기 위하여 필요한 정보를 컴퓨터와 통신을 이용하여 정확하고 신속하게 교환할 수 있는 특징이 있다. 그러나 기업 간 네트워크에서의 각기 독자적인 방식에 의해 거래가 진행되는 데 따른 폐해를 없애기 위하여 기업 간에 각 결정에 대한 합의, 즉 표준화를 해야 한다. 따라서 '가능한 한 넓게 합의된 각종 규약'이란 뜻도 의미하고 있다. 이상의 1단계에서 3단계까지의 전자화 단계에 있어서 계약업무를 그림과 같이 정리할 수 있다.

[표 4] 계약업무의 전자화 단계

	계약서작성	서 명	계약서인도	계약서보존	계약서참조
1단계	종이문서에 필기구로 작성	회사직인이나 압인	우송 혹은 직접인도	제품별, 수입상별로 정리한 서류파일에 보존	서류파일에서 해당계약서를 검색하고 참조함
2단계	워드 프로세스로 작성한 후에 인쇄하여 제본함	회사직인이나 압인	우송 혹은 직접인도	제품별, 수입상별로 정리한 서류파일에 보존	서류파일에서 해당계약서를 검색 · 참조함
3단계	워드 프로세스로 작성하여 인쇄하지 않음	전자서명	네트워크로 송신	전자데이터로 보존	컴퓨터 파일상에서 일자, 거래선명 등을 입력하여 해당계약서를 검색 · 참조함

결과적으로는 세 번째 단계의 계약업무형태를 전자무역계약이라 정의할 수 있다. 실제로 전자계약의 도입 단계에서 사용자가 향유하는 장점 혹은 도입과정에 필요로 하는 정보기술은 전자화 단계에 크게 차이가 있다. 전자계약은 전자화 3단계의 계약업무, 결국 원본이 전자데이터임을 전제로 하고 있다.

이러한 점을 바탕으로 전자무역계약은 '전자적인 데이터 처리방법에 의해 체결되는 무역계약' 또는 '컴퓨터 네트워크상에서 체결되는 무역계약' 등으로 정의할 수 있다. 구체적으로는 '계약서의 작성, 서명, 인도, 보존, 참조 등의 일련의 무역계약에 관한 업무를 모두 전자적인 데이터로 처리하는 것'으로 볼 수 있다.

3. 전자무역계약의 장점

전자무역계약을 도입하면 기업의 업무개선과 경비절감 등에 따른 파급효과가 크다고 볼 수 있다. 우선 계약을 체결하는 데 따른 계약서작성, 서명, 인도,

보존, 참조 등의 업무가 효율화되고 리스크가 경감되는 업무개선효과가 있다. 동시에 보존 및 배달에 드는 우송료나 교통비뿐만 아니라 종이서류를 구입하거나 복사하는 데 드는 경비도 절감된다.

1) 계약서작성업무

계약서의 작성업무는 문면작성이 중심이다. 위의 전자화 2단계의 기업들은 워드 프로세스를 이용하여 문면만을 작성하기 때문에 전자계약 도입의 장점은 별로 없다. 이에 비해 전자계약은 종이서류에 출력할 필요가 없는 전자데이터로 거래선에 송부되기 때문에 제본작업도 필요없다. 다음으로 서면계약에서 사용되던 회사의 사인의 압인, 사인 등이 전자계약에서는 컴퓨터단말기에 의한 전자서명으로 대체된다.

서면계약에는 결제라인을 어디까지 할 것인가에 따라 사내조정이나 협의 등이 필요하다. 결재권을 가진 책임자가 해외출장을 가거나 시간이 없을 경우에는 사내에서 결재업무를 전자화하여 업무효율화를 기하는 기업도 많다. 결재업무를 전자화하는 시스템은 담당자가 자신의 컴퓨터에 결재문서를 기안하여 작성한 뒤에 결재문서의 성격과 종류에 따라 해당부서장에 전자적으로 회람하여 결제하는 구조이다. 전자계약시스템과 전자결제시스템을 연동시키면, 관련업자들을 포함한 광의의 의미에서 서명업무를 효율화할 수 있다.

다음으로 무역서류를 작성하는 대부분의 작업은 기존서류내용 중의 항목을 다른 서류에 옮겨 기재하는 일이다. 그러나 예를 들어 신용장베이스의 무역계약에서 주요 항목의 숫자나 문자 중의 하나라도 일치하지 못하면 대금을 지급받지 못할 리스크가 있다. EDI를 도입하면 무역서류를 작성하는 과정에서 중복되는 항목은 자동적으로 기재되기 때문에 서류작업량이 감소되고, 오자, 탈자 등의 실수가 발생할 리스크도 감소된다.

2) 계약서 송부 및 회수

전자계약은 계약서를 송부하고 회수하기까지의 시간이 단축되므로 계약서를 처리하는 업무가 훨씬 경감된다. 서면계약에서는 계약서를 우송하는 시간 외에도 거래선의 내부조정 등에 시간이 걸리기 때문에 계약이 장기화되는 원인이 된다.

전자무역계약에서는 계약서가 네트워크를 경유하여 순식간에 거래선에 도달하기 때문에 계약서 전달에 시간이 거의 걸리지 않는다. 다음으로 서면계약에는 계약서가 우송 중에 있는지, 거래선에 도착하여 결재 중인지를 판단하기 어렵기 때문에 상황에 대처하기가 어렵다. 그러나 전자무역계약에서는 거래선의 전자결재시스템에 연결하기만 하면 계약서의 소재나 동향을 리얼타임으로 파악할 수 있다. 따라서 전자무역계약에는 거래선의 업무가 지연될 경우에 독촉을 하거나 다른 대책을 강구할 수 있는 장점이 있다.

3) 계약서 운송비용 감소

서면계약에서는 작성한 계약서를 거래선까지 운반하여야 하므로 운반에 따르는 교통비, 우송비 등이 발생되지만, 전자무역계약에는 운반이나 운송에 드는 비용이 들지 않는다. 물론 네트워크를 사용하기 위한 사용료를 부담할 필요는 있지만 서면계약에 비하면 거의 비용이 발생되지 않는다고 볼 수 있다. 특히 무역데이터의 전송속도도 향상되기 때문에 종래에 선하증권보다도 물품이 먼저 도착하여 항만에 정체되어 있는 사례도 사라지게 되었다.

4) 보존업무

종이문서의 계약서는 사후 문제발생 시에 참조하기 위한 형태로 정리하여 보존하는 데 많은 시간과 노력을 필요로 한다. 계약서를 종류별, 거래선별, 월별로 분류하여 파일, 라벨작업을 하여야 하기 때문에 업무량이 과다하게 늘어난다. 전자계약을 도입하면 계약서를 정리하여 보존하는 작업으로부터 해방된다. 네트워크 등을 통하여 전달되는 계약서는 마우스를 클릭하기만 하면 하드디스크 등의 저장장치에 보존할 수 있다.

다음으로 계약서의 보존비용도 감소된다. 종이서류 계약서의 경우에는 보존하기 위한 물리적인 공간이 필요하다. 또한 서류분량이 많기 때문에 사무실의 공간을 많이 차지한다. 파일을 보관하기 위한 캐비넷이나 상자 등도 필요하다. 그러나 사무실임대료가 높은 오피스건물에 임대한 회사는 서류보존하기 위한 공간을 무시할 수 없다.

전자문서의 보존비용은 전자보관매체로서 하드디스크, CD, DVD 등을 들 수 있다. 다소의 물리적인 보존공간은 필요하지만, 종이문서와 비교하면 거의 공간을 차지하지 않는다고 볼 수 있다. 단 전자데이터 원본을 보관하기 위해서는 그에 상응하는 기술적인 대책이 필요하고 또 그를 운용하는 데 따르는 비용은 고려해야 한다.

5) 참조업무에 있어서의 장점

사후 당사자 간에 분쟁이 발생했을 경우나 관계기관의 회계감사가 실시될 경우에는 계약내용을 확인하기 위하여 보존되어 있는 계약서를 참조하여야 할 경우가 적지 않다. 종이서류의 계약서는 분량이 많아서 검색에 많은 시간과 노력을 필요로 한다. 물론 효과적으로 분류하여 저장하면 검색시간이 단축될 수 있겠지만, 정리에 따른 자체노력을 피할 수 없다.

전자계약을 도입하면 우선 계약서의 검사시간이 대폭 단축된다. 특히 계약서의 계약일자별, 계약서의 종류별, 거래선별 등의 조건으로 지정함으로써 조건에 합치되는 계약서를 일자별로 표시하여 특정의 문자를 키워드로 검색하면 간단하게 찾아볼 수 있다. 또한 전작계약에는 계약서가 보존되어 있는 회사내부의 네트워크상에서도 참조할 수 있기 때문에 다른 부서에서도 수월하게 참조할 수 있다.

[표 5] 전자계약도입에 따른 업무개선과 코스트삭감 현황

	업무개선효과	비용 면의 효과
작성업무	작성업무가 효율화되어 제본작업 불필요	종이구입비용 및 인지세삭감
서명	전자결제시스템과 연결되어 서명업무가 효율화됨	—
인도	운반 및 우송에 따른 리스크경감	우송비 · 운반비 필요 없음
보관	파일 · 라벨 등의 작업이 필요 없음	파일 · 라벨 등의 구입비용삭감
참조	검색업무가 효율화되고, 타 부서 간에도 정보유통이 원활하게 됨	—

6) 전자무역계약도입의 파급효과

전자화를 촉진시켜서 관계기관이나 협력업체 간에서의 업무를 시간과 비용면에서 절약할 수 있고 효율적으로 변화시킴으로써 기업이미지가 향상되는 것이 장점이라 할 수 있다. 물론 전자무역계약의 대상문서는 계약서이지만, 그 이

외의 중요한 무역서류인 선적서류 등의 전자화도 같은 장점을 가진다.

이러한 점에서 전자계약의 도입을 계기로 지금까지 종이문서로 보존하는 계약서 이외의 문서의 전자화가 한층 더 진전될 수 있다. 예를 들면 수출상들은 수입상별로 정리한 수출물품의 종류에 따른 장부를 전자화할 수 있고, 자체생산공장 및 수출물품구매를 위한 협력업체와의 전자화도 가능하다.

다른 하나의 파급효과는 기업이미지의 향상이다. 환경은 기업에 의해 중요한 테마이기 때문에 종이의 사용량을 감소시키는 전자계약의 도입은 기업이미지에 긍정적인 효과를 가져다준다. 전자계약이 이 정도로 보급되었다는 점을 국내외에 인식시킴으로써 기업의 인지도를 향상시키게 되어 첨단기업의 이미지를 어필할 수 있을 것이다.

2절
무역서류 전자화의 전제조건

1. 표준화와 상호운용성의 확보

무역서류는 인류의 상거래역사와 함께 발전하였다. 종래의 서류기반의 무역시스템에서는 국제적인 거래를 결정하기 위해서는 무엇보다도 필요한 것이 문서서식의 국제적인 통일이었다. 인터넷을 이용하여 무역서류를 전자화하기 위해서는 여러 가지 관련기관들 간에 공통으로 이용하는 서류를 포맷하여 표준화할 필요가 있다.

무역서류(B/L, L/C, I/P 등)를 인터넷으로 주고받기 위해서는 전자문서의 송수신을 확인하기 위한 프로토콜(통신규약)의 표준화도 필요하다. 무역서류를 전자화하는 데 있어서는 이미 기재된 항목의 데이터를 포맷하고 무역문서의 메시지를 표준화하는 것이 필요하다.

특히 전자무역에서는 2인 이상의 거래관계자가 데이터를 교환하기 위하여 상호작용하고 있다. 그러므로 각각의 기업이 비즈니스에 적응하는 전자적인 기법을 도입할 때는 외부와 데이터 교환이 정확하게 들어맞아야 하는 정합성을 가져야 한다. 다시 말해 인터넷에서는 각각의 기업이 여러 가지 컴퓨터로 접속하고 있기 때문에 상호운용성을 확보해야 할 필요성이 있는 것이다. 현재 표준적인 비즈니스상의 의미(semantic)의 확정을 조급하게 완성하면 새로운 장애나 불필요한 장벽이 나타나기 때문에 이를 피하고, 세계무역에 필요한 비즈니스 데이터 교환의 표준화와 조화를 달성하여야 하는 방향으로 연구되고 있다.

[표 6] 표준화와 상호운용성의 확보

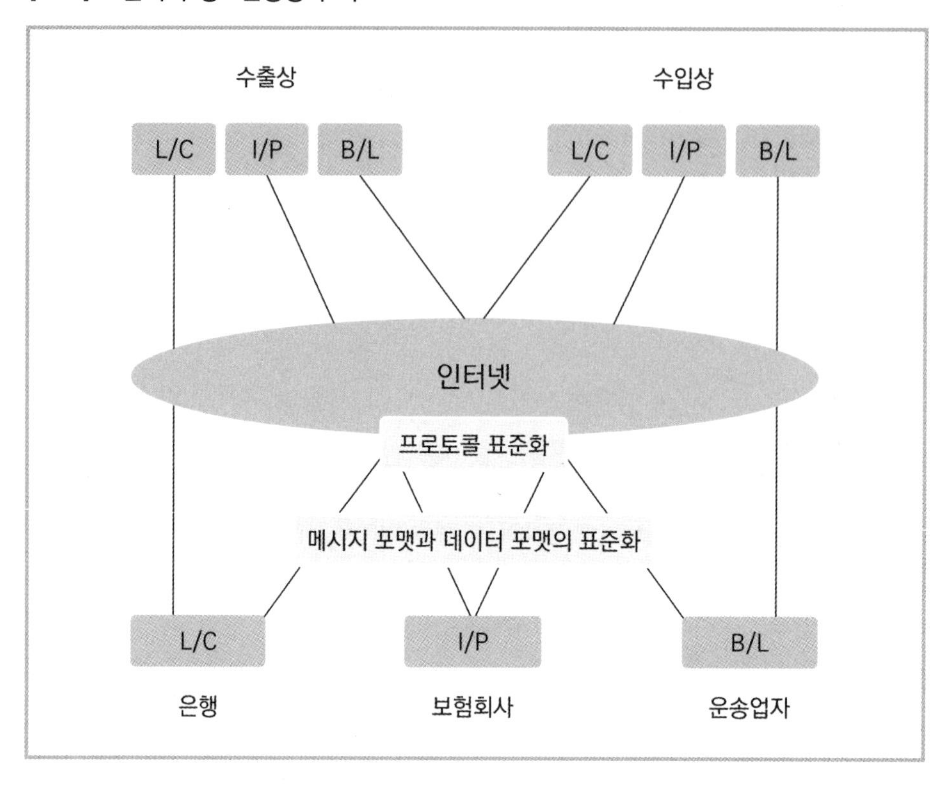

인터넷상의 비즈니스는 각각의 거래와 이들 간의 커뮤니케이션이 고립되지 않고 상거래활동이 연동되어 상호운용성이 확보되어야만이 올바른 전자무역이 현실적으로 성립될 것으로 본다. 특히 e-비즈니스 표준의 상호운용성은 e-비즈니스를 촉진하기 위해 필요한 현실적 이슈이다. 현재 한국은 아시아 지역은 물론 미주지역과 유럽지역과의 공동협력을 통해 글로벌 e-비즈니스 상호운용 환경조성을 위한 노력을 하고 있다.

2. 문서성 확보

전자거래에서는 온라인 거래만으로 법적인 계약이 성립되지 않을 수도 있다. 메시지 교환만으로 계약이 성립되는 전자거래에서는 서명부에 대한 서면이 없으므로 집행력을 상실하게 될 리스크가 있다. 이 리스크를 배제하기 위해서는 메시지가 서면성을 충족하고 있는가의 여부와 그것에 따른 증거가 확보되어 있는가를 고려해야 한다. 특히 네트워크를 이용하여 컴퓨터 및 기타 정보처리장치 간에 전자적인 방식으로 전송되어 처리되기 때문에 컴퓨터와 같은 특정 매체가 없으면 눈으로 볼 수 없고, 읽어서 인식할 수 없을 뿐만 아니라 새로운 데이터에 기존 데이터가 수정·보완될 수 있기 때문에 법적인 문서성을 인정하기가 곤란하다.

현재 UNCITRAL(United Nations Commission on International Trade Law)의 전자상거래에 관한 모델법에서는 일정한 요건을 갖춘 데이터 메시지를 서면의 기능적 등가물(functional equivalent)로 간주하는 방법을 채택하고 있다. 더욱이 여기에는 데이터 메시지에 포함되어 있는 정보가 이후에 증명에 이용할 수 있을 만큼 접근이 가능하다면 데이터 메시지만으로 무방하다고 규정하고 있다. 그 밖에 무역업무자동화촉진에 관한 법률과 같이 다양한 법률에서 전자문서의 문서성을 인정하고 있다. 다음으로 전자문서의 증거능력과 증거가치가 있는가 하는 문제가 발생된다. 영국의 민사증거법에서는 일정한 처리과정을 거친 데이터 메시지의 증거능력에 대한 인정규정은 정하지 않고 있지만 컴퓨터 문서의 사본(사본)은 원본과 일치된다고 신뢰할 수 있는 한 증거로서 인증된다고 규정하고 있다. 미국에서도 통상의 업무활동의 일환으로 기록되어진 업무기록은 전문증거배제원칙에 대한 예외로서 작성자의 반대심문을 거쳐서 증거로 인정된다고 규정하고 있다(Federal Rules of Evidence, 803).

3. 암호시스템

정보의 불법적인 변조로부터의 정보보호를 의미하는 것으로, 비인가자 및 불법침입자에 의한 전자문서의 변경, 추가, 삭제 등을 못하게 하여 원래 상태의 완전성, 정확성, 일관성을 유지하기 위하여 암호시스템은 필수적인 요소이다.

암호란 메시지를 제3자가 해독 불가능한 형태로 변형하거나 암호화된 통신문을 해독가능한 형태로 변환하기 위한 원리, 수단 방법 등을 취급하는 기술을 말한다. 암호화시스템은 평문(plain text)을 제3자가 이해할 수 없는 암호문(ciphertext)으로 변환하는 암호화(encryption) 단계와 암호문을 정당한 수신자가 정당한 절차를 통해 본래의 평문으로 바꾸는 복호화(decryption) 단계로 구성된다. 이때 부당한 제3자가 다른 수단을 통해 암호문을 평문으로 구하는 것을 해독(cryptanalysis)이라 한다. 송신자가 암호화키를 비밀로 하고 이에 대응하는 복호화키를 공개한다면 복호화키를 가진 누구라도 이 송신자의 메시지를 해독할 수 있으며 이는 전자서명의 기초를 제공한다. 암호기술은 이 해독의 리스크로부터 벗어나야만이 그 고유 기능을 수행할 수 있다.

4. 전자서명

전자서명이란 공개키 암호방식(public key cryptography)을 이용하여 송신자가 비밀암호키로 암호화하여 서명을 작성하고 수신자가 공개키에서 복호화하여 서명의 정당성을 확인하는 것을 말한다. 전자서명에 의해 명의자의 공개키를 사용하여 확인될 수 있는 경우에는 이에 대응하는 비밀키에 의하여 생성되었다는 것이 추정될 수 있으며 또 전자서명은 발신자가 메시지의 근원으로서 자기의 신원을 확인할 의도로 부가되었다는 것이 추정될 것이고, 전자서명과 이를 인증하는 인증기관의 인증서로서 거래당사자임을 확인하게 될 때 당사자의 진정성을 확보할 수 있다.

UNCITRAL 전자서명모델법에 의하면, "전자서명이란 데이터 메시지와 관련하여 서명자를 확인하고 당해 데이터 메시지에 포함된 정보에 대한 서명자의 승인을 나타내는데 이용될 수 있는 데이터 메시지에 포함·첨부되거나 또는 논리적으로 결합된 전자적 형태의 데이터"를 말한다 — UNCITRAL Model Law on Electronic Signatures Article (2)(a), UNCITRAL Model Law on Electronic Signatures에서는 A/CN.9/WG.IV/WP.88의 내용 중 Article 8(1)(b)의 일부 내용추가를 제외하고는 Draft와 동일하게 2001년 7월에 채택되었다.

전자거래기본법에서는 전자서명에 관해 전자문서를 작성한 작성자의 신원과 당해 전자문서가 그 작성자에 의하여 작성되었음을 나타내는 전자적 형태의 서명을 말한다고 규정하고 있다. 이는 전자서명도 포함하는 기술적 중립성을 확보하고 있다. 전자서명법과 전자거래기본법에서 공인인증기관의 인증을 받은 전자서명은 민사소송법 제329조의 서명·기명날인으로 취급된다. UNCITRAL 전자서명모델법도 제6조에 이와 동일한 규정을 두고 있다.

5. 전자인증

전자인증은 다음의 중요한 목적을 가지고 있다. 첫째, 누가 전자문서에 서명하였는지 확인하는 것이고, 둘째, 전자문서의 존재와 내용을 확인하며, 셋째, 전자서명의 인증으로 전자문서에 대한 당사자의 승인을 확인하는 것이다.

전자인증은 단순히 전자서명을 인증하는 데 그치는 것이 아니라, 공개키 암호방식을 이용한다면 전자문서를 누가 작성하였고 또 전자문서가 변경되지 않았다는 사실을 확인할 수 있게 해 준다.

전자인증의 성질은 어느 주체가 전자서명의 인증을 행하는가에 따라 달라질 수 있다. 공적기관이 이를 담당한다면 인감과 같은 성질 및 효력을 가진다고 할 수 있을 것이다. 전자거래에서는 대면에 의한 계약체결 등의 경우와 비교해서 본인확인 수단이 부족하므로 거래상대방을 확인하기 위한 인증을 어떻게 행하는가가 문제가 된다.

3절
전자무역계약의 문제점

1. 전자문서의 법적 문제

전자무역거래에서는 온라인 거래만으로 법적인 계약이 성립되지 않을 수도 있다. 메시지 교환만으로 계약이 성립되는 전자거래에서는 서명부에 대한 서면이 없으므로 집행력을 상실하게 될 리스크가 있다. 이 리스크를 배제하기 위해서는 메시지가 서면성을 충족하고 있는가의 여부와 그것에 따른 증거가 확보되어 있는가를 고려해야 한다. 구체적으로 전자문서는 네트워크를 이용하여 컴퓨터 및 기타 정보처리장치 간에 전자적인 방식으로 전송되어 처리되기 때문에 컴퓨터와 같은 특정 매체가 없으면 눈으로 볼 수 없고, 읽어서 인식할 수 없을 뿐만 아니라, 새로운 데이터에 기존 데이터가 수정·보완될 수 있기 때문에 법적인 문서성을 인정하기가 곤란한 문제가 발생된다.

전자계약에 당면한 법적인 문제는 최소한의 해결은 되어 있다. 즉 계약이란 행위에는 계약당사자의 인감이나 사인이 된 본인의 의사표시가 필요하지만, 2001년에 시행된 한국의 전자서명법에는 일정기준에 따른 본인의 전자서명이 첨부된 전자문서는 본인이 작성한 것으로 인정하고 있다. 나아가 UNCITRAL에서도 국제거래 관련한 법적 구속력이 있는 전자계약협약을 진행시키고 있고, 법적 장애를 제거하기 위한 노력을 기울이고 있다.

전자서명이란 공개키 암호방식(public key cryptography)을 이용하여 송신자가 비밀암호키로 암호화하여 서명을 작성하고 수신자가 공개키에서 복호화하여 서명의 정당성을 확인하는 것을 말한다. UNCITRAL 전자서명모델법에 의하면, "전자서명이란 데이터 메시지와 관련하여 서명자를 확인하고 당해 데이터 메시지에 포함된 정보에 대한 서명자의 승인을 나타내는 데 이용될 수 있는 데이터 메시지에 포함·첨부되거나 또는 논리적으로 결합된 전자적 형태의 데이터"를 말한다(UNCITRAL Model Law on Electronic Signatures Article (2)(a), UNCITRAL Model Law on Electronic Signatures에서는 A/CN.9/WG.IV/WP.88).

UNCITRAL의 전자상거래에 관한 모델법에서는 일정한 요건을 갖춘 데이터 메시지를 서면의 기능적 등가물(functional equivalent)로 간주하는 방법을 채택하고 있다. 한국의 전자거래법에서도 「전자문서는 다른 법률에 특별한 규정이 있는 경우를 제외하고는 전자적 형태로 되어 있다는 이유로 문서로서의 효력이 부인되지 아니한다」(제4조) 및 「전자문서의 보관으로 관계 법령이 정하는 문서의 보관에 갈음할 수 있다」(제5조)라고 규정하여 전자문서의 효력을 인정하고 있다. 그 밖에 무역업무자동화촉진에 관한 법률과 같이 다양한 법률에서 전자문서의 문서성을 인정하고 있다.

다음으로 전자문서의 증거능력과 증거가치가 있는가 하는 문제가 발생된다. 영국의 민사증거법에서는 일정한 처리과정을 거친 데이터 메시지의 증거능력에 대한 인정규정은 정하지 않고 있지만 컴퓨터 문서의 사본은 원본과 일치된다고 신뢰할 수 있는 한 증거로서 인정된 규정하고 있다. 미국에서도 통상의 업무활동의 일환으로 기록되어진 업무기록은 전문증거배제원칙에 대한 예외로서 작성자의 반대심문을 거쳐서 증거로 인정된다고 규정하고 있다.

그러나 전자문서의 이용빈도가 높아지고 기존의 서류를 전자문서로 대체하는 기업이 많아지고 있으며 기존에 인정되고 있는 전자문서의 문서성을 더욱 구체적이고 상세하게 규정할 필요가 있다.

다음으로 증거법상의 문제가 있다. 전자문서의 송신사실을 기초로 계약이 성립하면 데이터의 송수신자는 계약성립에 따른 책임이 부과된다. 그러나 분쟁이 발생한 경우 법원이 계약성립을 인정하지 않을 리스크를 방지하기 위한 대책을 강구할 필요가 있다. 전자거래가 분쟁이 발생한 경우 분쟁사실에 대해서 판단해야 할 재료는 메시지뿐이다. 따라서 법원에 계약성립을 인정시키기 위해서는 메시지에 의한 계약성립의 증명이 가능해야 한다. 이 메시지에 의한 증명의 가부는 우선 증거로서 법원이 채용할 것인가 하는 문제가 있다.

증거로서 채용가능한 대상으로 제한이 있는 법제에서의 문제, 예를 들면 자유심증주의를 채택하고 있는 한국과는 달리 미국에서는 최량증거주의(best evidence rule)에 의해 계약의 내용을 증명하는 경우에는 원본이 아니면 증거로서 채용할 수 없게 될 리스크가 있다. 특히 전자거래를 둘러싼 소송에서 전자데이터의 취급을 문서에 의한 거래와 비교하면 당사자들이 특정한 문서로서 의사표시를 했는지 여부에 대한 소송에서는 문서의 존재여부, 문서의 작성자, 문서의 기재사항, 문서의 변조여부, 문서의 해석문제가 있다. 그리고 데이터 메시지를 보존하고 있는 전자적인 매체를 증거로 하는 경우에는 민사소송법상 이것이 문서에 해당하는가, 문서에 준하는 준문서에 해당하는가 또는 검증에 의해야 하는가 하는 문제가 존재한다. 이 점은 데이터 메시지의 원본이 무엇인가 하는 점과 그 원본이 증거방법으로서 증거조사의 대상이 될 수 있는 법률상의 적격을 갖추었는가 하는 증거능력이 문제이다.

2. 전자문서의 기능상의 문제

전자문서의 기능적인 면에서 나타나는 문제가 있다. 전자메일로 파일을 첨부하면 시간·거리의 제약 없이 계약을 체결할 수 있으며, 종이에 비해서 파일명이나 시계열에 의한 검색이 용이하여 자료관리가 편리한 점도 있다. 그렇기 때문에 때와 장소에 상관없이 내용의 수정이나 추가를 할 수 있는 전자문서는 비즈니스상의 큰 장점이다. 그러나 이러한 장점 때문에 발생되는 문제도 많다. 즉 문서내용을 변경하거나 잘못 전송하는 경우가 있다면 송·수신된 주요 문서내용의 신뢰성까지 의심할 수 있다. 이는 기업의 활동에 중요한 리스크에 해당된다. 어떠한 리스크가 발생되는지를 구체적으로 보자.

(1) 위·변조의 리스크

전자문서는 위·변조가 용이하다. 확정된 내용이라 하더라도 본인이나 경우에 따라 타인도 간단하게 그 내용을 변경할 수 있을 뿐만 아니라, 변경했다 하더라도 제3자가 이러한 사실을 확인하기가 어렵다. 여기에서 종이와 전자문서의 차이는 무엇인가. 예를 들면 전자문서를 작성한 수출상이 그 내용에 관해 수입상으로부터 승낙을 받아야 하는 것이 있다. 종이서류의 계약서에는 당사자 자신의 사인이나 인감을 날인한 계약서로 계약되기 때문에 합의의 대상이 되는 정보가 기입된 종이서류상의 내용에 대해서 수출상이 수정을 하는 것은 불가능하다.

그러나 전자문서로 된 계약서는 당사자들이 중요한 계약내용을 전자메일에서 파일로 처리한다면 당사자 모두 그 내용에 합의하였다 하더라도 수출상이 그 내용을 변경할 수도 있다. 물론 당사자의 컴퓨터파일에 파일 작성일시가 보존되지만 특정 일시에 컴퓨터시간을 설정함으로써 위·변조가 시간에 관계없이 가능하다. 따라서 컴퓨터 초보자라 하더라도 전자문서를 수정할 수 있는 프로그램을 인터넷에서 다운받은 뒤 이를 간단하게 위·변조할 수 있다.

이와 같이 원본파일의 위·변조 가능성 때문에 인터넷 네트워크상의 보안을 유지하기가 쉽지 않다. 더욱이 컴퓨터상의 파일조작을 막을 수 있다 하더라도 문서를 출력한 뒤에 고해상도 스캐너를 이용하여 간단하게 문서를 변조할 수도 있다. 전자문서를 보이는 그대로 컴퓨터에 저장할 수 있는 스캐닝기술의 발전 때문이다.

보안프로그램 개발업체에서도 모든 보안문제를 기술적인 측면만으로는 해결이 불가능하다는 점을 밝히고 있다. 물론 서버에서의 보안 취약점에 대해서는 자체에서 처리가능하다 할지라도 일반 컴퓨터에서는 보안을 유지하기가 쉽지 않기 때문이다.

(2) 소실가능성

종이문서는 회사의 금고나 금융기관의 대여금고에 보존하면 컴퓨터시스템에서 보존하는 방식에 비해 안전하다. 그러나 전자문서는 이를 관리하는 컴퓨터시스템에 이상이 발생하거나, 전자문서가 보존되어 있는 플로피 및 하드 디스크의 유효기간이 경과하여 그 내용이 자연적으로 소멸될 가능성도 있다. 그러므로 법률상의 중요한 전자문서에 대해서는 공증인에게 전자무역계약의 내용에 관한 공정증서를 작성하여 보관하여야 하는 문제가 있다.

(3) 해커, 컴퓨터 바이러스의 침입

전자문서는 동시에 대량의 문서를 외부로 보낼 수 있는 반면에 외부에서의 침입도 용이하다. 컴퓨터 네트워크상에서 아무런 차단 없이 인터넷을 경유하여 외부로 접속할 수 있다는 사실은 바꾸어 말하면 외부로부터도 해커나 바이러스가 침입할 수 있는 리스크가 상존하고 있는 것이다. 예를 들어 회사의 중요한 컴퓨터시스템으로 바이러스메일이 침입하여 중요한 파일이 파괴되는 리스크도 있는 것이다.

이러한 바이러스를 방어하는 백신이나 소프트웨어가 있지만 완전한 대응책은 없는 것이 현실이다. 그러므로 이용자 측에서 전자문서파일을 보호하기 위하여 네트워크로부터 바이러스를 차단할 수 있는 소프트웨어의 백신을 항상 최신의 것으로 업그레이드하고, 주요 전자문서는 백업파일로 보관하여야 하는 불편한 문제가 있다.

(4) 원본성의 확보

전자문서의 사용자가 전자문서를 작성하였다는 사실을 확인할 수 있는 기능이 있어야 한다. 전자문서는 종이문서에 비해 위·변조 그 자체가 용이함과 함께, 계약진행과정에 대한 사실확인작업이 어려운 보존 및 관리상의 문제가 있다. 계약상대방이 전자서명으로 확인된 정당한 당사자라 하더라도, 그 당사자가 계약내용을 수정 또는 변경하는 데 대한 대항책이 원본성 확보를 위한 기술이다. 이는 실제적인 거래요건임과 동시에 법적요건이다. 수신자는 전자메시지가 진정한 원본임을 믿을 수 있어야 거래를 진행할 수 있으며, 또 기록이 법원에서 증거로 채택되기 위해서는 진정성이 확보되어야 하기 때문이다.

거래당사자들이 상호 간 직접 대면하지 않고 정보통신망을 이용하여 계약을 체결할 경우 제3자가 거래당사자 본인을 사칭해서 본인의 서명을 위조하여 거래를 행할 수 있는데, 이러한 리스크를 방지하기 위해서는 직접적으로 상대방을 확인하는 효과를 얻을 수 있는 방법의 대체수단이 제시되지 않으면 전자적 거래를 신뢰할 수 없다.

(5) 부인방지기능

송신자가 송신한 사실을 부인할 때 송신자의 전자서명이 첨부되어 있으면 특별한 사정이 없는 한 송신자가 그 전자문서를 작성·송신하였다고 간주될 수 있어야 한다. 이는 전자메시지를 신뢰한 당사자가 상대방에게 그 메시지를 귀속시키려고 할 때 법적요건이 성립된다. 다시 말해, 부인방지는 의사를 표명한 송신자가 그 의사표명을 부인하는 것이 불가능함을 말한다.

동일성을 확인하는 전자거래상의 메커니즘이 정확하게 기능을 한다면 송신자에게 귀속되는 의사가 실제로 행해지지 않았다고 주장할 근거는 없다. 디지털 서명은 부인방지를 위한 강력한 방책이 된다는 것이 입증되어 있지만, 그러나 현재 완전하게 부정을 배제할 수 있는 시스템은 없으며, 다만 부정을 감소시키는 기능만 할 뿐이다.

3. 비즈니스상의 문제

다음으로 비즈니스상에서 이용되는 전자문서에 당면한 문제가 있다. 전자무역상의 계약업무에서 업종별 및 규모 그리고 대상국에 따라 차이가 많다. 단순히 계약서 내용을 작성하기 위하여 워드 프로세스나 수식계산 등의 기능을 이용하는 것만이 아니라, ADSL이나 광통신의 보급 등으로 전자무역을 이용하는 방법과 형태가 다양하기 때문에 발생되는 문제도 많다.

현재 컴퓨터보급률이 괄목할 만한 수준으로 상승함에 따라 전자문서 이용자들도 증가하고 있다. 따라서 전자문서화를 진전시키는 것뿐만 아니라 이용자 측의 시점에서 어떠한 문제점이 있는가에 중점을 두고 연구·개발하여야 한다.

대체로 전자문서를 일상적으로 사용하고 있는 비즈니스에서는 사내의 문서 작성에도 컴퓨터를 이용하지만 사외의 외부문서를 처리하기 위해서, 특히 주문, 계약과 같은 경제적, 법률적 효과를 가지는 내용의 문서는 종이문서로 처리하는 경우가 많다. 이러한 경우에 '정본' 또는 '원본'은 어디까지나 회사인감이 날인된 종이문서로 처리되며, 전자적인 정보는 부차적인 것으로 취급될 수 있다. 이러한 점에서 보면 종이문서작업과 전자문서작업의 2가지를 병행하여 진행시켜야 하기 때문에 효율성에 문제가 있다.

4. 계약의 성립시기와 장소

전자무역에서는 다양한 전자적 의사표시의 형태로 계약이 이루어지기 때문에 성립시기가 불분명한 문제가 발생된다. 특히, 발신주의와 도달주의 간에 상반된 견해가 존재하고 있다. 한국의 무역자동화촉진에 관한 법률 제15조에서 전자문서는 「당사자의 컴퓨터파일에 기록된 때에 그 상대방에게 도달한다」라고 규정하고 있다. 그러나 예외적으로 「전자문서의 도달시기에 관하여 다른 법률이나 약정체결 등으로 다르게 정한 경우에는 그 법률이나 약정이 정한 바에 의한다」라고 규정하여 도달주의의 원칙을 배제할 수 있는 여지를 마련하고 있다.

전자무역에서 발신주의를 채택한다면 송신자의 발신시점 이후에 발생되는 컴퓨터망의 하자로 인한 책임을 수신자가 부담해야 하는 문제가 발생된다. 전자사서함이 있다면 전자문서가 사서함에 입력되는 순간에 발신이 이루어진 것으로 보기 때문에 수신자는 컴퓨터를 작동하고 나서야 전자문서를 인식할 수 있다. 이 경우에 송신자는 전자문서가 사서함에 입력되기까지의 리스크를 감수해야 하고, 수신자는 전자문서를 입수하여 처리하기까지의 리스크를 부담하여야 하기 때문에 불합리한 결과를 가져오게 된다. 따라서 발신주의를 적용할 경우에는 청약자와 피청약자가 계약성립시기가 불안정한 입장에 처하게 될 리스크가 있다. 따라서 전자무역은 전자적 의사표시의 전달과정에서의 복잡한 단계로 말미암아 그 도달여부가 더욱 중요하게 고려되어야 할 문제점이 있다.

다음으로 전자무역계약의 성립장소는 당사자 간의 반대의 합의가 없는 경우, 계약이 체결된 승낙자가 위치해 있는 장소의 준거법에 의해 규율된다고 본다. 승낙의 효력발생시기는 원칙적으로 승낙의 통지가 상대방에게 도달한 때이므로 유효한 승낙의 통지가 청약자에게 도달된 장소에서 매매계약이 성립한다고 보아야 하기 때문이다. 그러나 무역거래가 전 세계적인 컴퓨터 네트워크를 통하여 발생한 경우에는 당사자들이 상대방이 위치해 있는 정확한 장소를 알 수 없는 경우가 있다. 또한 전자문서를 처리하는 독립된 서비스 제공자가 거래에 개입되는 경우에는 법적인 불확실성에 대한 리스크가 더욱 증가할 것이다.

이러한 리스크에 따라 당사자는 계약성립시기와 장소에 관해 미리 합의해 두거나 서비스 제공자의 선정도 합의 또는 협정서를 교환하는 것이 바람직하다.

5. 전자인증의 문제

전자무역계약에는 전자문서가 위·변조의 가능성 때문에 원본성을 확보하여야 하는 문제뿐만 아니라 계약당사자를 전자적인 방법으로 본인을 확인하여야 하는, 즉 계약당사자 간의 인증이라는 문제가 있다.

(1) 계약당사자 간의 인증

전자문서는 당사자들이 직접대면하지 않기 때문에 '당사자가 확실한가'를 확인하기가 곤란하다. 즉 대면계약에서는 상대방을 실제로 눈으로 확인하거나, 본인인가를 확인하기 위하여 인감과 주민등록증 등으로 확인할 수 있다. 그러나 전자문서의 파일에 대해서는 상대방이 확실한가를 확인할 수 없다. 따라서 계약서상에 중요한 전자문서를 취급하는 경우에는 계약당사자 본인인가를 확인하여야 하는 인증행위가 필요하다.

계약당사자 간의 인증에는 어떠한 문제가 있는가, 이를 어떠한 수단으로 해결할 것인가, 그 외에 전자인증을 뒷받침하는 법제도나 공적인프라의 정비상황 등의 관련동향이 어떻게 되어 있는가를 확인할 필요가 있다.

우선 전자인증은 어떠한 행위를 말하는가, 실사회에 있어서 인증이란 이른바 본인확인을 표시하는 것이 많지만, 여권이나 면허증을 신분증명서로서 제시하고, 자신이 본인임을 증명하는 행위를 예로 들 수 있다. 전자인증이란 전자적인 세계에서 그 데이터를 '누가 작성했는가'를 증명하기 위한 구조로 정의할 수 있다.

(2) 전자인증의 수단

어떠한 수단을 사용하여 본인인 것을 증명할 것인가, 실제사회에서는 신분증명서를 이용하는 것이 일반적이다. 이러한 방식으로 본인임을 증명하는 수단을 열거하면, 지식에 의한 인증 → 소유물에 의한 인증 → 생체적 특징에 의한 인증의 차례로 보안강도가 높다.

첫째, '지식에 의한 인증'은 본인이 알고 있는 정보를 확인하는 것으로 本人임을 증명하는 방법이다. 예를 들어 은행의 ATM을 이용하는 비밀번호 등을 들 수 있다. 그러나 인터넷의 세계에도 패스워드가 광범위하게 이용되지만, 패스워드를 잊었거나, 타인이 알고 있거나 또는 타인이 이를 해독할 수 있는 리스크가 있으므로 확실한 안전장치가 될 수는 없는 문제가 있다.

둘째, '소유물에 의한 인증'이란 본인이 가지고 있는 소유물을 확인하는 것으로 본인을 증명할 수 있는 방법이다. 먼저 ATM을 이용한 후에 인증번호와 동시에 이용하는 캐시카드는 이 분류에 해당된다. 컴퓨터의 세계에는 최근에 보급된 IC카드 등의 외에도 출장이 많은 비즈니스의 방법으로 '온 타임 패스워드카드' 등이 있다. 이러한 점으로 보면 알 수 있지만 자신의 소유물을 타인에게 빌려주거나, 도둑맞거나 하는 리스크가 있으므로 안전하다고는 볼 수 없다.

셋째, '생체적 특징에 의한 인증'은 비교적 정확한 편이다. 본인의 행동이나 습성을 이용한 인증과 생체적인 특징에 의한 인증의 2가지로 세분화할 수 있다. 전자는 필적(사인이나 음성) 등이, 후자는 지문이나 홍채(虹彩), DNA 등이 이용되고 있다. 지문인증은 PC에 적지 않은 장치를 가지고 인증을 실현하는 것이다. 기업 등에서는 노트북이나 컴퓨터에 접착하여 외부에서 기업 내의 네트워크에 액세스(access)한 후에 인증에 이용하고 있는 사례도 있다. 연구소나 중요시설 등의 출입구에 설치하여 입퇴실의 체크에 부정침입을 방지하기 위해 이용하는 형태로 실용화가 급속히 진전되고 있다. 또한 미국에는 공항 등에 카메라를 설치하여 이른바 등록해 놓은 눈동자 사진과 카메라에 비쳐진 얼굴의 영상을 조합하는 안조합기술의 연구가 진행되고 있어서 위험인물의 발견이나 감시 등의 분야에 활용이 기대되고 있다.

이러한 방법은 먼저의 두 가지 수단과 비교하여 물리적으로 본인임을 인식하는 데 어려움이 없기 때문에 도난이나 대여 등의 리스크도 없다. 이러한 개인의 프라이버시에 관한 정보를 가져야 하기 때문에 반대하는 견해가 있다.

[표 7] 인증수단의 장단점 비교

인증수단	장점	단점
지식에 의한 인증	패스워드 등을 본인이 사전에 등록하여 필요시에 간단하게 사용가능하다.	패스워드를 잊거나, 도난당할 리스크가 있다.
소유물에 의한 인증	눈으로 볼 수 있는 것을 이용하므로 지식에 의한 인증보다 안전하다.	도난이나 분실할 리스크가 있다.
생체적 특징에 한 인증	본인만이 가지고 있는 정보로 인증하기 때문에 안전성이 극히 높다.	프라이버시의 문제가 있고, 인증을 위한 정확도가 분명하지는 않다.

제6장

계약물품조달 및 운송리스크관리

1절
수출상의 물품조달

1. 품질결정방법

수출계약이 체결되면 수출상은 계약에 따른 물품을 생산하거나 구매하여 선적하여야 한다. 이때 품질이 계약조건에 맞는가, 예정된 선적일까지 선적할 수 있을 것인가, 인도시점에 물품이 제대로 도착할 것인가 등의 리스크가 있다. 그중에서 품질과 관련한 리스크는 무역거래과정에서 가장 빈번하게 발생하기 때문에 품질관리는 무역거래에서 가장 중요한 포인트라 할 수 있다.

수출상이 약정품을 조달하는 방법은 직접 수출하는 경우와 별도로 제조업체나 공급업체로부터 구매하거나, 제조업체에 생산자금을 지불하여 생산한 뒤에 구입하기도 한다.

수출 전에 품질검사가 필요한 경우에는 미리 검사를 받아 검사증명서를 첨부해야 한다. 그 외에도 선적서류가 계약내용과 일치하는가를 정확하게 대조하여야 한다. 보험증권, 선하증권, 중량 및 용적증명서에도 품질에 관한 모든 사항이 기입되어 있어야 완전한 계약이행이 되는 것이다. 품질을 결정하는 방법으로 다음 몇 가지가 있다.

견본

일반적인 제품은 대부분 견본으로 품질을 결정한다. 규격품이 아니거나 수제품(手製品) 등의 품질은 견본과 선적품 간의 약간의 품질상의 상이한 점을 허용하는 조항을 삽입하여야만이 클레임을 예방할 수 있을 것이다.

표준품(標準品)

농수산물에 대해서는 표준품을 제시하여 품질에 따라 가격을 조정한다. 농산물에 대해서는 평균품질(平均品質; FAQ; Fair Average Quality), 수산품에 대해서는 최적상품(GNQ; Good Merchantable Quality) 등을 이용한다. 면화는 보통품질(USQ; Usual Standard Quality)을 이용한다. 특히 면화는 선적 전에 검사를 받은 품질검사증명서를 선적서류의 하나로 첨부할 것을 계약이나 신용장상의 조건으로 첨가하는 것이 리스크를 회피할 수 있다.

설명서(sales by description)

기계류나 화학제품, 원재료 등의 공업제품에 대해서는 재료, 성질, 성분, 성능, 구조, 방식, 중량, 형태 등에 대한 데이터나 숫자로 표시된 설명서를 첨부하여 품질을 결정한다. 품질성능시험이나 분석시험을 실시하여 그 결과를 서류상에 기입할 수도 있다.

상표

세계적인 유명품은 품질, 성능이 뛰어난 점에서 안정적으로 거래할 수 있다. 브랜드명으로 유명품질로 입증되기 때문이다.

규격(規格)

국제표준기구(ISO; International Standard Organization) 등에서 심사한 제조업체나 각국의 표준규격 등의 규격에 합치된 상품으로 결정한다.

2. 품질결정시점

일반적으로 운송 중에 품질이 변하는 경우가 많다. 이 경우에는 수출항에서 품질검사를 받은 검사증명서가 있으면 운송 중에 품질이 변하여도 수출상은 책임이 없다. 수입상은 선적지에서 검사한 품질검사증명서가 있다면 수입상은 보험사로부터 손해를 보상받을 수 있다. 운송 중에 운송회사의 부주의한 취급으로 품질이 악화되거나, 해수에 의해 변하였거나 할 경우에도 제조한 시점이나 선적시에 품질상태에 대해 면밀하게 조사하여 책임을 확정지을 필요가 있다.

포장(包裝; packing)

포장이란 화물을 수송·보관하는 중에 화물의 상태를 보호하고, 화물의 가치를 유지하기 위하여 적절한 재료나 용기 등을 이용하여 화물을 포장하는 것을 말한다. 현재에는 포장에다가 판매촉진의 기능을 강화하고 있는 추세에 있다.

물품의 종류나 성질에 따라 사용된 재료나 용기가 차이가 있다. 통상적으로 나무상자(wooden case), 카튼 박스(carton box), 베일(bale), 백(bag), 드럼(drum) 등이 이용된다. 포장은 상품의 가치를 높이고, 보호하며, 장기간 운송을 견딜 수 있게 포장하여야 한다. 현실적으로 포장은 수출상이 임의대로 하는 경우가 많다.

수출상품은 통상적으로 장기의 수송을 필요로 하기 때문에 그 사이에 화물이 손상 또는 도난당하는 경우가 있다. 그래서 수출포장은 장기간의 항해를 견딜 수 있도록 감항성(堪航性) 있게 포장해야 한다. 그러나 포장비나 운임이 증가하는 점을 피하여야 할 것이다. 그 외에 수입국의 상관습 및 관세법이나 기타법규를 위반하지 않도록 주의하여야 한다. 특수한 상품은 업계나 상관습에 따라 주의하여 포장하여야 한다. 특히 매매계약상에 포장에 관한 계약조건이 있다면 그에 따라야 할 것이다.

철광석, 석탄, 곡물, 목재 등은 포장할 필요가 없다. 이러한 대량화물의 운송은 전용선에 의한 운송방법이 발달하였다. 석유는 선박자체가 운송과 포장수단으로 되어 있다.

개품운송은 일반적으로 컨테이너로 운송한다. 컨테이너는 하역작업 중에 손상되거나 도난당할 리스크가 적기 때문에 포장도 간략하게 할 수 있어서 포장비용이나 운임을 절약할 수 있는 장점이 있다.

화인(貨印; shipping mark; export mark)

화인(貨印)은 운송관계자나 수입상이 화물을 식별하기 쉽도록 하기 위한 기호이다. 화물취급 및 인수에 중요한 역할을 하기 때문에 선하증권 및 송장에도 필수적으로 기재된다. 화인은 통상적으로 수입상이 지정하지만, 지정되지 아니한 경우에 수출상은 적당하게 결정하여 기재하여야 한다. 수하인(受荷人) 및 송하인(送荷人)을 표시하는 주(主)마크(main mark), 송하인 및 제조업체를 표시하는 부(副)마크(counter mark; sub mark), 화물의 품질·등급을 표시하는 품질마크(quality mark), 목적지 및 목적항을 표시하는 포트마크(port mark), 케이스 또는 베일마크(case or bale mark) 그 외에도 취급주의(with care) 등의 마크가 있다. 법규에 의해서 화물의 원산지국명을 명기하여야 하는 원산지마크(country of origin mark)나 중량·용적을 기입할 것을 규정한 국가도 있다.

포장이나 화인을 정당한 업무취급자로서 적절하게 처리하지 않으면 그에 따른 책임을 지게 된다. 수량이나 중량도 거래상의 중요한 포인트가 되기 때문이다. 계약당사자들은 상품의 단위를 길이와 중량, 개수 등을 기호로서 명시하여야 하고, 수출상은 그에 따른 수량이나 중량이나 용적을 표시하여야 한다.

용적 및 수량

용적이나 수량은 선적 전에 공인검사원에게 정확하게 계측될 수 있어야 한다. 선적 시에 중량이나 용적이 계약과 일치하는가를 증명하기 위해서는 용량·용적증명서와 기타 검량증명서로 확인할 수 있다. 수출상은 이러한 증명서를 발급받아 놓으면 선적한 후에 운송 중의 상품이 멸실되거나 수량이나 중량이 부족하더라도 책임을 면할 수 있다.

현실적으로 수입상은 수출지역에서 계약한 물품을 점검할 수 없다. 그래서 수출상이 선적 전에 약정품의 품질이나 포장 등이 계약과 일치하는가를 검사하는 경우가 많다. 법적으로는 검사할 의무가 없다 하더라도 수출상이 상품을 인도하기 전에 검사하는 것은 수출상의 의무이다.

계약서상에 수출검사증명서를 요구하는 경우도 있다. 이는 수출상이 계약에 정해진, 또는 법적으로 정해진 검사기관에서 수출검사를 시행하여 검사증명서(Certificate of Inspection; Inspection Certificate)를 발급받아야 한다. 이는 수입상으로부터 클레임이 제기될 경우에 수출상은 이에 따른 검사증명서로 대항할 수 있기 때문이다. 국제적인 주요 수출검사기관은 다음과 같다.

- Bureau Veritas: 라이베리아, 페루, 마다가스카르, 에콰도르 등의 중남미 및 아프리카 일부
- SGS: 케냐, 앙고라, 필리핀 등의 아프리카나 동남아 지역의 일부
- COTECNA(OMIC International, Ltd): 가나, 나이지리아 등의 아프리카나 중남미 일부
- ITS(Intertek Testing Service): 모잠비크, 사우디아라비아 등의 아프리카와 中東의 일부 등

그러나 수출검사에 합격하였다고 해도 수입상으로부터의 품질클레임을 면할 수 없다. 어디까지나 검사는 수출을 위한 기준이며 개별 거래계약에 의한 검사가 아니고 또한 계약상품이 확실한 것인가를 증명하는 것도 아니기 때문이다. 디자인 및 계약에 따른 상표에 대해서는 인정기관의 인정을 받아야 하는 품목도 있다. 생사 및 섬유 등의 수출에 대해서는 수출조합의 검사를 받거나 허가를 받아야 한다.

3. 제조물책임법

제조물책임법은 제품의 결함으로 인해 이용자 또는 제3자가 피해를 입었을 경우 제품의 생산, 유통, 판매 과정에 관여한 자가 부담해야 하는 법률상의 배상책임을 규정한 법이다. 현재의 대량생산·대량소비의 사회에서는 대량으로 생산하여 판매하는 기업들은 막대한 수익을 보겠지만 상대적으로 불량제품을 생산하여 판매하는 리스크를 동시에 보유하고 있다. 그뿐만 아니라 기업활동의 범위가 넓어지고 복잡해지면서 기업은 의식적, 무의식적으로 제3자에게 피해를 주게 되는 경우가 많아서 피해자로부터 법적인 배상책임을 당하는 경우가 빈번해지고 있다.

제조물책임법은 전통적으로 과실책임이론을 토대로 배상과 관련된 문제를 다루어 왔다. 그러나 점차 과학기술이 발달하고 이와 관련된 복잡한 제조 및 유통과정에서 발생되는 배상책임 문제를 정확하게 처리할 수 없게 되었다. 따라서 선진국을 중심으로 엄격한 배상책임을 기초로 한 제조물책임법이 발달되었다. 미국을 비롯한 주요 무역대국들이 제정한 제조물책임법은 수출기업에 대한 소송증가, 수출경쟁력 상실, 비관세장벽 등의 리스크를 부담하게 하였다. 특히 부가가치가 큰 공산품은 제조물책임에 노출될 소지가 더욱 크다.

각국의 제조물책임법은 대부분 국내생산자와 소비자 간의 관계를 규율하고 있지만, 해당국에 상품을 수출한 외국기업 역시 국내제조기업과 동일한 리스크에 노출된다.

미국, EU, 일본의 엄격한 생산물에 대한 제조물책임법이 규정하고 있는 제품의 안전수준에 도달하기 위해서는 원자재 및 시설대체, 품질관리, 보험 등의 비용이 추가될 수밖에 없다. 이는 제품가격상승요인이 되어 수출기업의 채산성을 악화시킬 수도 있다. 특히 수입국이 자국의 법률을 엄격하게 적용하면 경영기반이 취약한 중소 수출기업은 더욱 불리하다. 그뿐만 아니라 미국, EU, 일본 등의 법규는 같은 제품이지만 책임과 범위가 각기 다르기 때문에 일종의 비관세 장벽의 기능을 할 소지도 있다.

미국, EU, 일본 등은 소비자 권익보호를 위한 제반 입법적, 제도적 조치가 확립되어 있다. 따라서 수입제품에 대한 제조물배상책임 문제가 발생될 소지가 많다.

4. 제조물책임법에 따른 법률리스크관리

제조물책임법에 대한 대책은 예방(豫防)과 방어(防禦)로 나눌 수 있다. 예방은 사고발생을 방지하는 데에, 방어는 소송이 제기되었을 때 피해를 최소화하는 데 중점을 두고 있다. 제품을 판매하기 전에는 리스크방지에 초점을 두어 품질에 최선을 다하고 있다는 점을 나타내어야 하거나, 제품사용할 때 주의해야 하는 점 등의 경고내용을 상품에 부착하여 리스크를 제한하는 것이 중요하다. 제품이 판매되었지만 사고가 발생하기 전에는 손해를 경감시키는 데 초점을 맞추어야 한다.

사고가 발생한 후에는 소송대책과 기업의 신뢰회복에 초점을 두어야 한다. 이 경우에는 될 수 있는 한 화해로 이끌어가는 것이 최선이며 기업의 신뢰회복에도 노력을 기울여야 할 것이다. 제조물책임법에 따른 리스크관리수단은 다음과 같다.

- 제조물책임법 관련정보와 법률을 수집, 분석한다.
- 생산직 종업원의 안전교육을 강화하고 정기적으로 점검한다.
- 제품안전에 따른 주의사항을 표시한다.
- 매매계약서상에도 제품안전에 대한 주의사항을 명시한다.

제조물책임법은 세계표준으로 정착되어가고 있다. 수출기업들은 전사적으로 사고발생확률을 줄이고 소비자 불만 및 이미지 훼손을 최소화시켜야 할 것이다. 그러기 위해서는 제품결함의 원인을 개발부터 판매까지의 모든 단계에서 분석하고 대책을 마련하여야 한다. 제조물책임에 따른 품질관련 리스크는 다음 몇 가지 방법으로 예방할 수 있다.

- 수출상은 선적일자 및 네고일자를 맞추기 위하여 납기가 항상 중요하지만 이를 이유로 불량제품을 생산하는 리스크를 사전에 제거해야 한다. 그러기 위해서 제품개발 단계에서부터 안전관련 항목을 철저히 고려하여 생산하여야 한다. 적합하지 못한 제품은 생산공정에서 아무리 주의를 기울이더라도 사고리스크가 클 수밖에 없다. 동종업계 및 글로벌 기업에서 취하는 안전기준을 벤치마킹하여 리스크를 방지할 수 있다.
- 경고 및 리스크표시를 부착하여 리스크를 제한한다. 일반적으로 경고라벨, 취급설명서 등을 소비자가 보기 쉽고, 읽기 쉬우며 바르게 이해할 수 있도록 제작하는 것이다. 현재는 설계보다 경고조치를 취하지 않은 결함에 대한 소송이 증가하는 추세이다. 설계결함은 기술적 내용이 관련되어 소송을 하기 어렵지만, 표시결함 등은 소비자에게 유리한 판결을 이끌어 내는 것이 쉽기 때문이다.

오토바이용 헬멧 제조업체인 H사는 미국으로 헬멧을 수출하는 중견기업이었다. 그러나 H사의 헬멧을 쓰고 오토바이를 타고 가던 미국 텍사스주의 한 남자가 빗길에 트럭과 충돌하여 식물인간이 되었다. 가족들은 H사의 헬멧 때문이라며 소송을 제기했다. '비오는 날에는 시야가 흐려질 리스크가 있으니 착용하지 마시오'라는 경고문구가 없었다는 주장이었다. 물론 H사가 소규모 기업이었더라면 여기에 대응하지 않고 또 미국으로 수출하지 않으면 피해가 없을 수도 있다. 그러나 당시 H사는 미국 내 시장점유율이 증가하는 추세에 있었기 때문에 소송이 제기될 경우 회사의 이미지에도 타격이 클 수 있었다. 그뿐만 아니라 미국의 소송제도인 배심원제에 의한 판결에 승산이 없다고 판단하고 2만5천 달러에 합의하였다. 다행히 제조물책임보험(PLI)에 들었기 때문에 1만5천 달러는 보험회사로부터 보상받았다.

- 제조와 관련한 문서관리시스템을 구축한다. 미국에서의 제조물책임법 관련 소송에서는 관련문서의 서술내용에 따라 판결의 승패가 좌우한다. 그러므로 유리한 입증자료로 사용할 수 있는 문서들을 보존하여야 한다. 구

체적으로는 안전성에 관해 설계할 때부터 검토한 자료나, 제조 단계에서도 품질관리를 엄격하게 시행하고 있음을 증명하는 자료 등이다. 이와 관련하여 문서작성 및 보관시스템을 정비하고 사내교육을 실시하는 것도 중요하다. 사내문서의 작성요령, 문서 간의 정합성(整合性), 보관장소 및 책임자, 보존기간 등을 구체적으로 정하여 실행한다.

부품 및 원재료를 제공하는 기업과 완성품을 생산하는 기업이 서로 책임소재를 명확하게 분담하는 것도 중요하다. 특히 수출기업들은 생산 및 하청관계에 있는 기업에 대해 제조물책임법 관련 손해배상의 주체, 지불방법 등을 계약서상에 명기하여야만이 소송이 제기되었을 경우의 리스크를 회피할 수 있다.

최종소비재를 생산하는 회사가 아니더라도 소송에 연루될 수 있음을 관계기업에 인식시키는 것도 중요하다. 미국 등으로의 수출에는 제조물책임법에 관한 보험가입이 필수적이지만, 그렇다고 보험에만 의존하는 것도 최선의 방법은 아니다. 보험가입여부에 상관없이 사고가 발생하지 않도록 최선을 다해야 할 것이다.

- 제품결함이 발견되면 즉시 리콜 및 제품개량에 착수하여야 한다. 사고유무에 상관없이 결함이 발생된 시점에서 신속하게 대응해야만 사고발생을 방지할 수 있고, 사고발생 후에 더 크게 확대되는 것을 방지할 수 있기 때문이다. 안전을 위하여 소비자들로부터 의견을 접수할 수 있는 창구를 가동하는 것도 리스크관리의 한 가지 방안이 될 수 있다. 리콜을 요구받은 제품은 사내에 게시하고 보존시켜서 종업원들로 하여금 경각심을 고취시키는 것도 중요하다.
- 소송대책이다. 제조물책임법과 관련한 소송에 효과적으로 대처할 수 있는 조직을 만든다. 전문가로 구성된 전담팀을 가동시키고 선진기업의 안전시스템을 벤치마킹하는 것이다. 미국의 주요 기업들은 사내에 PL전담팀을 설치하고 안전성 시험을 철저하게 시행하고 있다. 무엇보다도 이러한 소송은 고객의 기분을 상하게 하면 감정으로 비화되는 경우가 많다. 따라서 최선의 해결책은 소송으로 가지 않고 화해하는 것이 최선의 대책일 것이다.

- 기업의 신뢰회복이다. 사고원인이 규명되기 전까지는 해당제품에 문제가 있다고 보고 대처하여야 한다. 기업의 잘못을 부인하는 방향, 다시 말해 '사용자 실수', '제품에는 문제가 없다', '우연', '다시는 발생할 수 없을 것' 등의 입장을 표명하면 더욱 불리해진다는 사례가 많다. 특히 동일한 원인에 의한 사고가 중복되어 발생하면 기업에 대한 사회적 신뢰가 회복이 불능한 상태에 직면하여 도산할 수도 있다.

제품결함이 인정된 경우에는 결함이 발생된 원인을 규명하고 사후조치를 공개적으로 진행하고 수습되어 가는 과정을 일반고객들에게 공개하여야 한다. 관련 사고를 은폐할수록 의혹이 증폭된다는 사실을 명심해야 한다.

2절
운송 및 통관 리스크관리

1. 운송리스크관리

석유, 철광석, 석탄, 곡물, 목재 등의 대량화물들은 화물의 형체와 성질이 통일되어 있기 때문에 해당화물운송에 적합하게 제조된 전용선으로 운송된다. 개별품목인 잡화는 중량, 용적, 포장 등에 통일성이 없기 때문에 출발지나 목적지에 따라 화물을 단위화하여 주로 컨테이너로 운송하고 있다.

항공운송은 긴급을 요하는 상품으로서 계절에 따라 유행하는 상품, 부패상품, 기계부품, 납기지연상품, 샘플상품, 고가(高價)의 상품인 반도체나 기계, 광학기기, 정밀기기, 의약품, 화장품, 기계부품 및 반(半)제품 등이다. 이와 같이 수출상품이 고부가가치화됨에 따라 운송산업이 과거의 해운업에서 항공업으로 이전되고 있는 추세이기도 하다.

수출상은 상품을 적당한 시기에 보세구역(bonded area)으로 반입한다. 통관수속은 주로 통관업자에게 의뢰하며, 정부의 수출승인이 필요한 경우에는 관계관청의 승인을 받아야 한다. 특히 세관의 수출허가가 있어야 상품을 선적할 수 있다.

선적서류는 신용장조건에 따라 완벽한 상태에서 은행에 제출되어야 한다. 신용장의 유효기간이 지나면 은행에서 매입이 되지 않기 때문에 신용장의 유효기한을 연장해야 한다.

수입상 측으로 보면 수입관세가 예상보다도 높으면, 수입하여도 이익이 실현되지 않는 경우도 있으므로 주의하여야 한다. 더욱 중요한 것은 대금을 지불한 후에 수입한 상품이 품질이 조악하거나 수량이 부족하다던가, 계약내용과 다른 상품이 배송된 경우이다. 이러한 경우에는 수출상에 클레임을 제기하여 사태를 해결할 수밖에 없다. 운송 중에 품질이 상하거나 변하게 되어 상품이 손상된 경우에는 선박회사에 손해배상을 청구하여야 하며, 보험회사에 구상(求償)을 신청할 수도 있다.

상품시세나 유통경로의 변화에 의해 판매가 부진해지기도 한다. 대금입금이 지연되기도 하고, 수출입국의 정치적, 경제적 변동, 또는 테러 등에 따라 수출입이 저해되는 수도 있다.

거래상대방의 계약불이행, 환율변동, 운송상의 리스크, 상품품질이나 수량, 납기나 포장, 보험 등에 의한 리스크, 시장가격이나 거래조건의 변동에 의한 리스크, 수출입업무를 이행하는 데 따른 여러 가지 예상 외의 무한한 리스크가 존재하고 있다. 이에 따른 정보를 수집하고 철저히 분석함으로써 리스크를 예상하여 적절하게 대응을 하는 것이 필요하다.

선박에는 대량의 상품이 저렴한 가격에 수송되기 때문에 경제적이라 할 수 있다. 항공운송은 운임은 비싸지만 신속하게 목적지에 도달할 수 있다는 장점이 있다. 상품과 거래내용상에 의해 어떠한 운송수단을 이용할 것인가를 판단해야 한다.

C.I.F. 또는 C.F.R.(C&F) 등의 양륙지(揚陸地)조건에서는 수출상이 운송계약을 한다. 그러나 F.O.B.조건에는 수입상이 계약하는 것이 원칙이지만, 실제로는 수입상을 위하여 수출상이 운송계약을 하는 것이 관행화되어 있다. 따라서 운송계약체결은 수출상이 계약을 이행하기 위한 중요한 업무 중의 하나가 된다.

해외비즈니스에서는 리스크를 사전에 예상하고, 리스크가 발생한 경우에는 어떻게 해결할 것인가 하는 대책을 미리 세워놓아야 할 필요가 있다. 리스크관리가 잘 되어 있는 경우와 그렇지 않은 경우는 엄청난 차이가 있다. 무엇보다도 사전에 대책을 미리 세워 놓아, 만일의 리스크가 발생되는 경우에 수립해 놓은 대책으로 처리하는 것이 가장 합리적이다.

2. 해상운송의 절차

수출상은 약정품이 소량인 경우에는 개품운송으로 운송하는 것이 일반적이다. 개품운송은 선박회사 및 해상화물취급업자가 발행한 쉬핑스케줄을 검토하여 약정품의 출하시기, 계약물품의 선적시기, 신용장거래조건인 경우에는 유효기간 및 최종선적일, 항로, 선박속도, 선박의 설비조건, 해운동맹(Shipping Conference), 이중운임제 등을 고려하여 적당한 선박을 선정하여 선복(shipping space; ship's space)을 예약하고 청약하여야 한다.

구체적으로는 수출상이 선박회사소정의 선복청약서(Application for Space) 및 선복예약서(Booking Note)에 필요사항 2통을 기입하여 1통은 선박회사에 제출하고 1통은 선박회사의 서명확인을 받아 보관하여야 한다.

이 확인서는 화물이 적재되어 손상이 된 경우에 중요한 증거물이 된다. 개품운송계약의 주된 계약사항은 선박명, 적재톤 수, 운임률, 선박 내 하역운임부담조건(운임조건), 하역조건(정박기간에 관한 조건) 등이다.

[표 1] 해상운송의 절차

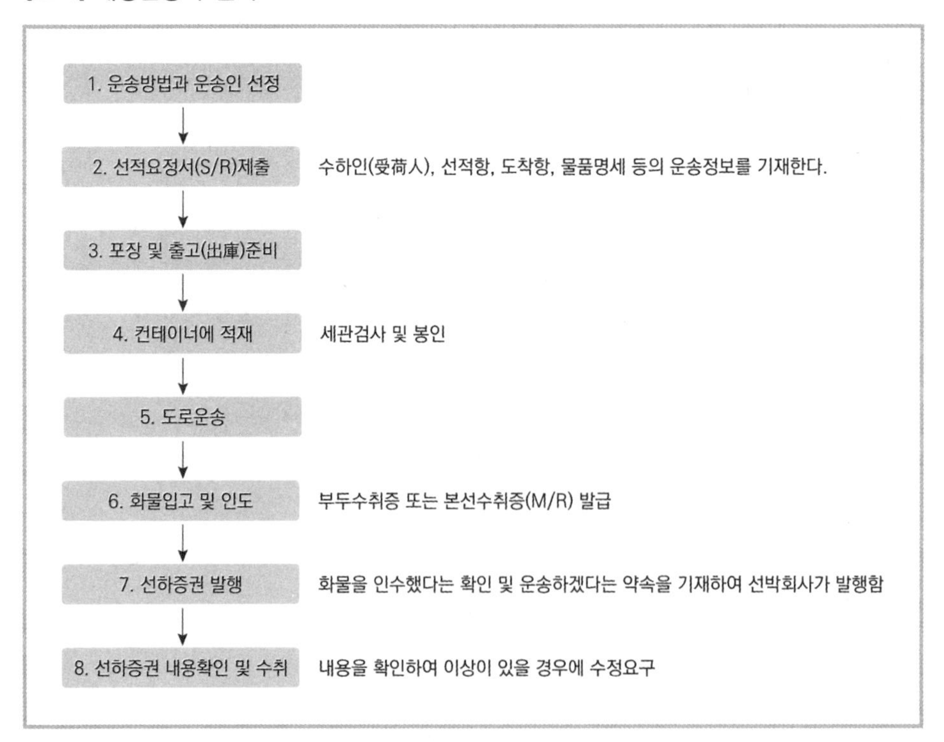

수출상은 계약기간 내에 선적하기 위하여 약정품의 수량이나 그외의 사정을 감안하여 개품운송(個品運送)이나 용선계약(傭船契約) 등으로 적절한 운송계약을 체결하여야 한다.

개품운송(Contract of a freight in a General Ship)이란 다수의 하주(荷主)로부터 위탁받은 개개의 화물을 운송하기 위한 계약이다. 이에 따르면 선박회사가 다수의 하주로부터 화물을 수집하고 이를 혼재(混載)하여 운송하는 정기선(Liner)이 이용되고 있다.

용선계약(contract by charter party)이란 선박회사로부터 선박의 전부 또는 일부를 빌리는 것을 내용으로 하는 계약을 말한다. 전체용선과 일부용선이 있는데, 전자는 선박 전부를 용선하는 것이고, 후자는 선박의 일부, 즉 선복을 빌리는 것을 말한다. 화물을 대량으로 운송하는 경우에는 부정기선(Tramp Steamer)이 이용된다. 이는 주로 곡물, 철광석, 목재 및 석유 등의 대량화물운송에 이용된다.

3. 통관리스크관리

각국의 세관에서는 외국으로부터의 수입품이 자국의 법률에 적법한가를 심사하여 수입을 허용하고 있다. 특히 세관에서 수입통관이 되어야 수입상에 물품이 인도될 수 있다. 세관에서 통관이 지연될 경우 대체로 납기에 따른 리스크가 발생할 수 있다. 이러한 경우에는 수입상에게 미리 통지하거나 신용장조건의 대금결제일 경우에는 재발행을 요청하여 리스크에 대비하여야 한다.

통관은 관세법에 정하여져 있으며, 화물을 수출 및 수입하는 것은 세관의 허가를 받아야 한다. 세관에서는 수출금지품목인가 또는 수출입서류가 완비되었는가, 수출입통관수속이 적법한 절차에 따라 진행되었는가를 심사한 뒤에 수출입을 허가하고 있다. 그러므로 통관업무는 수출입거래에서 최후의 단계에 속하며 수출상은 통관이 순조롭게 진행될 수 있도록 조치를 취해야 한다.

구체적인 통관수속은 신고 → 검사 → 허가의 순서로 이루어진다. 수출입신고는 통관업자가 대리로 하고 있다. 원산지표시가 되어 있지 아니한 상품이 통관금지되어 다시 수출국으로 반송(返送)되어 원산지를 표시한 후에 수출하는 경우의 리스크도 있다. 상대국약사법에 허용되지 아니한 약품을 수입하다가 통관이 허용되지 않은 경우도 있으니 주의해야 한다.

[표 2] 수출상품의 통관절차

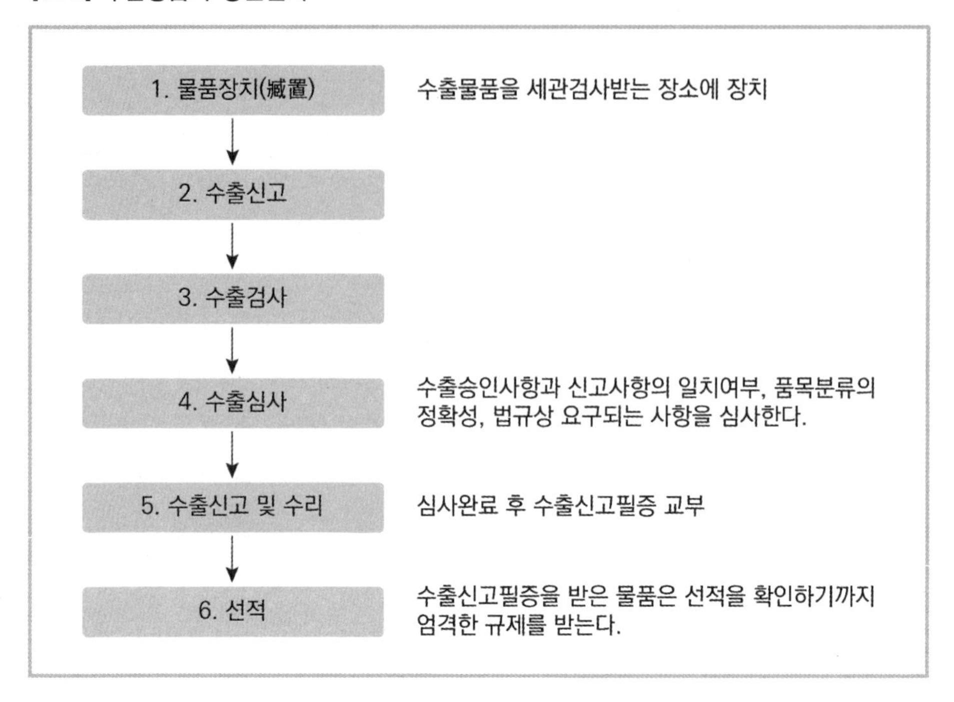

이러한 리스크는 무엇보다도 시장에 대한 정보수집과 분석이 제대로 되지 않은 리스크 때문이라 할 수 있다. 따라서 수출계약체결 시에는 상대국 시장의 정보를 정밀하게 수집하고 분석하여 리스크에 대비하여야 한다. 특히 수출거래를 진행하는 데는 돌발적인 리스크가 발생할 가능성이 크다. 따라서 수출상은 사전에 수입국세관에 문의하여 해당상품수입에 관련한 상세한 정보를 수집하여 분석한 후에 수출하여야만이 리스크를 피할 수 있을 것이다.

수입상이 매매계약상에서 필요한 서류임을 명시하지 않았지만, 수입국 세관을 통과하는 과정에서 특정의 서류를 요구하는 경우도 있다. 그 외에도 포장명세서나 원산지증명서, 검사증명서 등의 서류에 따른 통관서류를 갖추지 않아서 통관이 되지 않는 경우가 많다.

이러한 리스크는 일상적인 업무로서 담당자의 서류점검이 제대로 이루어지지 않았기 때문에 발생한다. 이에 대한 방지책은 담당자 교육을 강화하거나 관계서류를 정확하게 점검하고 확인하는 수밖에 없을 것이다.

4. 상품인도 및 납기에 따른 리스크관리

수입상은 상품을 인수받지 못하면 중대한 차질이 생긴다. 그러므로 정확한 인도시점에 수입상에게 상품을 인도하는 것이 수출상의 중요한 리스크관리 중의 하나가 된다. 그러므로 수출상은 파업(罷業)이나 재해(災害) 등의 불가항력(不可抗力) 이외에는 인도시기를 지켜야 하는 것이 중요한 계약이행의 포인트가 된다. 인도시기를 지키지 않으면 손해배상의 대상이 되는 것은 물론이다.

인도시기에 대해서는 구체적으로 선적일자를 계약상이나 신용장상에 명시하는 것이 바람직하다. 예를 들면 주문 후 3개월 이내, 또는 6개월 이내 등과 같이 인도시기를 설정하는 경우에는 수출상과 수입상 간에 주문일자의 차이에 따른 분쟁이 발생할 수 있다. 그러므로 주관적인 해석이 가능하지 않게, 명확한 일자를 설정하는 것이 필요할 것이다.

실무상으로 수입상은 되도록 금융비용과 상품회전율을 높이기 위하여 빠른 납기를 원한다. 그래서 수출상은 납기가 촉박하다는 점을 알면서도 무리하게 계약하는 경우가 많다. 일단 수주부터 해 놓고 납기에 차질이 생기면 신용장을 변경하면 된다는 생각이기 때문이다. 이때 납기를 지키기 위하여 급히 생산하고 선적절차를 서두르다가 불량품이 생기는 경우가 많다. 그렇기 때문에 수출상은 비용만큼 가격을 낮추더라도 정상적으로 상품을 인도하기까지 납기를 여유 있게 정하고 이를 수입상에게 설득해야 할 것이다.

상품을 분할하여 선적하는 조건에는 1차의 납기가 지연되면 2차도 지연될 경우가 많다. 1차선적이 지연되면 수입상은 이를 악용하여 현지시장이 나빠졌기 때문에 가격을 인하해 줄 것을 요구하거나 물품인수를 거절할 가능성도 있으니 주의하여야 한다. 그러므로 1차선적은 확실히 엄수하여야 2차 선적부터 납기연장을 요청하여도 큰 리스크가 따르지 않을 것이다.

납기가 지연될 경우에 수입상은 페널티를 요구해 올 수 있다. 이때는 총 계약금액의 일정비율 이상을 초과하지 않는 범위를 한도로 정하고 그에 응하여야 할 것이다. 이미 납기지연을 예상하고 고의로 무리한 납기를 유도한 뒤에 납기지연에 따른 조항을 악용하여 지체상금을 요구하는 수입상도 있으니 주의해야 한다.

부득이한 사유로 지연될 경우에는 수입상에게 이 사실을 바로 통지하고 이에 따른 조치를 취해야 한다. 신용장조건일 경우에는 수입상으로부터 인도시기를 수정(amend)한 신용장을 발행받아야 한다. 이런 노력으로 대규모로 예상되는 리스크도 어느 정도 경감시킬 수 있을 것이다. 그러나 수입상에게 이러한 사실을 통지하지 않은 상태에서 인도가 지연되면 대금을 지급받을 수 없는 리스크가 발생된다는 점을 분명히 알아야 한다.

신용장조건일 경우에 수출상이 신용장을 통지받지 못하면 수입상은 확실한 주문을 하지 않았다고 볼 수 있다. 그러므로 계약시에 구체적으로 신용장발행일자나 상품의 인도시기를 특정 일자로 한정시켜서 기입하도록 하는 것이 필요하다. 계약서나 주문서에는 정확한 인도시기를 설정하지 않으면 '신용장수취 후 90日'(90days after receiving L/C) 등으로 기재하여 신용장발행이 지연될 경우에 대비할 수 있다. 다시 말해 신용장발행이 지연될 경우 물품구입이나 생산을 할 수 없는 리스크가 있다.

❙ 납기관리의 체크리스트

1. 납기는 명확히 표시되어 이해할 수 있는가
2. 납기를 맞추면 장려금을 지불할 필요가 있는가
3. 납기를 맞추기 위해 독촉할 사원을 파견할 필요가 있는가
4. 납기지연의 원인이 되는 징조를 발견할 수 있는가
5. 지연되는 원인을 파악할 수 있는가
6. 조달선은 충분한 자재와 부품 및 설비를 구비하고 있는가
7. 납기관리담당자는 설계, 제작도면, 시공도면, 자재발주, 자재조달에 관한 사항을 완전히 파악하고 있는가
8. 제조, 기계가공, 용접, 조립, 검사, 포장, 수출검사 등의 스케줄이 완전하고 순조롭게 이루어지고 있는가
9. 조달선이나 하청업체의 업무, 납입자재, 업무상황, 납기 등의 정보를 입수하여 체크할 수 있는가
10. 조달선으로부터 도면과 그 외의 필요서류제출, 그 승인 및 반환이 확실히 이루어지고 있는가
11. 자재수배나 반입이 순조롭게 이루어지고 있는가
12. 설비, 기기(機器), 장치(裝置) 등에 관한 사항은 문제가 없는가
13. 검사스케줄이나 검사증명서를 제출하도록 할 필요가 있는가
14. 출하(出荷), 선적, 인도(引渡) 등의 기일은 확실히 지키고 있는가
15. 조달선을 방문하거나 또는 연락은 빈번히 이루어지고 있고, 조달선의 상황을 잘 파악할 수 있는가

5. 보험계약에 따른 리스크관리

기업은 리스크를 될 수 있는 한 회피하여 제거하거나, 회피 및 제거할 수 없는 리스크는 제3자에 전가(轉嫁)하고, 전가할 수 없는 리스크는 어쩔 수 없이 보유할 수밖에 없다. 리스크전가의 전형적인 것으로 보험을 들 수 있다. 그러나 모든 리스크가 보험으로 전가되는 것은 아니다. 보험가능의 한계가 있어서 투기적 리스크는 물론 순수리스크에 위한 대수(大數)의 법칙이 적용되지 아니한 리스크는 보험에 의해 전가되지 않는다. 최근에는 기업리스크가 질적으로 복잡해지고 양적으로도 거대화되고 있어서 보험가능한 리스크는 어떻게 하든지 부보(付保)하는 경향이 있다. 그러나 그런 경우에 있어서는 기업의 코스트 부담능력을 초월하는 보험료를 지출해야 한다. 따라서 리스크관리의 수단은 무엇이든지 보험으로 가능하다고는 볼 수 없다.

- 각종 리스크관리에는 보험이용이 일반화되어 있다. 리스크를 비용으로 관리하는 방법이 있지만 리스크이전이라는 형태는 보험의 구입을 통해서만 실현할 수 있다. 보험에 부보(付保)함으로써 당해 리스크대책의 보험금액 내지 전보(塡補)한도액까지의 리스크를 보험료로 대치할 수 있다. 이와 관련한 보험료는 리스크비용에서 손익계산상의 비용으로 처리할 수 있다.
- 보험료는 현금지출을 수반하는 명확한 리스크관리비용이다. 그러기 위해서는 보험의 목적, 피보험이익, 부보되는 리스크, 보험종목, 보험금액 내지 전보한도액, 보험기간, 공제면책액(deduction), 전보범위에 대해 검토해야 한다.
- 기업을 둘러싼 리스크는 경영 환경변화와 함께 그 종류, 발생빈도, 규모와 손해액이 증대되고 있다. 따라서 리스크를 모두 관리할 수는 없다. 보험회사에서도 보험화할 수 없는 리스크나 상품화가 곤란한 리스크는 인수하지 않는다. 또한 보험가입을 원하는 기업의 요청도 모두 받아들이지 않는다. 그런 경우에 보험회사는 인수거부, 보험금 삭감, 각종 면책조항 삽입, 공제면책액의 설정, 할증보험료의 징수 등을 요구하는 경우가 많다. 따라서 기업은 보험의 효용, 즉 보험보호율과 보험료율을 충분히 감안하여 판단하여야 할 것이다. 결국 기업은 보험료가 많이 들거나, 특히 기업의 코스트 부담능력을 초과하는 경우에는 다른 방법을 찾아볼 수밖에 없다.

- 수출리스크 중에서 정상적으로 보험가능한 리스크는 해상보험이다. 해상운송에 따른 리스크는 순수리스크로서 이익발생 가능성이 전혀 없는 순수한 손실발생리스크이다. 이러한 리스크는 '대수(大數)의 법칙'이 적용되어서 보험화가 가능하며, 부보율, 보험담보범위 등이 중요한 리스크관리의 포인트가 된다. 우발적으로 발생하고, 손해와 범위를 한정시킬 수 없다는 것이 특징이다.
- 수출상은 해상운송 중에 있는 상품의 품질이 운송 중에 손상, 변질, 수량부족 등의 리스크를 부담해야 한다. 해상보험은 상품운송에 관한 일체의 리스크를 커버하므로 보험에 가입하지 않으면 손해를 입어도 보상받을 수 없다. 그러므로 계약당사자는 미리 어떠한 보험에 부보하여야 안전한가를 신중하게 검토하여야 한다.
- 해상보험계약의 성립은 상품을 특정하여 거래금액, 선적항, 목적항, 중량이나 용적, 선명 등의 상세한 사항을 보험회사에 보험청약서에 기재하여 보험료를 지불하고 보험증권을 입수함으로써 계약이 성립된다.
- 보험회사에 대한 고지사항에 차이가 있어도 손해발생 시에 보험금지급이 거절될 수 있다. 그러므로 거래내용을 정확하고 완전하게 보험회사에 고지하여야 한다. 대량화물을 자주 운송하는 경우에는 개별거래에 각각의 보험계약을 체결하지 않고 포괄보험(open cover)에 들 수 있다. 이 경우에는 보험증권을 대표하는 보험증명서(Insurance Certificate)가 발행된다.

  보험계약 시에 선박명이나 보험금액을 확정할 수 없는 때에는 미확정된 보험으로 계약할 수 있다. 이 경우에는 확정시점에 보험회사에 통지하여 확정보험으로 바꾸어야 한다. 만일에 이를 방치한 후에 사고가 발생하면 보험금은 지급되지 않기 때문에 주의하여야 한다.
- 무역거래는 수입한 상품을 재판매할 때 큰 이익을 얻을 수 있다. 그러나 보험계약에는 거래금액의 10% 할증된 금액으로 표시하기 때문에 상품이 도착하지 않거나 수량감소 등에 의해 손해가 발생한 경우에는 예정된 이익을 얻을 수 없다는 점을 알고 있어야 한다.
- 해상보험에는 여러 가지 종류가 있어서 상품의 내용이나 운송방법에 따라 어떠한 보험에 들어야 하는지 적절한 선택을 해야 한다. 철광석 같은 광물은 기계류 등에 비해 보험료가 적다. 보험료도 전쟁 등의 위기 시에는 고액의 보험료를 지불해야 한다.

기본적인 보험조건은 전손담보, 분손부담보, 분손담보의 3가지 조건이 있다. 보험용어로서의 담보는 보험자가 리스크를 인수하는 것(to bear the risk)을 의미하며, 인수하였던 리스크가 발생하여 손해를 입었을 경우에 '손해를 전보한다'(to compensate for loss or damage)라는 것으로 표현할 수 있다. 현행 보험증권에는 전쟁리스크(War Risks) 및 파업리스크(Strike Risks)를 담보하기 때문에 계약당사자는 어디까지의 리스크를 부보하는가를 결정하여야 한다.

- 전(全)리스크담보조건은 별도로 하고, 단독해손부담보조건 등에는 해난(海難), 불착(不着), 파손, 유손(曲損), 누손(漏損), 자연발화 등의 리스크는 담보하지 않기 때문에 당사자들은 부가리스크(Extraneous Risk)로서 부보할 것인가를 결정한다. 영문화물해상보험증권의 본문약관(duration of risk clause)에는 보험자의 담보책임을 "화물이 선적항에서 본선에 선적되는 시점에 시작하여, 하역(荷役)항에서 완전히 양륙될 때에 끝이 난다" 하여 보험기간을 정하였다. 그러나 피보험자가 최종목적지까지 보험기간을 연장할 것을 원하면 지체 없이 보험자에게 통지하여 추가보험료를 지불하고 연장할 수 있다.
- 해상운송리스크는 순수리스크이기 때문에 보험화가 가능하지만 일반 수출에 관련한 리스크는 투기적 리스크로서 보험화가 가능하지 않다. 그러나 국영보험의 형태로 가능할 수 있다. 수출보험공사에서는 투기적 리스크로 볼 수 있는 수입상의 계약파기, 파산, 대금결제 등의 신용리스크와 수입국에서의 전쟁, 내란, 환거래 제한 및 환율하락 등의 비상리스크로 발생되는 손실을 보상하고 있다. 이는 수출진흥을 도모하기 위한 비영리정책보험이기 때문이다. 그러나 기업의 코스트 부담능력을 초월하는 보험료가 책정되기도 하기 때문에 리스크관리의 수단으로서 완벽하다고는 볼 수 없다.

제 7 장

전자무역결제 리스크관리

1절
일반적인 무역결제리스크관리

국내거래에는 거래선이 대금을 지불하지 않는 경우에 법률 및 경제적인 여러 가지 제재조치를 취할 수 있지만, 무역거래에는 국내에서보다 더욱 복잡하고 힘든 절차가 진행될 수 있다. 특히 나라에 따라 법제도가 다르기 때문에 강제집행이나 민사상의 채권보전을 간단하게 실행할 수 없는 경우가 많다. 그에 따른 변호사선임비용도 만만치 않을 것이다.

현실적으로 외국에 있는 거래선의 경영상황이나 재무상태를 파악하기도 쉽지 않다. 그래서 거래선이 도산하여도 그 사실을 즉시에 입수하기가 어렵다. 그렇기 때문에 무역거래에서는 불량채권을 발생시키지 않을 최선의 방법이나 수단을 선택하는 수밖에 없다.

무역대금의 결제수단은 ① 거래당사자 간의 은행구좌를 이용하여 현금을 송금하는 방법, ② 환어음을 은행에 제출하여 결제하는 방법, ③ 은행이 지불을 확약한 신용장에 의한 방법 등의 3가지로 구분할 수 있다. 이 장에서는 신용장에 의한 방법과 현금송금에 의한 방법 및 D/A, D/P 조건의 방법으로 구분하여 설명한다.

1. 신용장

1) 신용장(信用狀)의 기능

무역거래에서 수출상 측은 상품을 수입상에게 운송하였지만 대금을 지급받지 못할 리스크가 있고, 수입상 측은 대금을 지급하였지만 계약에 적합한 상품을 인수받지 못할 리스크가 가장 크다고 할 수 있다. 이러한 리스크에 대해 국제적으로 신용할 수 있는 환거래은행이 개입하여 수출상에게는 대금지급(代金支給)을 보장하고, 수입상에게는 계약에 적합한 물품을 인수받을 수 있게 해 주기 위하여 고안된 문서가 바로 신용장(信用狀)이다. 이 신용장제도는 컨테이너선의 등장과 함께 국제무역이 더욱 활성화될 수 있었던 계기가 되었다. 신용장의 기능은 다음 2가지로 구분할 수 있다.

(1) 수출상은 신용장조건에 따라 수입상과 계약한 상품을 선적하여 대금을 회수할 수 있다. 구체적으로는 수출상은 상품을 선적했다는 사실을 증명하는 선하증권(船荷證券)이나, 항공화물운송장을 운송회사로부터 발급받아 신용장상에 명시되어 있는 네고(대금결제)에 필요한 서류를 갖추어 환(換)거래은행에 제출하여 수출한 물품의 대금을 지급받을 수 있는 것이다. 물론 대금을 지급한 수출상 거래은행인 네고은행은 이를 다시 수입상 측의 거래은행이 발행한 신용장발행은행에 보내어 대금을 회수하며, 수입상거래은행인 신용장발행은행은 수입상에게 수출상이 발행한 환어음에 대한 대금을 결제하게 하여 신용장대금을 회수한다. 수입상은 거래은행에 수입대금을 지불한 후에 인수한 네고서류 중에서 선하증권(또는 항공화물운송장)을 수취하여 운송회사로부터 물품을 인수한다. 간단하게 말하면 신용장은 수출상에게 수출대금의 지불을 보증하는 서류이다.

(2) 신용장은 수출상 측으로 보면, 수입상이 대금을 지불하지 않을 리스크를 피할 수 있고, 약정품을 선적한 후 바로 대금을 회수할 수 있는 이점이 있다. 따라서 선적과 동시에 수출대금을 회수할 수 있기 때문에 자금흐름이 경직될 리스크를 피할 수 있으며, 계약물품도 저렴하게 조달가능한 장점이 있다. 신용장은 매매당사자에게 서로 이익을 주는 것이며, 수출상의 이익이 더욱 크기 때문에 수익자(beneficiary)가 된다.

대부분의 신용장은 다음과 같은 내용을 포함한다.

① 계약 및 선적조건(The terms of contract and shipment)

② 수입상 상호와 주소(The name and address of the importer)

③ 분할선적여부(Whether the credit is available for one or several part shipment)

④ 총금액과 화폐(The amount of the credit, in sterling or a foreign currency)

⑤ 만기일(The expiry date)

⑥ 상세한 물품명세(A brief description of the goods covered by the credit)

⑦ 수출상 상호와 주소(The name and address of the exporter)

⑧ 수출상이 대금을 지급받기 위해서 필요한 서류 및 지시사항(Precise instruction as to the documents against which payment is to be made)

⑨ 신용장 형식(The type of credit(revocable or irrevocable))

⑩ 선적지시사항(Shipping details)

2) 신용장조건에서의 리스크관리

(1) 신용장통일규칙

신용장은 계약이나 거래를 표준화하여 매매계약당사자들의 잠재적인 리스크를 한정시키고 억제하여 국제거래를 안전하고 원활하게 수행하는 역할을 한다. 이 신용장은 신용장통일규칙의 규정에 따라야 한다. 신용장통일규칙은 매매계약당사자 간의 분쟁과 리스크를 방지하기 위하여 국제적인 민간기구(ICC)에 의해 형성된 자주적 규범이다. 이는 당사자 자치의 원칙에 따라 거래당사자들의 자유로운 계약에 대해서 이를 제한하는 성격을 가진다고 볼 수 있다.

예를 들어 신용장통일규칙에 위반되는 문항이나 조항을 삽입하는 것은 무효이다. 특히 자사(自社)의 리스크를 제한하기 위하여 신용장통일규칙이 적용되지 않은 문구나 조항을 삽입하여도 인정 및 효력을 발생할 수 없게 되는 것이다. 따라서 신용장통일규칙은 국제적인 민간기구에 의하여 거래당사자들의 권리와 의무에 따른 리스크를 각기 제한하기 위하여 규정된 것으로 볼 수 있다.

신용장에 따른 리스크는 일반적인 리스크관리에서 중요한 요소인 관리의 결여로부터 비롯된다고 볼 수 있다. 이는 일상적이고 반복적인 업무로써의 서류관리가 철저히 이루어지지 못하였기 때문에 발생되는 리스크로 볼 수 있기 때문이다. 이는 담당자의 실수나 무지에서 비롯된 인적 리스크에 속한다. 담당자를 효과적으로 통제하지 못하였거나 신용장상의 내용을 충분히 파악하지 못하였기 때문에 리스크가 발생되는 경우가 많은 것이다. 이러한 리스크는 신용장 관련 서류를 주도면밀하게 점검하고 체크하는 등의 내부관리를 강화하여 어느 정도 방지할 수 있을 것이다.

(2) 신용장의 확인

수입상 측에서 신용장을 개설하여 이를 거래은행을 통하여 수출상이 접수하면 신용장의 내용과 매매계약의 내용이 일치하는가를 우선 확인하여야 한다. 다음으로 발행된 신용장 자체에 모순되는 내용이 없는가를 정확하게 조사해야 한다. 왜냐하면 수출상은 매매계약의 내용에 따라 계약을 이행하여도 신용장조건에 위배되는 경우에는 대금지급을 거절당할 수 있는 리스크가 있기 때문이다.

신용장은 그 성질상 매매계약 또는 그와 관련한 계약과는 별개의 거래이기 때문이며, 은행 측은 당사자의 계약내용과는 무관하게 업무를 처리한다. 신용장 거래에서 모든 관계당사자는 해당서류상으로만 거래하는 것이며, 그 서류에 관계한 물품이나 서비스 등을 취급하는 것이 아니기 때문이다(신용장통일규칙 제3조 a항 및 제4조).

(3) 신용장 접수 이후 수출상이 체크해야 할 주요 포인트

- 신용장내용과 매매계약의 내용이 합치되고 있는가
- 신용장자체의 모순이 있는가
- 발행은행은 신뢰할 수 있는가
- 서명(署名)은 틀림없는가
- 취소불능신용장(Irrevocable Credit)인가
- 확인신용장(Confirmed Credit)인가
- 신용장금액이 계약금액과 일치하는가
- 과부족허용조건(過不足許容條件)이 있는가
- 분할선적(partial) 및 환적(transshipment)이 허용 또는 금지인가
- 선적기한 및 신용장기한이 계약을 이행할 수 있을 만큼 충분한가
- 입수가 불가능한 서류를 요구하고 있지는 않는가
- 환어음의 매입은행이 지정되어 있는가
- 지불을 확약하는 문구가 있는가
- 신용장통일규칙을 적용하는 문구가 있는가

이와 같이 수출상은 신용장에 의해 약정품을 조달하며 필요에 따라 수출금융을 이용할 수 있으며, 외환리스크대책이나 수출보험계약의 체결 및 신용장 접

수·점검 등의 업무를 수행할 수 있다. 특히 물품을 수입상에게 정확하게 인도하기 위하여 선적준비, 운송계약체결, 필요에 따라 해상보험계약체결이나 수출허가·승인의 취득, 수출통관, 선적 등의 업무를 수행해야 하고 선하증권 등의 서류를 입수하여야 한다.

(4) 은행이 대금지급을 거절할 경우

은행이 대금지급을 거부하는 경우가 있다. 네고은행 측으로서는 수출상에게 대금을 지급한 뒤에 서류상의 하자로 해서 신용장발행은행으로부터 대금을 회수할 수 없는 리스크가 있기 때문이다. 물론 네고은행 측도 이에 대비하여 미리 수출상과 환거래계약을 체결하여 담보나 예금, 적금 등을 수출상에게 요구하여 대비하고 있다. 그러나 신용장의 제조건에 일치하지 않으면 대금을 지급하지 않거나 서류를 보완하도록 요구하는 것이 관행이다.

이러한 경우에 수출상은 서류를 수정하여 다시 제출한다. 그러나 계약관계 또는 거래과정에서의 문제가 있는 경우에는 수출상은 신용장통일규칙에 의거하여 지급거절에 따른 정당성을 검토하여 대응하여야 한다. 이와 동시에 수입상에게도 물품대금을 청구하거나 각종의 법적조치를 취하기도 한다.

수입상이 신용장발행은행과 공모하여 선적서류의 하자를 이유로 화물인수를 거부하는 경우도 있다. 이렇게 되면 헐값에 덤핑처분해야 하는 결과가 발생된다. 특히 주의하여야 할 것은 신용장발행은행이 수입상으로부터 대금을 결제받기 전에 선하증권 등의 선적서류를 수입상에게 넘겨주는 실무상의 관행이 있는 경우이다. 물론 수입상의 신용이 양호한 경우이지만 수출상의 입장에서는 리스크가 크기 때문에 각별히 주의해야 한다.

2. 무(無)신용장조건에서의 리스크관리

매매당사자 간의 계약에 의하여 수출상이 상품을 선적한 후 관련서류를 첨부한 하환어음을 수입상에게 제시하면 수입업자가 그 어음에 대해 지급하거나 인수하여 결제하는 방법이다. D/A, D/P 조건으로 구분할 수 있다.

D/A(Documents Against Acceptance)

수출상이 상품을 선적하고 관계서류를 첨부하여 수입상을 지급인으로 한 기한부(期限附)환어음(documentary usance bill)을 발행하여 자신의 거래은행에 추심(推尋)을 의뢰한다. 수출상거래은행은 수입상의 거래은행에 추심을 의뢰한다. 수입상거래은행은 수입상에게 어음을 인수받게 하고 서류를 인도한 다음 어음의 만기일까지 대금을 지급받아 추심을 의뢰한 수출상거래은행에 송금하는 결제방식이다. 그러나 수입상이 물품을 인수한 후 대금지급 기일이 되어도 결제를 하지 않는 리스크가 있다.

D/P(Documents against Payment)

수출상이 상품을 선적하고 관계서류가 첨부된 환어음(documentary sight bill)을 수입상을 지급인으로 하여 발행한 후에 자신의 거래은행에 추심을 의뢰한다.

수출상거래은행은 이를 수입상거래은행에 보내 추심을 의뢰하게 된다. 수입상거래은행은 수입상으로부터 대금을 지급받고 선적관계서류를 인도하고 이를 수출상거래은행에 송금하는 결제방식이다. 다시 말해 D/P조건은 수입상이 대금을 수입상 측의 은행에 지불하고, 선적서류를 수령할 수 있는 조건이다.

지불되기 전까지 화물은 수출상의 소유가 된다. 그러므로 수입상이 수입국의 은행에서 대금지불이 이루어지지 않으면 화물에 대한 권리를 방치하게 된다.

이런 경우에 수출상은 다른 수입상을 찾아서 화물을 전매하거나, 최악의 경우에는 화물을 다시 선적한 수출항까지 보내야 하는 문제가 생긴다. D/P조건은 상품을 보냈지만 대금지불이 보장되지 아니하는 리스크가 있다.

물론 수입상 지역의 은행은 관계자에게 통지만 할 뿐 책임은 전혀 없다. 따라서 대금지급이 이루어지지 않는 책임은 전적으로 수출상에 있다.

신용장조건이 아닌 국제거래는 그 대금회수에 대하여 은행의 지급확약이 없으므로 리스크가 따르기 마련이다. 그렇다고 수출상이 신용장베이스를 고집한다면 거래가 단절될지도 모른다. 따라서 계약서베이스로 거래하는 매도인은 우선 매수인의 신용상태를 철저하게 체크하고, 실제거래 시에는 수출보험제도를 활용할 필요도 있으나 신용력이 약한 중소기업은 이용하기가 어렵다.

2절 외환리스크관리

무역거래는 외화로 대금을 결제하기 때문에 당사자들은 환율변동의 리스크를 부담하게 된다. 수출상은 이러한 리스크를 회피하기 위하여 매매계약을 체결하는 시점에서 외환시세의 강약, 금액, 결제시기 등을 고려하여 수출계약성립 후 직접 환거래은행에 외환을 계약(Buying Contract)하기도 한다.

무역 및 자본 등의 대외거래를 자주 그리고 거액으로 행하는 기업에서는 외환보유정도를 고려하여 외환을 예약하고 있다. 따라서 외환리스크는 외환을 예약하거나, 자국 또는 제3국의 통화로 결제하는 계약을 체결함으로써 기본적인 외환리스크를 관리할 수 있다.

각국의 통화는 외환시장에서 매매되고 있다. 외환시장은 통화의 수요와 공급에 의해 시세가 변동한다. 매매계약이 외화로 계약이 체결되면 수출상품대금 및 수입상품대금은 외화를 원화로 환산한 금액으로 정해진다. 수출상이 외화로 상품대금 1만 달러를 수취하는 경우, 그 외화를 원화로 환산하여 수익을 예상을 하게 되는데, 외환시세가 변동하여 1달러에 1,200원에서 1,000원으로 원화가 절상될 경우에는 1,200만 원에서 대금결제가 이루어질 것을 1,000만 원만 받게 되어 200만 원의 손해가 생기게 된다. 이와 같이 환차손이 발생할 가능성이 있는 것을 외환변동리스크라 한다. 변동하는 외환시세에 따른 대책은 수출기업의 경영상의 가장 중요한 과제이기도 하다.

환율이 하락하면 수입품단가는 상승하고 수출품단가는 하락한다. 그 결과 수입물량은 증가하고 수출액은 감소되어 무역수지가 악화된다. 그래서 수출기업의 채산성(採算性)은 악화되는 것이 당연하다.

외환리스크 0 관리란 외환리스크를 다양한 관리기법으로 환차손을 최소화하고 환차익을 극대화시키는 노력이다. 그러기 위해서는 무엇보다 기업이 인식해야 할 리스크의 범위를 정해야 한다. 환리스크 범위가 정해지면 이를 효율적으로 관리하기 위해 환리스크의 변동을 신속하고 정확하게 파악할 수 있는 정보체계를 갖춰야 한다. 이런 정보체계를 토대로 기업들은 자신들의 여건에 맞는 환리스크 관리기법을 채택하여 실행한다. 이후 환리스크가 관리된 부문에 대해서는 반드시 사후평가를 실시해야 한다. 효율적인 관리기법으로는 기준에 따라 다양하게 분류되고 있으나 일반적으로 내부 관리기법과 외부 관리기법으로 구분된다.

내부 관리기법이란 기업이 환리스크관리를 위해 기업내부에서 해결하는 방안을 말한다. 재무제표 조정이나 가격정책 변화 등 일상적인 영업활동을 통해 기업 자체적으로 환리스크를 줄이거나 경우에 따라서는 환차익까지 얻는 수단이다. 일부 기업들이 원자재와 부품의 투입시기를 조정하거나 공장입지를 전략적으로 선택해 환리스크를 줄이는 경우도 해당된다.

외부 관리기법은 금융시장에서 거래함으로써 환리스크를 줄이는 방안을 말한다. 내부 관리기법보다 환리스크를 제거하는 효과가 상대적으로 크지만 비용이 많이 든다. 대표적으로 선물환과 통화선물, 통화옵션, 통화스와프 등을 들 수 있다. 이 밖에 단기금융시장을 이용하거나 팩토링과 환율변동보험 등이 자주 활용된다. 수출상의 환리스크방지책으로서는 계약내용상에 환율변동에 따른 불가항력 사유를 규정해 두는 것이 유리하다. 장기적인 수출계약의 경우 천재지변, 전쟁, 파업 등의 외에도 환율 불안정요인을 고려하여, 예를 들면 '환율변동폭이 계약 시보다 일정한 수준으로 절상될 경우에 계약물품의 공급중단 또는 계약단가의 재조정이 가능하다'라는 문구를 삽입하면 환차손에 의한 공급불이행에 따른 면책 또는 단가를 다시 합의할 수 있을 것이다.

1. 외환변동에 따른 선물예약

무역거래에는 계약금액을 신중하게 산적하였다 하더라도 외환시세가 변동하면 채산성도 변동하여 거래는 불안정하게 된다. 이와 같은 외환변동리스크의 대책으로서 가장 일반적으로 이용되는 것은 '외환선물예약'이다.

선물예약은 외환변동리스크를 회피하여 채산(採算)을 확정시키는 것을 목적으로 하고 있다. 구체적으로는 외화의 수취 및 지불이 이루어지고 있는 당시의 시세를 사전에 은행에 예약하는 것을 말한다. 대금결제 시의 시세가 변동되어도 미리 예약한 시세의 외화로 산정하여 대금을 결제한다는 것이다. 따라서 채산을 확정시킬 수 있게 되는 것이다.

2. 환(換)헤징

환율불안이 계속되면 수출기업들은 '환리스크 헤징'이 중요한 생존전략으로 떠오르게 된다. 이는 수출입계약과 결제기일 사이에 나타나는 환율변동에 따라 생길 수 있는 리스크를 전가하는 방법이다.

외환위기 직후의 예를 들어보자. M통상은 외환의 80%를 은행의 선물환거래로 헤징하고 있었다. 1997년 12월 환율이 폭등하면서 2개월 후에 돌아올 수입대금을 지급하기 위해 1천1백 20원에 2백만 달러어치의 선물환을 구입하였다. 이후 결제시점의 환율은 1천5백 ~ 1천8백 원까지 폭등하였지만 별다른 손실을 입지 않았다. 이러한 환리스크관리에 의하면 환차손의 리스크를 회피하는 동시에 영업이익을 안정적으로 유지할 수 있다는 점에서 헤징은 결국 이익이 된다는 것이다.

3. 선물환

선물환(先物換)이란 은행과 기업이 달러를 사고파는 시점과 환율을 미리 정해 놓고, 만기일에 약정하였던 환율대로 거래하는 방식이다. 통화선물은 기간이 표준화되어 있는 데 반해 선물환은 맞춤형 환헤징 방법이어서 원하는 날짜에 사고팔 수 있다. 은행 측은 기업의 신용도에 따라 담보를 최대 30%까지 요구하기 때문에 신용상태를 잘 아는 주거래은행과 선물환거래를 약정하여 개설하면 담보를 적게 설정할 수 있는 방법이다. 선물환 풀을 이용해 거래금액의 상, 하한선을 두지 않는 은행도 있고, 첫 거래라도 싼 담보로 이용하는 방법도 있는 등의 여러 가지 형태가 있다. 신용도가 높은 거래기업에 대해서는 선물환 풀을 제공하기도 한다.

통화선물이란 한국선물거래소를 통해 미리 1개월 또는 3개월 후에 자신이 원하는 시점에 외국통화를 사거나 팔 수 있다. 증권거래처럼 거래소 가격에 따라 적정하다고 생각되는 시점에 선물중개회사를 통해 구입하면 된다. 이는 은행 신용도와 상관없이 거래할 수 있고, 매도도 할 수 있는 이점이 있다.

4. 환율변동보험

환율변동보험은 수출기업이 환율하락으로 손해를 보는 만큼을 수출보험공사에서 보험금으로 보상해 주는 제도를 말한다. 예컨대 A사가 '1달러가 1,200원'일 때 수출계약을 맺었는데 대금결제 시에 환율이 변해 '1달러가 900원'이 되면 손해를 입게 된다. 이때 이 보험에 가입한 수출기업은 수출보험공사로부터 손실액을 보상받는다. 다만 환율이 올라 이득을 보게 되면 수출보험공사가 이익금을 환수해 간다.

중소 수출업체에 적용되는 보험계약기간은 수출계약시점부터 실제 대금결제가 이루어질 때까지다. 보험료는 수출금액에 일정비율을 부과하는 방식으로 결정된다.

5. 수출가격전가(輸出價格轉嫁)

환율변동에 따른 수출가격전가(exchange rate pass-through on export price)란 환율이 상승하거나 하락함에 따라 수익성 변동분을 수출가격에 전가시키는 것을 말한다. 예를 들어 원화가 상승할 경우 수출기업은 원화환산에 따른 수익성이 개선되기 때문에 수출가격을 인하하여 시장점유율을 높일 수 있다. 이와 반대로 환율이 하락할 경우에는 수익성이 악화되는 것을 방지하기 위하여 수출가격을 인상하는 것을 말한다.

환율전가 결정요인에 의하면 환율변동이 수출가격에 전가되는 정도는 시장점유율, 제품차별화, 자본집약도 등과 밀접하게 연관되어 있다. 특히 환율전가도는 산업에 따라 차이가 나는데, 대체로 해외시장 점유율이 높거나 혹은 제품차별화 정도가 크거나 혹은 노동장비율이 높은 자본집약산업에서 환율전가도가 높게 나타나고 있다.

환율전가도가 높은 산업은 시장점유율과 제품차별화 정도가 높고 자본집약적이라는 공통점을 가지고 있다. 이러한 산업은 해외시장에서 어느 정도 경쟁력을 확보하고 있지만, 환율전가도가 낮은 산업은 대체로 시장점유율과 제품차별화 정도가 낮고 노동집약적이라는 특징을 발견할 수 있다.

수출기업이 환율변동에 따른 수출채산성 변화에 따라 수출가격을 적절히 조정할 수 있기 위해서는 상품경쟁력을 강화하여 수출시장에서의 가격결정력을 높여나가야 할 것이다. 이를 위해서는 품질향상, 신제품개발뿐만 아니라 제품의 기능, 디자인 등의 차별화전략이 중요한 대안이 될 수 있을 것이다.

환율이 완전히 유동화된 상황에서는 과거와 같이 환율이 정책변수로서의 성격이 약화되고 경제여건, 시장수급 및 심리 등을 파악할 수 있는 정보변수로서의 성격이 강하기 때문에 수출기업도 환율에 대한 새로운 인식을 정립할 필요가 있다. 환율은 대외경쟁력을 결정하는 여러 가지 요소 가운데 하나에 불과하며 또한 수시로 변동하는 속성을 가지고 있다는 점을 감안하여 안정적인 수출경쟁력 확보를 위해서는 품질개선, 신제품개발, 생산성 향상 등에 더욱 주력해야 할 것으로 본다.

6. 수출보험에 의한 리스크관리

수출거래에 수반되는 여러 가지 리스크 가운데에서 해상보험과 같은 통상의 보험으로는 구제하기 곤란한 리스크, 즉 수입자의 계약파기, 파산, 대금지급 지연 또는 거절 등의 신용리스크(Commercial Risk)와 수입국에서의 전쟁, 내란, 또는 환거래 제한 등의 비상리스크(Political Risk)로 인하여 수출자, 생산자 또는 수출자금을 대출해 준 금융기관이 입게 되는 불의의 손실을 보상함으로써 궁극적으로 수출진흥을 도모하기 위한 비영리 정책보험이다.

3절

전자무역결제상의 리스크관리

1. 전자결제에서의 무역대금 사기사례

전 세계의 많은 비즈니스 가치와 개인정보가 디지털 형식으로 빠르게 이동하고 있다. 이에 따라 무역거래도 더욱 편리해지고 신속해졌으나 부작용도 많아져 메일계정 해킹, 인터넷을 통한 은행문서위조 등의 사기사건이 확산되고 있다. 개방적이고 세계적으로 상호연결된 기술적인 플랫폼에서 사이버공격으로 인한 리스크는 점점 더 증가하고 위압적이다. 특히 해커(hacktivist)들은 방화벽을 관통하여 사기행위를 하거나 신원을 도용하여 경제적 이익을 추구하고 있다. 이들은 또 경쟁사들의 지적재산을 훔치거나 상대기업의 비즈니스를 해체하여 자기들에게 유리하게 활용하고 있는 것이다. 그러나 이러한 노력에도 불구하고 기업들은 사이버공격에서 충분히 보호되지 않고 더욱 악화되고 있다.

국내에서만도 사이버경찰청에 따르면 인터넷 사기건수가 2014년에 56,667건에서 2018년에는 112,000건으로 증가하였고, 그중에서 해킹은 같은 기간에 1,648건에서 2,178건으로 증가하였다(경찰청 사이버안전국, 2019). 대표적인 무역대금결제 사기사건의 사례를 들면 다음과 같다.

• L사는 사우디아라비아 A트레이딩사로부터 나프타를 사들여 수입한 뒤, 가공해 석유화학제품을 만든다. 2016년 3월에 L기업은 A트레이딩의 납품대금 계좌가 변경됐다는 이메일을 받았다. L사는 변경된 계좌에 거래대금 240억 원을 송금했지만 이메일은 가짜였고, 해당계좌도 아람코와 관계없는 계좌였다. 불특

정 다수를 노리는 보이스 피싱과 달리 거래처나 지인을 사칭해 특정 기업이나 개인의 자산, 정보를 노리는 이른바 '스피어 피싱'(spear phishing)에 당한 것이다.

• 미국 의료기업 대표이사를 사칭한 해킹단이 "무역거래 대금을 송금하라"라는 메일을 한국의 거래업체에 보내서 송금을 받았으나 일정금액 이상은 송금의 진위를 확인하는 미국 금융기관의 '콜백시스템'을 통해 들통이 났다. 이들은 이메일 주소의 알파벳을 추가하거나 재배치하는 등으로 일반인들이 발신자의 이름만 확인할 뿐 주소까지는 잘 보지 않는다는 점을 노렸다.

• 오일가스 기자재 생산업체인 A기업은 거래업체인 미국기업과의 교신 내역을 해킹당했다. 해커는 A기업에 바뀐 계좌번호로 송금하라는 이메일을 보내어 송금을 했으나, 미국기업이 대금을 받지 못했다는 연락을 받고 신속하게 계좌를 정지시켜서 피해를 막을 수 있었다.

• 경기도의 S사는 이탈리아의 거래업체 A사에 이메일로 송부받은 인보이스에 따라 제품을 선적했다. 그러나 다음 해인 2017년 초까지 대금을 받지 못한 S사는 이탈리아 업체에 확인을 해 보니 A사가 이메일 해킹을 당한 것을 확인하였다. A사는 S사로부터 계좌가 변경되었다는 이메일을 받았으며 그 계좌로 이미 무역대금을 송금을 했다고 주장했다. 이는 양자의 책임이 모호한 사건으로 해결의 실마리를 못 찾고 있다.

• 다국적 제약회사인 페링제약의 본사에서 한국지사에 계좌번호가 바뀌었으니 바뀐 계좌번호로 대금을 지급하라는 이메일이 왔다. 이는 중국발 무차별 피싱 프로그램으로서 서버에 악성코드를 심어놓은 해킹범이 이메일 내용을 파악한 다음 본사로 가장해 지사 측과 거래대금을 송금하라는 이메일을 보내고 대금을 가로챈 것이다.

L기업이 당한 이메일 해킹 사기수법을 스피어 피싱(spear phising)이라 부른다. 작살 낚시를 뜻하는 이 수법은 미국, 러시아, 유럽 등 해외에서 급속하게 퍼졌다. 불특정 다수의 개인정보를 빼내는 일반 피싱과 달리, 스피어 피싱은 이메일 해킹을 통해 기업의 거래내역이나 계좌정보를 확보하는 등 치밀하게 준비를 하기 때문에 피해자가 거래기업으로부터 입금독촉을 받을 때까지 피해사실조차 알지 못하는 경우가 적지 않다.

국내 은행계좌를 이용하는 보이스 피싱(Voice Phishing)은 피해사실을 인지한 순간 돈을 보낸 은행에 '지급거래정지' 신청을 하면 피해금을 돌려받을 가능성이 있다. 또 사기 범죄자가 입금한 돈을 인출하지 않았다면 '타행환 반환 청구소송'을 통해 돌려받을 수 있는 길도 있다. 그러나 전문가들은 원칙적으로 스피어 피싱으로 인해 발생한 피해는 대부분 해당기업의 책임이고 은행에 책임을 묻기 어려운 사안이라 한다. 해당기업이 송금하기에 앞서 거래처나 고객의 계좌를 확인할 의무가 있기 때문이다.

사소해 보이는 개인정보도 해킹에서 매우 유용하다. SNS는 사람들의 정보를 쉽게 수집할 수 있게 해 준다. 유명인의 경우 언론에 보도되는 기사나 콘퍼런스에 참석할 때 이메일과 같은 개인정보를 기재하는데 해커들은 이들을 활용해 해킹을 할 수 있다. 피싱과 같은 사기수법을 사용할 때는, 특정 이름과 주제 대신에 최대한 많은 사람들이 걸려들게 하기 위해서 보편적인 이름과 주소를 사용하는 수법을 이용하고 있다.

2. 전자무역결제 사이버공격 유형

무역회사뿐만 아니라 대부분의 기업이 사이버공격의 위협에 직면해 있다. 가장 보편적인 사이버공격을 알아본다.

1) 소셜 엔지니어링 악성코드

소셜 엔지니어링 악성코드는 데이터 암호화 랜섬웨어가 대부분이다. 사용자들이 자주 방문하는 웹사이트에서 트로이목마 프로그램을 실행하거나, 웹사이트가 훼손되어 정상적이지 않은 악성코드를 전달하는 것이다. 악성 웹사이트는 사용자에게 웹사이트에 액세스하기 위해 새 소프트웨어를 설치하거나, 허위 안티바이러스 또는 악성 소프트웨어를 실행하도록 종용한다. 더욱이 사용자들에게 브라우저나 운영체계로부터 나오는 보안경보를 무시하게 하거나 자체 방어수단을 중지시키도록 지시할 수도 있다. 특히 트로이목마는 무언가를 하는 척하거나 백그라운드로 사라지면서 사기를 행한다. 이들 악성코드는 해킹에 주로 이용된다.

해커는 네트워크를 통해 PC에 악성코드를 심어서 저장된 문서나 그림 등 데이터를 암호화시킨다. 그리고 이를 풀어주는 대가로 해커는 비트코인을 요구해 돈을 챙긴다.

글로벌 보안업체 시만텍에 따르면 2018년에 랜섬웨어로 인한 피해는 세계적으로 36만여 건 이상, 우리나라는 4,400여 건에 달한다. 최근에는 랜섬웨어 '로키'(locky)가 송장(Invoice)이나 답장(Re:)처럼 의심하기 어려운 e-메일 제목으로 유포되고 있어 주의해야 한다. 첨부 문서를 열면 곧바로 악성코드에 감염된다.

인터넷 접속만으로 랜섬웨어가 침투하는 경우도 있다. 전문가에 의하면 "인터넷 배너광고는 자동적으로 PC에 깔린 소프트웨어(플래시 플레이어, 자바 등)를 사용하는데, 낮은 버전일수록 보안에 취약해 해커가 이를 악용한다"라고 경고했다. 실제로 국내 한 대형 커뮤니티 사이트의 광고 서버를 통해 랜섬웨어가 유포돼 많은 사람이 피해를 보았던 적도 있다. 문제는 이런 해커의 공격이 점차 조직화·다양화·체계화되고 있다는 점이다. 다단계로 랜섬웨어를 '판매'하는가 하면, 음성 안내나 전용 콜센터를 갖춘 랜섬웨어도 나왔다. 최근에는 부팅이 되지 않게 하거나 컴퓨터의 모든 파일을 암호화하는 등 수법도 점점 악랄해지고 있다. 스마트폰도 안심할 수 없다. 2014년 게임 애플리케이션(앱)의 형태로 한 랜섬웨어가 발견된 적이 있다. 스마트폰 랜섬웨어는 앱을 스스로 설치해야 활동할 수 있는데, 해커들은 '승인' 대신 '계속'과 같은 버튼으로 보이게끔 화면을 교묘히 조작해 설치를 유도한다.

2) 비밀번호 피싱 공격

일반적으로 60 ~ 70%의 이메일이 스팸메일인데, 이 중에 대부분은 사용자를 속여 로그인 정보를 빼내려는 피싱 공격이다. 안티-스팸 사업자 및 서비스업체가 크게 발전했으나, 아직도 여러 개의 스팸이메일은 교묘하게 위장하여 들어온다. 예를 들어 '사기성 이메일'임을 경고까지 하는 스팸도 있다. 이와 같이 정체를 드러내는 경우에는 인증정보를 요구하는 허위 링크로 보면 된다.

3) 소셜 미디어 위협

온라인 세계는 페이스북, 트위터, 링크드인, 여타 국가별로 유명한 유사 사이트에 의해 주도된다. 소셜 미디어 위협은 가상의 친구 또는 애플리케이션 설치요청으로 다가오는 것이 보통이다. 이를 수락했다면 자신의 소셜 미디어 계정에 엄청난 액세스를 허용한 경우가 흔하다. 기업 해커들은 소셜 미디어 사이트와 기업 네트워크에서 공통으로 쓰일 수 있는 비밀번호를 수집하기 위해 기업 소셜 미디어 계정을 즐겨 공격한다. 최악의 해킹은 단순한 소셜 미디어 해킹으로 시작되었다는 점이다.

4) 스피어 피싱

스피어 피싱은 특정인의 계정 또는 금융정보와 같은 중요한 정보를 캐내기 위한 공격을 말한다. 작살 낚시(spear fishing)에 빗댄 표현이다. 스피어 피싱은 기밀정보를 얻기 위해 온라인 공격을 하기 때문에 불특정 다수의 개인정보를 빼내는 피싱(phising)과 혼동될 수 있다. 피싱은 피해자가 암호, 사용자 이름 및 신용 카드 세부 정보와 같은 중요한 정보를 공유하도록 속이는 것을 지칭하는 광범위한 용어이다. 공격자는 전자메일, 소셜 미디어, 전화(음성 피싱의 경우 "vishing"이라고 한다) 및 문자메시지(SMS 피싱의 경우 "smishing"이라고도 함)를 통해 신뢰할 수 있는 것으로 위장하여 대상자와 접촉한다. 대상자의 친구, 고향, 직장, 자주 가는 장소, 또는 온라인으로 구입한 상품 등에서 개인정보를 수집하여 분석하여 정보를 입수한다. 특히 무역업체들의 수출입대금을 가로채기 위해 사용된다.

스피어 피싱은 일반 개인의 취약점을 노려 이뤄지는 소셜 엔지니어링 해킹의 한 유형으로 볼 수 있다. 사회공학 해킹은 전산시스템이 아닌 전산을 운영하는 사람을 공격하는 방식이다. 뛰어난 해커라도 대형기관의 철저한 보안시스템은 거의 뚫을 수 없다. 그래서 사회공학기법을 많이 활용한다. 시스템은 실수가 거의 없는 반면 사람은 실수를 하기 때문이다. 전문가들은 "보안시스템이 잘 갖춰진 회사일수록 오히려 전화 한 통, 이메일 하나가 더 효과적인 경우가 많다"라고 한다. 특히 해킹 목표를 정하고 수개월, 수년에 걸쳐 관리자의 정보를 확인한 뒤 악성코드를 심어 해킹하는 방법을 많이 사용한다. 이런 공격수법을 '지능형 지속위협'(APT, Advanced Persistent Threat)이라고 한다.

스피어 피싱에 의한 L기업의 무역대금결제 피해규모는 국내에서 발생한 사례 중 가장 큰 규모이다. 관계자들은 입금계좌를 변경한다고 통보하더라도 송금 전에 각종 서류나 유선상으로도 확인하여야 한다는 점을 강조한다. 불특정 다수의 개인정보를 빼내는 일반 피싱과 달리, 스피어 피싱은 이메일 해킹을 통해 피해 기업의 거래내역이나 계좌정보를 캐내 치밀하게 준비하기 때문에 피해자가 거래 기업으로부터 입금독촉을 받을 때까지 피해사실조차 모르는 경우가 많다.

러시아 보안업체인 카스퍼스키랩(Kaspersky Lab)에 따르면, 스피어 피싱 범죄자들은 주로 악성 소프트웨어를 심은 이메일을 보내 컴퓨터의 스크린샷을 캡쳐하거나 컴퓨터를 다루는 모습을 녹화한다. 이런 방법으로 피해자의 입출금 체계를 수개월 넘게 관찰하다가 다른 은행에 만들어둔 계좌로 입금하도록 이메일을 보내는 것이다.

이러한 방식으로 해커들은 특히 무역업체나 일반기업의 수출입담당자가 이용하는 이메일을 해킹하여 계정정보를 확보하여 수출·수입업자 사이의 거래내역 등을 파악한 뒤에 해외에 개설한 사기계좌로 송금하도록 하여 무역대금을 가로챈다. 스피어 피싱의 경우 사기범들이 특정 기업과 거래한 적이 있는 기업이나 아는 사람을 가장해 송금 등을 요청하므로 범죄로 의심하기가 쉽지 않다. 해커들은 이메일이나 기타 온라인 메시지를 통해 중요한 정보를 수집할 수 있는 신뢰할 수 있는 친구 또는 기관으로 위장한다. 그래서 인터넷에서 기밀 정보를 얻는 가장 성공적인 형태로 스피어 피싱 공격의 91%를 차지한다(N. Giandomenico, 2019).

3. 전자무역결제에서의 리스크관리방법

1) 일반적인 사이버리스크관리

디지털화가 진전됨에 따라 개인, 공공 및 기관은 정보시스템에 더욱 의존하고 있는데, 그럴수록 사이버공격에는 더욱 취약해진다. 지적한 바와 같이 전자메일은 네트워크상에서 외부로부터 해커나 바이러스가 침입할 수 있는 리스크가 있는 것이다. 회사의 기밀이 국제적인 해커들에 의해 해킹되어 타국의 경쟁업체에 넘겨지는 일도 가능한 것이다. 이러한 바이러스를 방어하는 백신이나 소프트웨어가 있지만 완전한 대응책은 없는 것이 현실이다.

이와 같이 신종 악성코드, 보안취약점 등에 의한 사이버리스크가 급격히 증가하여 하루 평균 약 4만3천 개의 신규 악성코드가 등장하였다. 정부당국에서도 정보보호 수준을 높이기 위한 중장기대책으로 "정보보호종합계획"을 발표하였다(과학기술정보통신부, 2019). 여기에 의하면 악성코드감염, 개인정보유출 및 사생활 침해 등은 하락했으나, 보안 소프트웨어 설치, 비밀번호 변경 등 대응활동은 증가한 것으로 나타났다. 정부는 랜섬웨어 공격과 IP카메라 해킹과 같이 타

켓형 사이버리스크에 맞춤형 정책을 발표하는 등 진화하는 사이버리스크에 적극 대응할 것임을 밝히고 있다.

랜섬웨어는 USB · 외장하드 · 네트워크와 연결된 클라우드도 감염시킨다. 백업 데이터는 분리하여 보관하고 클라우드 등 네트워크를 이용한 백업은 로그인 기능이 있는 프로그램을 활용하는 것이 적절하다. 랜섬웨어의 피해를 막는 최선의 방법은 예방이다. 그래서 웹 브라우저를 이용할 때는 보안이 취약한 낮은 버전을 사용하지 말고 백신은 물론 소프트웨어를 지속적으로 업데이트해야 하는 것이 좋다. 특히 해킹당한 기업들이 해커에게 돈을 주더라도 완전한 상태로 복구된다는 확신은 할 수 없다. 그래서 개인뿐 아니라 기업 차원에서 보안 · 소프트웨어 업데이트 솔루션을 배포하는 등으로 다각도로 대비책을 마련하여야 한다.

McKinsey와 World Economic Forum은 사이버리스크에 대해 공동 연구를 수행했다. 이 연구에 의하면 세계경제는 여전히 사이버공격으로부터 보호받지 못하고 있으며 점점 악화되고 있다고 보았다.

결론적으로 새로운 사이버 보안운영모델을 구축하기 위해 다음과 같은 핵심사항을 제시하였다(McKinsey, 2014). 첫째, 대부분의 기관에서는 어떠한 정보자산이 우선되어야 하는가에 대해 파악하지 못하고 있다. 따라서 내부정보를 차별화하여 보호하여야 가장 중요한 자산을 보호할 수 있다. 둘째, 사이버보안팀은 비즈니스 리더들뿐만 아니라 모든 직원들과도 자주 접촉하여 보안관계를 설명해야 한다. 셋째, 모든 정보가 잠재적 공격에 노출되어 있으므로 능동적으로 그러한 공격을 찾아 방어하여야 한다. 방어시스템을 지속적으로 테스트하고, 사이버전쟁과 같은 게임을 해야 한다. 넷째, 조직의 부서장급의 임직원들과 최전선의 직원들에게도 자산의 가치를 이해시키고 보안에 대해 협조를 구한다. 다섯째, 사이버보안은 공급 및 협력업체와 규제준수와 같은 다양한 세트에 통합하여 관리하여야 한다.

비밀번호 피싱 공격에 대한 대책은 잘 알려지지 않은 로그인 정보를 만드는 것이다. 예컨대 이중인증(2FA), 스마트카드, 생체정보, 전화통화나 SMS 메시지와 같은 개별 인증기법이다. 로그인 시에 단순한 이름과 비밀번호의 조합 이외에 무언가를 활성화할 수 있고, 또는 더욱 강력한 방법을 만들 수 있다면, 비밀번호 피싱 공격은 불가능할 것이다.

2) 정보보호 관리강화

McKinsey에서 지적한 바와 같이 대부분의 기업이나 기관들은 어떠한 정보 자산이 가장 우선적으로 보호되어야 하는가에 대해서는 고려하지 않고 있다. 그래서 사이버보안팀은 모든 밸류 체인과 전체적인 비즈니스리스크(예를 들어, 새로운 제조공정에 대한 재산권적 정보의 손실)를 이해하고 그에 따른 정보자산을 우선적으로 선택하기 위해 비즈니스 리더들과 협의할 필요가 있다(McKinsey, 2014). 그래서 비즈니스리스크에 기반을 둔 정보자산을 우선시하는 동시에 다음과 같은 리스크관리를 실행할 필요가 있다.

(1) 이메일 계정관리

일반적으로 소셜 엔지니어링 악성코드는 지속적으로 사용자 교육을 강화하여 잘 대처할 수 있다. 강화된 인증서를 이용해 인터넷을 이용하거나, 이메일에 답장하지 못하도록 하는 조치도 할 수 있다. 무엇보다도 의심스러운 이메일은 열지 않고 데이터 백업도 생활화하는 것이 중요하다.

무역거래담당자의 이메일 주소가 홈페이지에 노출되거나 또는 개인의 이메일주소를 분리하여 사용하지 않을 경우에 해커들은 정보를 쉽게 수집할 수 있다. 따라서 업무용 이메일 주소는 외부로 노출시키지 않도록 하여야 하며, 무역거래와 관련한 이메일은 업무상으로만 사용하도록 한다. 또한 스피어 피싱 공격 리스크를 염두에 두고 아이디와 비밀번호를 철저히 관리하여야 한다. 별도의 추가인증절차(SMS나 OTP)를 만들어서 이메일계정의 보안을 강화해야 한다. 더욱이 모든 웹사이트에 동일한 아이디와 비밀번호를 사용하는 경우가 많은데, 특히 무역업무용은 개인 아이디나 비밀번호와는 다르게 사용하는 것이 바람직하다.

추가적인 보안기능으로 '차단설정', '전용아이디', '로그인 알림' 등을 사용하면 해외 IP를 차단하여 해커의 접속을 차단할 수 있다. 새로운 기기나 해외에서 로그인이 이루어졌을 때 신속하게 알림메일을 받을 수 있어서 해킹이 이루어지고 있다는 것을 알 수 있으며, 관계자에게 사실을 알리고 피해를 사전에 방지할 수 있다.

담당자는 자신의 블로그나 사이트 등에 개인정보나 무역관련 업무에 관한 정보가 공개되면 해커들이 손쉽게 기업의 정보를 입수할 수 있기 때문에 공개하지 않는 것이 좋다. 담당자 컴퓨터가 악성코드에 감염되는 이유는 운영체제나 응용프로그램의 보안에 문제가 발생되었기 때문이다. 감염을 방지하려면 안티바이러스 백신 프로그램을 설치하거나, 또는 업데이트를 수시로 받는 것도 중요하다.

(2) 무역결제방식 및 계좌변경절차 강화

무역거래 관계사들과 계약서작성 시에 대금결제방식이나 계좌변경 등의 중요사항에 대해서는 계약서에 정해진 절차를 규정하거나, 추가로 확인을 하도록 계약서상에 명기하는 것이 필요하다. 일방적으로 무역대금결제계좌를 변경하여 피해가 발생할 경우에 책임소재를 명확하게 할 수 있다. 이메일 이외에도 전화나 팩스 등의 다른 통신방법으로 연락이 가능하도록 하는 것이 좋다.

현재 일반적인 무역결제방식으로는 신용장방식보다 송금방식인 T/T방식이 주류를 이루고 있다. 이러한 결제조건은 무역관련 복잡한 서류가 없기 때문에 간편하고, 수수료가 낮기 때문에 무역결제에서 많이 사용되고 있다. 그러나 은행에 의한 추심방식이나 신용장방식 등에 의해 제3자가 진위여부를 확인하지 않기 때문에 리스크가 많다고 볼 수 있다. 따라서 무역거래상의 수출상과 수입상 또는 거래은행 간의 대금결제관련 업무에도 추심이나 적절한 확인절차를 규정하는 것도 바람직하다.

3) 스피어 피싱

스피어 피싱은 사전지식 없이는 탐지하기가 어렵다. 해커들은 개인들이 인터넷에 올린 정보를 해킹 대상으로 하기 때문이다. 소셜 네트워킹 사이트에서 개인 프로필을 볼 수 있는데, 이메일 주소, 친구목록, 위치 및 최근에 구입한 새로운 전자기기 등에 대한 게시물을 찾을 수 있다. 이러한 정보를 통해 해커는 친구같이 행동하면서 사기성 메시지를 대상자에게 보낸다. 사소한 개인정보라 할지라도 해커들에게는 결정적인 정보를 입수하는 실마리가 될 수 있는 것이다. 2008년 미국 공화당의 부통령 후보인 세라 페일린의 이메일 계정이 해킹당하는 사건이 발생했는데, 이 사건은 평범한 대학생이 범인으로 밝혀졌다. 전문적인 해킹 툴을 사용한 것이 아니라 단순히 구글과 위키피디아를 이용했기 때문이다. 페일린이 지정한 비밀번호 힌트를 구글과 위키피디아를 검색해 얻은 정보로 유추해 낸 것이다.

국내은행계좌를 이용하는 보이스 피싱은 피해사실을 인지한 순간 돈을 보낸 은행에 '지급거래정지' 신청을 내거나, '타행환 반환청구 소송'을 통해 돌려받을 수 있는 길도 있다. 그러나 무역대금결제를 위해 해외계좌로 송금을 하다 피해가 발생하는 스피어 피싱은 구제방법이 없다는 것이 전문가들의 입장이다. 국내은행처럼 해외은행에 지급거래정지 신청을 하는 것이 불가능하고, 국내은행 간 거래와 달리 해외계좌의 예금자는 확인하기가 쉽지 않기 때문이다. 또한 대금반환 국제소송을 제기해야 하기 때문에 비용과 시간이 든다. 그렇게 보면 원칙적으로 스피어 피싱에 의한 피해는 대부분 해당기업의 책임이며 은행에 책임을 미루기는 어렵다고 볼 수 있다. 따라서 해당기업이 무역대금을 송금하기에 앞서 거래처나 고객의 계좌를 확인할 의무가 있으며, 불확실하면 유선 등으로 확인을 해야 할 것이다.

이같은 사회공학 해킹은 무엇보다도 공격 대상의 정보를 입수하는 것으로부터 시작한다. 2011년의 농협대란이나 스턱스넷 등의 사례처럼 직원정보를 검색한 뒤 사이버공격을 감행하는 것이다. 한수원 전산망도 스피어 피싱 공격으로 뚫렸다. 해커는 한수원 퇴사자의 이름으로 한수원 직원들에게 이메일을 보냈다. 한수원 직원들은 이 첨부파일을 의심 없이 다운받아 첨부파일에 잠복하고 있는 악성코드를 한수원 서버에 들어오게 한 것이다. 이같이 사소해 보이는 개인정보도 사회공학 해킹에서 매우 중요하다.

최근 SNS의 등장은 사람들의 정보를 쉽게 수집할 수 있게 해 준다. SNS 등장은 해커들이 유명인을 비롯한 개인들의 사생활 정보에 쉽게 접근할 수 있게 해 준다. 평범한 사람들도 인터넷에 올려 여러 사람과 공유할 수 있게 했는데, 이러한 점이 악용되는 것이다. 이제 해커는 구글링만으로 SNS에서 각 개인이 업데이트한 정보를 찾을 수 있다. 어느 학교를 졸업했는지, 직업은 무엇인지 그리고 어떤 사람과 친분을 맺고 있는지 등의 정보를 얻을 수 있다. 물론 모든 사람들이 해커의 공격대상이 되는 것은 아니다. 그러나 해커가 해킹할 동기가 있다면 이제 SNS 내에서 검색을 통해 얼마든지 정보를 가져갈 수 있다. 예전에는 개인화된 사회공학 해킹은 불가능했다. 정보를 찾는 것은 상당한 시간을 요구하기 때문이다. 그런데 이제 SNS로 인해 개인정보를 쉽게 찾을 수 있고 이에 맞는 사회공학 해킹이 가능하다.

L기업도 바로 이러한 사기 수법에 당했다. 그리고 이러한 사건은 사회공학 해킹의 고도화와 함께 늘어날 것으로 보인다. 완전히 막을 수 없지만 이런 피해를 가능한 한 억제하기 위해서는 대비책이 필요하다. 그래서 SNS를 통한 사생활 노출을 최소화하는 등의 아래와 같은 체크리스트가 유용할 것이다.

[표 1] 스피어 피싱 공격을 피하기 위한 체크리스트

	내 용
개인 정보	인터넷에 자신의 개인정보인 프로필을 어떻게 게시했는가를 살펴보아야 한다. • 해커가 볼 수 있는 개인정보의 양은 얼마나 되는가. • 해커가 볼 수 있을 만한 정보는 게시하지 않는다. • 업무와 관련된 사항은 소셜 네트워크에 올리지 않는다. • 직장에서 사용하는 기기는 개인용으로 사용하지 않는다.
암호 사용	자신의 모든 계정에 한 가지 암호나 복합적인 암호는 사용하지 않아야 한다. • 암호나 이를 변형한 암호를 재사용하지 않는다. 이는 해커가 하나의 암호를 액세스할 수 있으면 다른 계정에도 액세스할 수 있다. • 보유한 모든 암호는 나머지 암호와 달라야 할 것이다. • 임의의 구, 숫자 및 문자가 있는 암호가 안전하다. • 데이터에 따라 비밀번호를 각기 다르게 설정하여 보호한다.
업데이트	소프트웨어 제공 업체에서 새 업데이트가 있으면 바로 업데이트한다. • 대부분의 시스템에는 사용자를 보호하는 소프트웨어 업데이트가 포함되어 있다. • 자동 소프트웨어 업데이트를 사용한다.
이메일	알 수 없는 전자 메일의 링크를 클릭하는 것은 좋지 않다. • 은행 등의 공신력 있는 기관에서 링크를 보내더라도 해당은행의 사이트로 가서 접속하여야 한다. • 링크로 마우스를 가져가는 것도 위험하다. • 스피어 피싱 공격자는 합법적인 URL처럼 보이는 텍스트를 사용하여 해킹할 수 있으니 조심해야 한다.
수신 메일	친분이 있는 자가 암호를 포함한 개인정보를 요구하는 이메일을 보낼 수 있다. • 송신자의 전자 메일주소가 전에 사용했던 것인지 주의 깊게 확인해야 한다. • 비즈니스에서는 사용자 이름이나 비밀번호를 묻는 이메일을 보내지 않기 때문이다. 최선의 방법은 당사자인지 전화로 확인하는 것이다.
교육	데이터 보안 사례에 대한 사용자 교육과 데이터 보호 프로그램은 스피어 피싱 공격으로 인한 데이터 손실을 방지하는 데 도움이 된다. 중소기업들은 데이터 손실 방지 소프트웨어를 설치하는 것이 좋다.
기타	• 수상한 행동을 하는 사람은 반드시 인사과에 통보한다. • 데이터 망을 분리하여 공격당한 곳 이외에는 안전할 수 있게 한다.

자료: KOTRA, 무역사기유형별 대표사례 및 대응책, 2017 및 McKinsey, "Risk and Responsibility in a Hyperconnected World: Implications for Enterprises", *McKinsey January Report*, 2014. 한국인터넷진흥원, "피싱대응", 한국인터넷진흥원주요사업 사이버침해대응(https://www.kisa.or.kr/business/violation/violation5_sub2.jsp) 등을 참고하여 작성함.

4) 정보보호 교육훈련 실시

McKinsey에 의하면 업무상의 직위고하를 막론하고 모든 구성원에게 업무상의 정보자산 가치를 이해하고, 사이버리스크관리에 대처할 것을 권장했다. 자신이 접속하는 곳에 엄청난 사고가 발생할 수 있다는 점을 이해시켜야 하는 것이다. 사용자들이 불안정한 암호를 선택하는 것보다도, 해커들이 이메일을 보내어 민감한 파일에 접속하려는 시도가 있다는 점을 알아야 하는 것이다. 다시 말해 조직의 구성원들은 해커들이 보낸 이메일이 자신의 편지함에 도착하여 사기행위를 하려는 리스크를 인식하고 있어야 하는 것이다. 특히 외부 웹사이트에서는 기업 내에서 사용하는 비밀번호를 사용하지 않도록 주지시켜야 한다. 또한 해킹된 소셜 미디어 계정을 동료가 대신 신고할 수 있고, 또 동료의 계정에서 뭔가 잘못되었음을 알아차리는 경우에 신속하게 지적해 주어야 한다는 것이다.

마지막으로 기업 내 모든 정보가 잠재적 공격에 노출되어 있으므로 능동적으로 그러한 공격을 찾아 방어하여야 한다. 방어시스템을 지속적으로 테스트하고, 사이버전쟁과 같은 게임을 해야 하는 것이 중요하다. 사이버보안팀은 비즈니스 리더들뿐만 아니라 모든 직원들과도 자주 접촉하여 보안관계를 설명해야 한다.

제8장

무역클레임과 분쟁해결

1절

무역클레임 리스크관리

클레임이란 단어는 법률적으로 청구, 청구권, 요구, 주장 및 소송상의 청구 등을 의미하고 있다. 수출업계에서는 손해배상금 지불을 요구받는 것으로 보고 있으나 손해에 따른 고충이나 불평불만 등으로 해석하기도 한다.

무역클레임은 상대방이 계약조건을 위반하여 발생하는 경우가 대부분이다. 그러나 시장상황이 악화되어 수입상이 수출상에게 가격을 인하해 달라거나 인수를 거부하는 등의 고의적으로 제기하는 마켓클레임도 적지 않다. 운송 중에 발생하는 손해는 하주(荷主)가 선박회사를 상대로 한 운송클레임과, 보험회사를 상대로 손해보상을 청구하는 보험클레임도 발생한다.

일반적으로는 클레임을 방지하기 위하여 매매당사자 간의 매매계약에 클레임조항을 두는 경우가 많다. 여기에는 클레임을 제기하는 기간과 제기방법, 관련 증빙서류에 관해 명기하고 있다.

1. 무역클레임 발생의 직접적 원인

무역클레임 발생의 직접적 원인을 다음 3가지로 나눌 수 있다.

- 계약체결과정에 원인이 있는 경우이다. 계약성립의 가장 중요한 요건인 청약과 승낙에 따른 계약의 유효성에 관하여 클레임이 발생하기 쉽다. 계약이 성립할 때에 최종 승낙을 어떻게 확인하느냐에 따라 계약내용이 달라질 수 있기 때문이다. 청약과 대응청약이 반복되는 동안 의사표시의 내용에 착오나 사기 또는 강박(强迫)이 있다고 주장할 경우에 계약의 유효성

에 문제가 생길 수 있다.

- 계약내용에 원인이 있는 경우이다. 계약체결 시에 품질의 기준과 기준시점 명시, 수량의 과부족 용인약관, 포장방법, 가격의 산출기준, 선적시기, 적하보험의 담보조건, 신용장조건의 대금결제에서 은행수수료 부담책임자, 검사시기, 불가항력조항, 클레임조항, 중재조항 등에 관하여 명백하게 합의하여야 할 필요가 있다.
- 계약의 이행에 원인이 있는 경우는 다음과 같다.

① 지연선적(delayed shipment)

② 품질클레임(claim on quality)

③ 수량클레임(claim on quantity)

④ 포장클레임(claim on package)

⑤ 대금을 지급하지 않는 클레임(claim on non-payment)

⑥ 신용장을 개설하지 않는 클레임(claim L/C being not opened)

2. 무역클레임 발생의 간접적 원인

무역클레임은 다음과 같은 간접적 원인에 의해 발생될 수 있다.

- 언어가 다르기 때문에 계약해석에 관련한 의사소통에 문제가 있는 경우이다.
- 상관습과 법률이 다르기 때문에 발생된다. 매매, 운송, 보험, 결제 및 중재 등에 관한 국제적인 관습과 각국의 법규 중에서 잘못 적용하여 발생되는 문제점이 있다.
- e-메일이나 인터넷에 의한 전자문서를 사용하는 경우에 전달과정상의 오류나 수·발신(發信) 시기에 분쟁이 발생할 가능이 있다.
- 신용조사를 정확하게 시행하지 않아서 상대방의 대금결제능력이나 도덕성의 결여 등에 의한 문제가 발생될 수 있다.
- C.I.F.조건에서는 보험계약자는 수출상이지만, 리스크를 부담하는 시점은 다르기 때문에 보험 분쟁이 생길 수 있다. 특히 수출상이 포장을 불충분하게 하거나 화물고유에 하자가 있는 경우 등은 보험에서 담보되지 않기 때문에 사전에 유의하여 대책을 세워야 한다.

- 일부 국가가 사용하는 도량형이 국제적인 표준과 다른 점에 유의하여야 한다.
- 상대방 국가의 법규를 잘 알지 못하여 문제되는 경우도 많다. 예를 들어 계약에서 UN통일매매법을 준거법으로 채택하더라도 소비자보호법, 독점금지법, 식품위생법 등은 국내법이 적용되므로 클레임을 유발하는 간접적 원인이 될 수 있다.

3. 무역클레임의 종류

무역클레임의 종류는 발생원인, 클레임의 성질, 제기당사자 등에 따라 다음과 같이 분류할 수 있다.

[표 1] 무역클레임의 종류

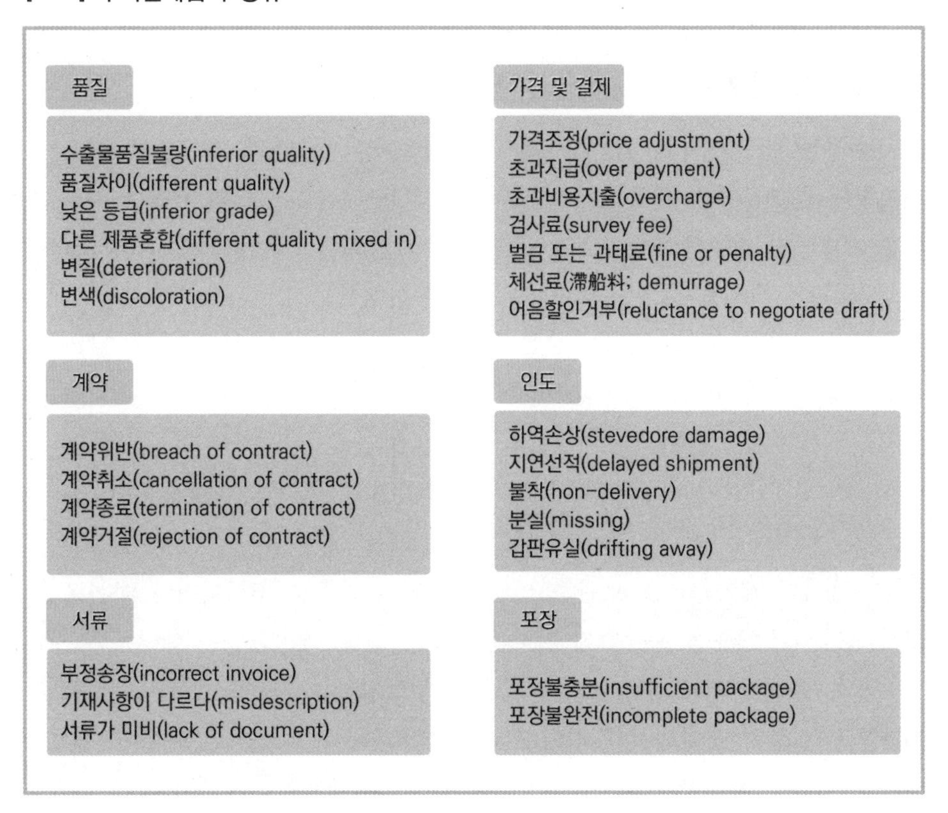

품질	가격 및 결제
수출물품질불량(inferior quality) 품질차이(different quality) 낮은 등급(inferior grade) 다른 제품혼합(different quality mixed in) 변질(deterioration) 변색(discoloration)	가격조정(price adjustment) 초과지급(over payment) 초과비용지출(overcharge) 검사료(survey fee) 벌금 또는 과태료(fine or penalty) 체선료(滯船料; demurrage) 어음할인거부(reluctance to negotiate draft)
계약	**인도**
계약위반(breach of contract) 계약취소(cancellation of contract) 계약종료(termination of contract) 계약거절(rejection of contract)	하역손상(stevedore damage) 지연선적(delayed shipment) 불착(non-delivery) 분실(missing) 갑판유실(drifting away)
서류	**포장**
부정송장(incorrect invoice) 기재사항이 다르다(misdescription) 서류가 미비(lack of document)	포장불충분(insufficient package) 포장불완전(incomplete package)

4. 클레임의 성질에 따른 분류

일반 클레임

무역거래를 수행하는 과정에서 발생하는 일반적 클레임으로서 매매당사자 일방의 과실이나 태만으로 발생하거나 당사자 이외의 제3자에 의하여 야기된다.

시황(市況)에 따른 클레임

계약이 성립되었으나 물품의 시세가 하락하여 손해를 입을 것으로 예상될 때 경미한 과실 등을 이유로 제기하는 클레임을 말한다. 이러한 경우 대부분이 가격을 인하해 달라는 요구나 인수거부 등의 형태로 제기된다. 이는 정당한 클레임인지 판단하기 어려운 경우가 있다. 또한 무신용장조건의 경우 어음지급을 거부하겠다고 위협할 가능성이 있기 때문에 거래 전에 수입상의 신용을 조사하여 도덕성 여부를 잘 파악하여야 한다.

계획적인 클레임

수입상이 교묘한 사기술로 수출상이 계약이행에 지장을 일으키게 한 뒤에 제기하는 클레임이다. 대부분의 클레임은 선의 또는 신의성실의 원칙에 따라 주의를 기울이면 사전에 방지할 수 있는 '피할 수 있는 클레임'(avoidable claim)이다. 그렇지만 실제로 클레임은 주의부족에서 발생하는 경우가 많다. 예를 들면, 거래처의 선정과 신용조사에서 충분한 주의를 기울이지 못하였거나, 상담과 계약절차에 있어서 주의를 하지 않을 경우에 그 원인이 된다. 계약을 이행하는 과정에서도 주의를 다하지 못하면 클레임이 발생된다.

불가항력(不可抗力)에 의한 클레임

수출상이 계약물품을 보관하고 있던 창고가 화재로 소실되거나 대설로 도로가 봉쇄되어 물품을 운송하지 못하는 경우가 있다. 계약물품이 해상운송 중에 태풍으로 침몰하거나, 해적을 만나 물품을 강탈당하는 경우도 있을 것이다. 그 외에도 수입상이 수출대금을 지불하기 위하여 송금하려 했지만 은행이 도산하거나 수입상이 소재하고 있는 나라가 외환위기로 해외송금을 정지시키는 경우도 있다. 이와 같이 계약당사자의 의지와 관계없이 발생되는 불가항력으로 계약이행에 큰 차질이 생기는 경우에 이행책임은 누구에게 있는가. 나아가 이에 따른 손해는 어떻게 할 것인가에 따라 당사자 간의 이행책임의 소재에 따른 분쟁이 발생할 수 있다.

5. 클레임의 유형

클레임을 제기하는 측에서 요구하는 바는 다음 3가지 유형으로 나눌 수 있다.

지급거절

송금결제나 신용장조건에서는 선적하기 전이나, 선적하는 동시에 대금을 결제받을 수 있기 때문에 지급거절이 일어나지 않는다. 그러나 D/A나 D/P 계약서베이스의 경우 수입상은 대금지급을 거절하거나 서류인수를 거절할 수 있다.

손해배상액의 청구

수입상은 물품을 수령한 후에 물품의 품질이나 수량이 계약과 일치하지 않을 경우 수출상을 상대로 손해배상을 청구한다.

대금감액(代金減額) 청구

일반적인 형태로 도착물품의 품질, 포장, 하인, 상품 등이 계약내용과 일치하지 않거나 계약과 다른 물품이 운송된 경우다. 수입상은 수출상에게 물품을 계약가격보다 싼 가격으로 인수하겠다고 요구하는 것을 말한다. 대금감액의 방법에는 대금잔액으로부터의 감액이나 다음 계약분 또는 선적분에 대한 감액 등의 방법이 있다.

금전 이외의 청구

도착한 상품의 품질상 하자가 있거나 그 품질이 계약내용과 다를 경우 수입상은 물품인수를 거절할 수 있다. 매매계약서상 인수거절에 관한 약정이 있는 경우 수입상은 물품의 내용이 인수를 거절할 만한 요건이 되면 거절할 수 있다. 매매계약서상 인수거절에 관한 약정이 없는 경우에도 물품이 계약내용과 다를 경우, 예를 들어 1급품을 계약했지만 실제로는 2급품을 공급하거나 면책되는 비율 이상의 다른 물품을 혼입하거나, 치수나 상품의 계약과 불일치하는 경우에도 수입상은 준거법에 따라 인수거절권을 행사할 수 있다. 이러한 경우에 수출상이 송금이나 신용장조건으로 미리 대금을 수령하였을 경우에는 이를 반환하여야 한다.

계약대로 이행할 것을 청구하는 것도 넓은 의미의 클레임에 속한다. 수출상 또는 수입상이 상대방에게 계약의 정당한 이행을 청구하는 것은 당연하다고 할 수 있으나 상대방이 이행하지 않는 경우에는 중재나 소송을 통하여 강제적으로 이행을 강요하는 경우도 있다.

수출상이 수입상에게 이행을 청구하는 대표적인 케이스는 신용장개설이다. 신용장의 개설이야말로 수출상의 생산개시, 선적준비가 이행되어야 하는 조건이기 때문이다. 수입상이 신용장을 개설하지 않으면 수출상은 손해배상을 청구할 수 있다.

6. 클레임제기에 따른 리스크관리

클레임이 발생되면 가해자는 손해를 배상하여야 하기 때문에 경제적으로나 시간적으로나 피해를 입게 된다. 따라서 클레임이 발생한 후 그 해결방안을 강구하는 것도 중요하지만 클레임의 발생을 예방하는 대책을 강구하는 것도 중요하다. 클레임의 예방대책을 살펴보기로 한다.

신의성실의 원칙 고수

신의성실의 원칙은 원래 윤리적·도덕적 규범이었으나 공·사법의 모든 영역에 있어서 지켜야 할 기본원리이며, 국제무역거래에 있어서도 준수할 최고의 규범이다.

철저한 신용조사

상대방에 대한 경제적 평가, 특히 지급능력을 조사하는 것을 말한다. 물론 이 용어에는 인격적·도덕적 의미도 포함되어 있다. 따라서 상대방과 거래를 시작할 때나 또는 거래개시 후 일정기간에 상대방의 신용상태를 정기적으로 조사하여야 한다.

신용조사의 방법

자기의 거래은행이나 국내·외 신용조사기관에 의뢰하여 상대방의 신용조사를 할 수 있다. 특히 인터넷을 이용하여 조회할 수 있다. 신용조사의 결과 상대방의 신용에 확신이 없을 경우 이를 보완하는 방법으로 보증금제도와 신용장제도를 활용할 수 있다. 이러한 보증제도는 국제입찰에서 많이 이용되고 있으며 보증신용장(standby L/C)이 주로 이용되고 있다.

계약서상의 클레임조건 명시

매매계약서상에 클레임의 제기기간, 제기방법, 증빙서류 및 비용부담자 등을 명기하여야 하며, 클레임을 중재로 해결하고자 할 경우 중재조항을 삽입하여야 한다. 여기에는 중재지, 중재기관 및 준거법 등을 명기하여야 한다. 또한 클레임을 제기하기 위한 정당성 확보를 위한 검사조항이 명시되어야 한다. 검사조항에는 검사시기, 검사방법, 검사증빙서류 등에 관한 내용이 포함되어야 한다.

다음으로 제조업자선정에 유의해야 한다. 수출상이 직접 생산하지 않고 동일국 내의 제조업자로부터 구입하여 수출할 경우 제조업자를 잘못 선정하면 품질이 좋지 않을 경우도 있다. 따라서 제조업자 선정 시 신중하여야 하며 제조업자와 정확한 납품계약을 체결하여 품질 때문에 수입상으로부터 제기되는 클레임은 제조업자에게 그 책임을 전가할 수 있도록 하여야 한다.

7. 클레임의 경감대책

클레임리스크를 경감시키는 방법은 수출상의 계약책임의 범위를 구체적으로 다음과 같이 계약서에 명시하는 것이 필요하다.

- 사용목적에 부적합하지 않은 한 약간의 흠은 품질보증위반이 아니다.
- 품질보증클레임은 '선적 후 2개월' 또는 '하역 후 1개월' 등으로 지정한다.
- 품질보증위반에 대한 구제조치는 수출상이 선택하는 것보다 물품교환이나 대금감액으로 한정시킨다.

• 분쟁은 중재에 의해 해결하고 피신청인이 있는 나라의 중재원에서 해결하도록 한다.

납기지연에 관한 클레임은 불가항력에 의한 면책조항을, 수량클레임은 수령한 물품의 수량이 계약에서 정한 5%의 범위에서 증감하는 것도 허용하는 특약을 계약서에 명기하면 클레임이 감소될 것이다. 한편 수출상이 제조하지 않고 하청하거나 구매하여 수출하는 경우에는 제조업자나 구매업체에 기술, 품질, 성능상의 문제가 발생하면 해당업체에 그 책임을 전가시키도록 계약서에 필히 명기하여야 한다.

클레임에 대응하는 것은 직접적인 이익이 되지는 않지만 그동안의 수익을 유지하거나 손실을 경감시키기 위해서 중요한 일이다. 따라서 거래선의 클레임을 지연시키거나 방치할 경우에는 소송을 당하거나 더욱 큰 분쟁에 휘말릴 가능성도 크다. 그래서 클레임의 원인을 조사하여 수출상의 책임이 클 때는 거래선에 대해 계약에 따른 품질보증책임을 신속하게 이행하는 것이 필요하다. 물론 수출상의 책임이 없다는 결론이 나면 그 이유를 논리적으로 설명하여 클레임을 거부할 수 있다. 이와 같이 대응함으로써 무역거래에서의 클레임에 따른 손실을 최소화시킬 수 있다.

2절

국제거래 분쟁의 해결

1. 민사소송

무역거래상의 대부분의 분쟁은 당사자 간의 교섭에 의해 화해로 해결되는 경우가 많다. 그러나 당사자의 이해가 끝까지 대립하는 경우에는 한계가 있다. 이러한 때에 사용되고 있는 수단이 민사소송과 중재(仲裁)이다.

- 민사소송은 법원이라는 공적인 기관이 민사에 따른 분쟁을 강제적으로 해결하는 제도이고, 강행적인 분쟁해결의 방법이라 할 수 있다. 그런데 현재의 국제사회에서는 민사분쟁을 일반적으로 해결하기 위한 국제적인 재판기관은 없다. 따라서 국제거래에 관한 민사소송도 어느 국가의 국내법원에서 행해지지 않으면 안 된다. 그러나 국제적 재판관할권이나 외국판결의 승인·집행 등에 관한 각국의 법제(法制)가 다르기 때문에 당사자가 어느 국가에서 재판을 바라더라도 그 국가의 법원은 당연히 그 관할을 인정한다고는 할 수 없다. 또한 어느 국가의 법원에서 급부판결(給付判決)을 얻더라도 그 판결에 기초하여 다른 국가에서 당연히 강제로 집행할 수는 없는 것이 현실이다.
- 민사소송은 무엇보다도 소송절차 및 언어가 달라서 외국에서 재판하기에는 현실적으로 곤란한 점이 많다. 물론 이러한 어려움을 제거하기 위한 노력이 국제적으로 이루어지고 있기는 하다. 예를 들어 국제적 재판관할권이나 외국판결의 승인·집행 등에 관하여도 각국법을 통일·조정하기

위하여 2국 간이나 또는 다수국 간 조약이 작성되고 있다. 그러나 이들의 조약은 특정한 사항인 해사(海事)에 관한 조약이나 국제항공운송에 관한 조약에서 국제적 재판관할권에 관한 규정을 두는 경우가 많다.

이와 같이 민사소송에 의한 분쟁의 해결에는 여러 문제가 있기 때문에, 국제거래에는 소송에 의해 분쟁을 해결하기보다도 오히려 재판 외의 분쟁해결절차인 국제상사중재를 이용하는 경우가 많다.

2. 국제민사소송

국제거래에는 일반적으로 소송보다도 중재에 의해 분쟁을 해결하는 예가 많다. 그러나 중재는 당사자의 합의를 기초로 하기 때문에, 합의가 되지 않으면 중재도 불가능하다. 이에 대하여 소송에 의한 분쟁해결은 상대방의 동의의 여하에 관계없이 이용할 수가 있다는 점에 특징이 있다.

국제거래에서 생기는 분쟁을 소송으로 해결하기 위해서는 일정한 국가의 법원에 소송을 제기하여야 한다. 이 경우 다음과 같은 문제가 있다.

- 소송이 제기된 국가의 법원은 당해 사건에 관하여 재판을 행하는 관할권(管轄權)을 가지고 있는가. 이른바 국제적 재판관할권의 문제이다.
- 소송절차(訴訟節次)에 관하여는 소송이 진행되는 법정지(法定地)의 절차법에 따르는 것이 원칙이지만 소송의 당사자가 외국인·외국법인인 경우에는 당사자능력, 소송능력, 당사자적격 등에 관하여 국내 사건과는 다른 문제가 생긴다. 또한 섭외사건의 진행 및 심리를 위하여 송달(送達)이나 증거수집 등에 관하여 국제적인 사법공조를 필요로 하는 경우가 있다.
- 외국에서 내려진 판결에 대하여 국내에 있어서 어떠한 효력을 인정할 수 있는가도 문제가 된다. 이것은 외국 판결의 승인·집행에 관한 문제이다.
- 외국법원에서 계속 진행 중인 사건에 관하여, 국내에서 그와 같은 소송이 제기된 경우, 소송의 경합을 인정할 것인가가 문제된다. 이는 소위 국제적 소송경합의 문제이다.

3. 국제적 재판관할권

어느 국가의 법원에서 재판을 할 것인가 하는 문제가 국제적 재판관할권이다. 특정 국가의 측면에서는 자국과 어떠한 관계가 있는 사건에 관하여 재판을 수행할 권한을 가지는가 하는 문제이다.

재판제도 및 소송절차는 나라에 따라서 다르고, 언어가 다르기 때문에 재판을 행하는 국가는 중요한 문제가 된다. 국제사법도 각국마다 다르기 때문에, 국가별로 당해 사건에 적용되는 법이 다르고 또 판결에 차이가 있을 가능성도 있다.

국내사건에서는 당사자가 소송을 제기한 법원이 관할하게 된다. 그러나 국제적 재판관할권의 문제는 당사자에게는 중요한 의미를 가지기 때문에, 국제민사소송에는 치열한 논쟁이 되는 경우가 많다. 국제거래에 관한 소송에서 주로 문제되는 개별적인 관할은 다음 원칙에 의해 결정된다고 할 수 있다.

- 피고의 주소지이다. 자기의 권리를 주장하기 위하여 적극적으로 소송을 제기하는 원고에 대하여, 소극적 입장에 있는 피고가 방어할 수 있도록 하는 편의는 관할권의 결정에 있어서도 고려해야 하기 때문이다. 따라서 이 경우의 주소는 주로 피고가 방어하기 위한 편의의 관점에서 결정되어야 하는 것이다.
- 의무이행지(義務履行地)이다. 채무자에 따라서 의무이행지의 예측이 가능하고 그 장소에서 급부(給付)를 실현하는 것이 본래의 계약의 취지에도 부합하기 때문이다. 이 경우의 의무이행지는 계약준거법에는 없으나 각국의 국제민사소송법상의 이념에 따라 결정되어야 한다고 해석한다.
- 재산소재지(財産所在地)이다. 원고의 청구가 당해 국가에 소재하는 특정 물건 또는 권리를 목적으로 하는 때에는 그 재산의 소재를 이유로 하여 당해 국가의 법원에 국제적 재판관할권을 인정하는 것이 가능하다.
- 불법행위지(不法行爲地)이다. 불법행위에 관한 소송에는 증거수집의 편의, 피해자의 보호 등의 관점에서 불법행위지역의 국가 관할이 인정되고 있다. 제조물책임에 관한 판례는 이것을 불법행위의 일종으로 해석하여 가해행위지 혹은 손해발생지의 어느 것이 국내에 있는 경우에는 국내의 관할을 긍정하고 있다.

• 국제거래에서는 분쟁의 발생에 대비하여 계약 중에 재판관할의 합의를 정할 수 있다. 이와 같이 당사자가 재판관할을 합의한 경우에는 외국의 전속관할에 속하는 것이 아닌 한, 국내법원에서 국제적 재판관할권이 인정된다.

참고문헌

경찰청 사이버안전국, “전체 사이버범죄 발생 · 검거 현황”, 경찰청 사이버범죄통계 자료 2019, http://cyberbureau.police.go.kr.

과학기술정보통신부, “정보보호종합계획 2019”, 과학기술정보통신부, 2019.

김동윤 · 이양기, “국제전자상거래 환경에서 법적 문제점에 관한 고찰”, 「무역보험연구」, 제17권 제4호, 한국무역보험학회, 2016. 12. pp. 175~194.

김용택 · 안철경, “국제통상기업의 전자무역 실행단계별 성과에 관한 실증연구”, 「무역학회지」, 제29권 제3호, 한국무역학회, 2004.

김훈범 · 김상현, “국제상사분쟁에서 온라인 분쟁해결의 활용과 현황에 관한 연구”, 「입법정책」, 제8권 제2호, 한국입법정책학회, 2014. pp. 34~62.

박명섭 · 한낙현, “국제물품매매에 있어서의 계약위험관리에 관한 연구”, 「무역학회지」, 제31권 제4호, 한국무역학회, 2006.

산업자원부 · 기술표준원, “e－비즈니스 발전전망과 상호운용성 지원방향”, 「국제 e－Business 상호운용성 컨퍼런스」, 한국전자거래진흥원, 2005. 10.

서울경제신문, “무역대금 사기 나이지리아인 일당 검거”, 2016. 03. 03.

시큐리티월드, “컴퓨터 바이러스 지속 증가세”, 보안뉴스, 2015. 12. 09.

심상렬 · 정윤세, “u－Trade 시대의 전자무역표준화현황과 추진전략”, 「무역학회지」, 제29권 제3호, 한국무역학회, 2004.

정용균 · 정재연, “무역거래대금 결제방식의 결정요인에 대한 사례 연구”, 「통상정보연구」, 제17권 제4호, 한국통상정보학회, 2015. pp. 347~374.

정재우, “국가별 전자무역의 비교와 시사점”, 「무역학회지」, 제33권 제4호, 한국무역학회, 11월, 제32권 제5호, 2007년.

중앙일보, “데이터 막아놓고 매주 85건씩 협박”, 2016. 07. 01.

한국무역정보통신 전자상거래지원센터, 「인터넷EDI」, 2000.
한국무역협회, "전자무역의 정의", http://etrade.kita.net.
KOTRA, "무역사기 유형별 대표사례 및 대응책", KOTRA GLOBAL REPORT, 2017.

NTTデータ, 「電子契約導入のすすめ—企業間電子商取引のための」, ソフトリサーチセンター, 2004.
堀米 明 · 小山洋明 · 東 聰,『貿易金融EDI』, 東洋經濟新報社, 2002.
唐澤宏明,『國際取引』, 同文館出版, 2003.
來住哲二,『基本貿易實務』, 同文館, 2001.
北川俊光 · 柏木昇,『國際取引法』, 有斐閣, 1999.
山田鐐一 · 佐野 寬,『國際取引法』, 有斐閣, 2005.
商事法務研究會,『英米商事法事法辭典』, 1990.
日弁連法務研究財團,『電子取引の法的課題』, 商事法務, 2003.
笠井修, "電子署名に關する立法動向", 「國際商事法務」, Vol. 26 No. 12, 1998.
田中克政,『情報セキュリティ · マネジメント入門』, 1999.
田中信幸,『國際取引法』, 商事法務研究會, 1998.
井上 洋,『(電子)貿易取引のエッセンス』, 稅務經理協會, 2002.
澤木敬郎,『國際私法』(第4版再訂版), 有斐閣, 2000.
平勝 廣,『グローバル市場經濟化の諸相』, ミネルウァ書房, 2001.

Anderson, R. J., Security Engineering: a Guide to Building Dependable Distributed Systems 2nd ed., Indianapolis, IN: Wiley, 2018.
Applegate, A. G., "Definition of electronic commerce", http://ecommerce.vanderbilt.
Bailey, T and Miglio, A. and Richter, W., "The rising strategic risks of cyberattacks", McKinsey Quarterlym, 2014.
Bailey, T., "Insider threat: The human element of cyberrisk", McKinsey & Company, September, 2018.
Bernstein v. US Department of State, 974 F. Supp. 1288, N. D. Cal. 1997.
Cisco, "Top insights from the Cisco 2017 Annual Cybersecurity Report", Cisco

Annual Cybersecurity Report", 2017, https://www.cisco.com/c/en_za/index.html.

Civil Evidence Act, 1968, Article 5.

Clive M. Schmitthoff, Export Trade, 10th ed., London, Sweet & Maxwell, 2000.

David C. Chou · David C. Yen · Binshan Lin · Philip Hong－Lam Cheng, "Cyberspace security management", Industrial Management & Data Systems, 1999.

Edward, A. Cavazos., and Gavino, Marin, Cyberspace and the Law: Your Right and Duties in the On－Line World, The MIT Press, 1996.

Elizabeth, S. Perdue, Creating Contracting Online : Online Law, Addison－wesley Developers Press.

FBI, "Ransomware on the Rise", FBI NEWS January 20, 2015, www.fbi.gov/news/ stories/ransomware－on－the－rise.

Federal Rules of Evidence, 803(6).

Head, G. L., The Risk Management Process, Insurance Institute of America, 1978, p. 59.

Irwin, R. M., and Bob. A. Hedges, Risk Management in the Business Enterprise, Homewood, Ill., R. D. Irwin, 1963, pp. 3~11.

Katz, P. R., "Electronic documents and digital signatures: changing the way business is conducted and contracts are formed", E－Commerce law Report, 1999.

Kenneth, M. and Donald, W., Taking Risks: The Management of Uncertainty, Macmillan, 1986, p.14.

López, J. González and Agnès, M, "Digital Trade : Developing a Framework for Analysis", OECD Trade Policy Papers 205, OECD, 2017.

Lund, S., and Tyson L., "Globalization Is Not in Retreat: Digital Technology and the Future of Trade", Foreign Affairs, May/June, 2018.

MacCrimmon, Kenneth & Wehrung, Donald, "Taking Risks: The Management of Uncertainty", Macmillan USA, 1986.

Mandt, E J., "Integrating Cyber－Intelligence Analysis and Active",

Cyber－Defence, Journal of Information Warfare, Vol. 16 No. 1, 2017, pp. 31～48.
Maynard & B. A. Hedges, “Risk Management to Business Management”, 1951.
McKinsey, “Global Institute, Digital globalization: The new era of global flows”, McKinsey February Report, 2015.
McKinsey, “Risk and responsibility in a hyperconnected world: Implications for enterprises”, McKinsey January Report, 2014.
Michael Erdle, “On－line Contracts; Electronic Creation of Effective Contracts”, Deeth Walliams Wall, 1997.
Moore, P. G., “The Business of Risk”, Cambridge University Press, 1983.
Murray Carole, Holloway David, Timson Daren, Kennelly Brian, “Schmitthoff's export trade : the law and practice of international trade”, Giles Dixon, Sweet & Maxwell, 2007.
National Plan for Information Systems Protection, Executive Summary: Defending America's Cyberspace, The White House, 2000.
Nelson Carl A., Import/Export: How to Get Started in International Trade, 2000.
OECD, “Digital Security Risk Management for Economic and Social Prosperity”, OECD Recommendation and Companion Document, OECD, 2015.
strategis.gc.ca. “E－commerce Statistics and Sources”, Retrieved, January 20, 2006.
Subramani, M., How do suppliers benefit from information technology use in supply chain relationships?[1]. MIS Quarterly, 2004.
Symeon C. Symeonides, “American private international law”, Wolters Kluwer Law & Business Kluwer Law International, 2008.
Sze Li－Man, “Community Building & Interoperability－formation of Enterprise Interoperability Centre”(「국제 e－Business 상호운용성 컨퍼런스」), 2005. 10.
Thomas J. Smendignhoff & Ruth H. Bro, “Moving with Change: Electronic Signature Legislation as a Vehicle for Advancing E0commerce”, The John Marshall Journal of Computer & Information Law, Vol. 17 No. 3. 1999.
UCC, 1995, § 2－208; Raymond T. Nimmer, “Electronic Contracting Legal

Issues", American Bar Association Science & Technology Section Meeting, 1995.

UNCTAD, Columbus Ministerial Declaration on Trade Efficiency, 1994.

USITC, "Global Digital Trade : Market Opportunities and Key Foreign Trade Restrictions", USITC Publication Number: 4716, 2017.

Vanderhoff, A. M., The tax man cometh: a realistic view of the taxation of Internet commerce, Capital University Law Review 27 Cap. U. L. Rev. 929.

Weiss, Kenneth D., "Building an Import/Export Business", 2nd Edition, 2004.

저자소개

이 봉 수

저자는 성균관대학교 경상대학 무역학과를 졸업하고 미국 University of Hartford대학교에서 경영학석사, 성균관대학교 일반대학원 무역학과에서 경영학박사 학위를 취득하였다. 1986년부터 Pacific Stars & Stripes(성조지) 신문사 취재기자를 거쳐 삼성, SK, 두산에서 수출입 및 마케팅 업무를 담당하였으며, 현재 단국대학교 상경대학 무역학과 교수로 재직 중이다.

한국무역상무학회, 한국관세학회, 한국통상정보학회, 국제 e-비즈니스학회 등에서 부회장을 역임하고 한국무역학회 부회장 및 국문지 편집위원장, 한국해양비즈니스학회 회장으로 활동하였다. 무역실무 및 국제마케팅에 관련하여 국내외 주요 학술지에 다수의 국·영문 연구논문이 실렸고, 저서로는 사이버 무역론(형설출판사, 2002), 글로벌 무역학원론(도서출판 두남, 2006), 전자무역론(도서출판 두남, 2012)을 발간한 바 있다.

정 재 환

경북사대부고를 졸업하고 성균관대학교에서 경제학사, 경제학석사, 경영학박사 학위를 취득하였다. 한국전력공사, ㈜삼아코리아 수출부에서 근무하면서 기업의 리스크관리와 무역실무를 익혔다. 2006년부터는 성균관대학교 경제대학에서 겸임, 초빙교수로 '국제통상론'을 주로 강의를 했으며, 현재는 단국대학교 무역학과에서 강의하고 있다.

전자무역리스크관리

초판발행　2020년 2월 27일

지은이　이봉수 · 정재환
펴낸이　안종만 · 안상준

편　집　황정원
기획/마케팅　장규식
표지디자인　박현정
제　작　우인도 · 고철민

펴낸곳　(주) 박영사
서울특별시 종로구 새문안로3길 36, 1601
등록 1959. 3. 11. 제300-1959-1호(倫)
전　화　02)733-6771
f a x　02)736-4818
e-mail　pys@pybook.co.kr
homepage　www.pybook.co.kr
ISBN　979-11-303-0949-1　93320

copyright©이봉수 · 정재환, 2020, Printed in Korea

* 잘못된 책은 바꿔드립니다. 본서의 무단복제행위를 금합니다.
* 저자와 협의하여 인지첩부를 생략합니다.

정 가　18,000원